本書承 臺北正文書局授權我局出版發行 謹此誌謝

中國史學基本典籍叢刊

洛陽伽藍記校箋

〔北魏〕杨衒之 撰
楊勇 校箋

中華書局

圖書在版編目(CIP)數據

洛陽伽藍記校箋/(北魏)楊衒之著;楊勇校箋. —北京:中華書局,2018.7(2023.12 重印)
(中國史學基本典籍叢刊)
ISBN 978-7-101-13291-5

Ⅰ.洛… Ⅱ.①楊…②楊… Ⅲ.①寺院-史料-洛陽-北魏②洛陽-地方史-史料-北魏③《洛陽伽藍記》-注釋 Ⅳ.①K928.75②K296.13

中國版本圖書館 CIP 數據核字(2018)第 117248 號

責任編輯:聶麗娟
責任印製:陳麗娜

中國史學基本典籍叢刊
洛陽伽藍記校箋
〔北魏〕楊衒之 著
楊 勇 校箋

*

中 華 書 局 出 版 發 行
(北京市豐臺區太平橋西里 38 號 100073)
http://www.zhbc.com.cn
E-mail:zhbc@zhbc.com.cn
三河市宏盛印務有限公司印刷

*

850×1168 毫米 1/32 · 10⅛印張 · 4 插頁 · 200 千字
2018 年 7 月第 1 版 2023 年 12 月第 4 次印刷
印數:4801-5700 册 定價:36.00 元

ISBN 978-7-101-13291-5

出版説明

洛陽伽藍記是北魏時期流傳至今的一部重要典籍。它以洛陽大小佛寺的興廢爲經，串聯起當時許多政治、人物、風俗、地理以及傳聞故事，編織出一幅北魏時期洛陽城絢麗多姿的歷史圖卷，對後世理解北魏時期洛陽都城的建制、佛寺的建築和歷史古蹟等都具有十分重要的價值。兼之作者叙事簡括，文筆優美，亦使其成爲一部優秀的文學著作。

相對於南北朝時期的其他名著，如文心雕龍、世説新語等，洛陽伽藍記的研究顯得比較寥落，即使與同爲北朝三書之一的水經注相比，也冷落許多。二十世紀以來，大陸整理和校注洛陽伽藍記分量較重的兩部著作，當屬范祥雍先生的洛陽伽藍記校注（古典文學出版社一九五八年出版）和周祖謨先生的洛陽伽藍記校釋（科學出版社一九五八年出版）。港臺地區和國外的學者也出版了若干種整理本，其中香港中文大學楊勇先生的洛陽伽藍記校箋，由臺北正文書局一九八二年出版，屬於較晚面世的一種，因此更有條件借鑑綜括前賢的研究成果。

楊勇先生字東波，一九二九年生，浙江永嘉人。陸軍軍官學校江西分校畢業後，參軍入伍。一九五一年赴香港，一九五九年香港新亞書院中文系畢業，一九六八年香港大學碩士畢業，曾任香港中文大學中文系教授及高雄師範大學研究所教授。二〇〇八年七月因病逝世。楊勇先生一生從事六朝文史的研究和教學，成果顯著，出版有陶淵明集校箋、洛陽伽藍記校箋、世説新語校箋、楊勇學術論文集等。

二〇〇六年，我局得到臺北正文書局的授權，將洛陽伽藍記校箋引進出版，深受廣大讀者歡迎。現借此書再版之機，重新排版，重作校讀，對書中編校之誤稍作修訂。並就其中幾點問題説明如下：一、楊勇先生於引文規範不甚留意，有時爲節引，將數段文字捏合在一起，中間不標記省略號；有時爲根據需要概括轉寫，但仍以引文出之。爲不改變原書格局，在保證文意通暢的情況下，不補省略號。二、本書一個重要參校本「緑本」，校箋中屢有提及，但凡例未出。經查，所稱「緑本」即「毛晉緑君亭本」，現予補足。三、本書各篇正文原無標題，爲方便閱讀起見，均加醒目標題。特此説明。

限於知識與能力，編校工作定有做得不够完善之處，敬祈讀者批評指正。

中華書局編輯部

二〇一八年五月

目録

洛陽伽藍記校箋卷三　城南

洛陽伽藍記校箋卷四　城西

洛陽伽藍記校箋卷五　城北

饒序

伽藍者，蓋象教之關津，而信根之枝幹也。蘊光明，則窣堵波堪住萬載之輝；言感通，則祇洹圖乃有百卷之富。夫教宿于理，理存乎業；理生無朕，業形於迹。理得則業可忘，迹消而理難泯。理之所在，與覺海而同深；迹之永淪，賴空文以垂遠。井識之徒，但求理於迹，徒掎摭其文，是何異隔重壁而闚旻天，限寸心以量滄海。積劫無盡，大惑莫解，不其悲乎！自慈風東被，叢林競起，劉宋以降，名山寺塔之記，作者漸繁。劉璆之誌京師（見隋志及内典録），劉悛之陳益部（見高僧傳序），書並淪佚，今惟東魏楊司馬衒之書五軸存耳。亂離既瘼，禾黍生哀，感晨鐘之罕聞，悲隧門之一閉；鋪張寺宇，爰及人文，寓褒貶於興亡，吐奇思於鑑戒。亦復時綴按語，用寄長謡。凌雲望火，羅什不歸；涼風滿堂，圖澄永去。靜言以思，伊其戚矣。門人楊君東波攻治此書，亦既有年，嘗申澗蘋之説，略規唐晏之疏。以諸家論著，詳於名物，而略於詞條。爬梳子注，或混于珷玞，枝蔓失朋，徒病夫榛楛。裁章貴於順序，情義審其指歸；務原始以要終，期辭達而理舉。無取長冗，庶不偭乎前修；或免支離，甘受嗤於拙目。余少耽楊記，涉趣差同，嘗妄發其微言，共資揚搉。聞夫財由穢心，建寺終燼，宣律之語，足深長思。龍宫起忿，孰兩東門之可蕪；忉利下生，歷百五年而復滅。天王葺構之作，祇樹載茂之緣，雖有造者，僅接遺基。延及于今，但剩荒土，古往來兹，罔不如是！記曾過洛陽之墟，登龍門之阜，寺廟都盡，蔓草未删，像罕完軀，尊者安在！意當生第四天中，還受九十一劫；重以永劫不極，世界無邊。勞度叉休現其神通，舍利弗能無有憂色！藏山如電，逝川若飛，蟻子中生，餘灰幻滅。魏氏伽藍，祇是無始以來、異熟業報中一小劫簸而已。辛酉饒宗頤。

何序

吾友永嘉楊君東波，爲楊衒之洛陽伽藍記作校箋，書成，將付剞劂，而以全稿示余，屬爲之序。余三復其稿，既快先覩，亦歎君治學之專，用力之勤，與讀書之有識，故能考訂博洽，校勘精詳。不徒能辨其魯魚亥豕、脱文悞字，尤能爲其章句明經界、别町畦、正亂行、分部伍，使衒之原書篇什，釐然秩然，復其舊觀。其箸述之宗旨，與行文之流美，亦郁乎焕乎，益顯其光彩，是可尚矣！洛陽在晉末永嘉時，有伽藍不過四十二所，至衒之所見，則已多至千三百六十七所。北魏自太和十九年遷都洛陽，至永熙三年徙鄴，其時間不過四十年，此千三百餘寺，即均營造於此四十年之間。平均每一年建寺三十餘所，並窮極土木之勝。金刹與靈臺比高，講殿共阿房等壯。其侈靡糜費，雖出於王侯貴臣，棄象馬如脱屣，庶士豪家，捨資財若遺跡；而實朘之民膏民脂，魏國安得不亂且亡。衒之慨然而爲此記，寫其招提殿宇之壯麗，園林池館之幽勝，自爲黍離麥秀之傷殷周。而附記其人事政局之變易，則爲中露泥中，誰實爲之，孰令致之之惋惜。故其文有正文有注文，如韓非之説内外儲，如揚雄之草太玄。觀於書中有衒之按語，及凝玄寺「即太上王廟處」句上所標之「注」字而可知。

大抵衒之原書，正文與附見之注文，其書寫必有分別。歷經展轉傳鈔，以致注文大半與正文相混，讀者遂病其冗累蕪雜，視之爲小説家言；而衒之寫作之意以晦而不明，文章之美，亦蒙垢而減色。近人校編，雖能有所釐定，然各持一見，仍多亂行。東波寢饋於此書者十二年。精究其書之義例；凡言寺宇之興廢建置，寺宇所在之景物記載，均爲正文。其旁及之事物，則爲注文。再從本書文法文義文理文氣，作縝密之分辨與比較，以確定正、注文之分別。衒之此書，乃得條理分明，眉目清楚，復其爲完然無間，沛然成章之原面目矣。衒之楊氏，東波亦楊氏，可謂伽藍記爲楊氏之家學，宜東波之樂爲從事於此書之釐定也。東波深於校讎之學，當其肄業大學研讀韓文之時，即發覺影宋本韓文考異一書有殘缺，而作晦菴朱侍講韓文考異補正，讀之者莫不擊節矜視之。繼著世説新語校箋、陶淵明集校箋，均於箋注多所發明，於校勘尤豐精確之訂正。此兩書十餘年來均成爲大學研究此兩學科者，用爲圭臬之書，今並伽藍記校箋，鼎足而三，君之學業成就，能汲古開今，亦足以自豪矣！余與君共事新亞講席十數年，親見君爲學之勤懇，治學之篤實。余於六朝文，酷好陶公詩、文心雕龍、世説新語、洛陽伽藍記、水經注之五書，而君已校箋其三，余唾手可得此善本之書而讀之，可喜也已！是故欣然爲之序而歸之。時一九八二年一月，豫章何敬群遯翁於九龍之益智仁室寫。

翁序

洛陽伽藍記五卷，乃北魏遷鄴十餘年後，撫軍司馬楊衒之重遊洛陽，追記劫前城郊佛寺之勝，藉寓感慨是非之作。其書兼涉史地人物，文學影響深遠，與水經注、世説新語共稱中古要籍，晚清以來，從事整治之學者，亦近十人；兹楊東波先生經十年耕耘之後，完成洛陽伽藍記校箋一書，自香港前來臺北，以稿本見示，並屬爲作一序。余忝居鄉誼之末，既知東波此書確爲優勝，又知其所以臻此之由，故雖拙於文而未敢辭也。

學者整治古籍，固須兼採前人之業績，尤貴乎能自行裁斷，二者又專視其人之學殖識力而定也。東波於十餘年前曾作世説新語校箋與陶淵明集校箋二書，迄爲文史學界所賞譽，即此可見其學識所自來，並對此書之聲價也。按同時代之典籍，其文辭掌故，間多輾轉相通之處，故學者治南北朝任何一書，必博覽汲取同時間之典籍，以求通解。今專治六朝典籍，鍥而不捨，迭出新著如東波者，其旁徵博引，反覆研尋，則並世鮮其匹矣。易言之，東波於從事世説與陶集二書校箋之十年間，既諳於六朝典籍，當其治伽藍記之初，即有駕輕就熟事半功倍之效，況其又寢饋此書十年有奇，合計二十餘年。功力深厚，遂多卓識，凡所採摭，一經點化，亦如發明矣。

抑整治伽藍記一書，尚有其他古籍所無之特殊問題，實較文辭校釋更爲棘手，須概略陳之，以見此書之特色。據史通所述，該書原有作者自注，但今傳最古之明代如隱堂本，已將注文與正文連寫不分，清季顧廣圻且望後人能依全謝山治水經注例寫成定本。其後雖迭有學者探索體例而試分之，然效績總欠圓滿，足見其事遠難於謝山之治水經。就早期所定之吴若準集證本與唐晏鈎沉本而言，前者正文寥寥，如視作作者原本，則衒之乃作注而非作記；後者正文較繁，述事稍詳，即行入注，亦多顛倒之跡。故民初張宗祥氏之合校本，因鑒於二人之失，遂沿如隱堂本不分文注；且謂如無古本，不宜師心自用，强爲釐别。張氏意雖慎重，奈同因噎廢食；乃有范祥雍之校注本、周祖謨之校釋本及亡友徐高阮之重刊本相繼出現，而各不相襲。徐本曾遠寄巴黎相贈，披閲後即覓范周二本對核，爲作書評，刊於一九六一年通報。曾謂范周二本於文辭校釋固然精審，若論釐分文注，則仍沿唐氏鈎沉本之舊，遠不如徐本分列正文、注文之連貫可讀，允稱空前。今東波有關伽藍記體例一文，歷評前人得失，於徐本文注之分，雖云割裂仍然未清，但許爲諸本之冠。且謂先賢之作，或各有失，其間實多可取者；從知徐本優點，已爲東波採摭以助成其書之美。余序東波書至此，遂覺亡友在九泉爲無憾，亦爲此學術因緣而喜矣。東波既採前修之善，復探索而得體例六條，所定正文，遂無枝蔓蕪雜之病，於是文章之美頓顯，衒之本來面目可復，則此書文注既然分明，校箋亦復精當，自爲伽藍記最善之本無疑也。壬戌春，翁同文序於士林畸石齋。

自序

楊衒之洛陽伽藍記，隋志入史部地理類，此後公私書志雖有列爲釋家者，而多以地志目之，則先賢固以此爲地理之書也。然其書雖以記伽藍爲名，按其重點，實是叙録北魏之史蹟。上自太和，下至永熙，四十年間，凡朝廷設施，民間風物，無不備書。故唐釋道宣廣弘明集曰：「衒之見寺宇壯麗，損費金碧，王公相競，侵漁百姓，乃撰洛陽伽藍記，言不恤衆庶也。」衒之自序亦云：「歲次丁卯，重覽洛陽，城郭崩毁，宫室傾覆，寺觀灰燼，廟塔丘墟，以重增麥秀之感，恐後世無傳，故撰斯記。」則其作書動機，固在此而不在彼明矣。

其書有正文注語之别，唐時尚然。劉知幾史通補注篇曰：「亦有躬爲史臣，手自刊補，雖志存該博，而才闕倫叙，除煩則意有所悋，畢載則言有所妨，遂乃定彼榛楛，列爲子注，若蕭大圜淮海亂離志、楊衒之洛陽伽藍記之類是也。」自此以降，逮至宋代，傳寫之間，文注混淆，不復分别，讀者苦之。清世顧廣圻欲沿全謝山治水經注之例，改定其手校，旋爲袁壽皆取去，未得成書；但標識其例於書後。至道光十三年錢塘吴若準集證本出，一依顧説重爲釐訂，而正文殊少，注語繁多。唐晏訾其限域未清，分别未當，乃另作鈎沈。雖眉目稱清，然亦有界線不明者；且誤衒之案語爲注中之注，則不免固陋矣。唐本之外，復有張宗祥合校本，亦言其作注而非作記。此皆出自捫索，但爲臆説，不足據也。近者有范祥雍校注本、徐高阮重刊本、周祖謨校釋本三種。范本注釋甚備，校訂謹詳；唯於材料取捨，少剪裁之功，是其短也。徐本校讎亦精，創獲亦多，於分別文注，所定例言，施之書中，則前後牴牾；其删改古籍，自爲説辭，最屬武斷。周本所定條例較密，讎校亦精；但割裂舊文，往往不顧文理文勢之所安，輒有改删之嫌。此外尚有周延年注本及田素蘭校注二種，則爲簡略，少通行。綜觀諸家，用力皆勤，用心綦細，然於文注辯别，最多臆測，蓋未諳作書旨歸與夫義例之實也。故正文注語錯出，文理紊亂。今按此書爲衒之晚年捃摭衆製而成，衡斷隱曲，頗有左氏遺風。殆先定綱領，次臚細目；以地志爲經，以史事爲緯；正文簡要，注筆詳密。大體以一寺爲一條。凡言寺之由來，坊里所在，及人物名勝建置者爲正文；而考訂該寺所在，坊里人物之文獻則爲子注；時人言行，以及詭幻怪異之事，亦繫於其間。命意幽微，出辭藴藉。言時事，每雜以怪誕；發規諫，則顯示神明。旁徵博況，引人入勝。故臧否人物，豈幽明録之可比論；爭南北正統，非搜神記所能等量。言多妙喻，意存殷鑑。至於涉南海之風貌，著西域之人情，則是實録，未作虚響也。全書五卷，首刊序、城門表，以城内爲始，次及城東、城南、城西、城北各爲一卷。由近而遠，儼然一體，義例可窺焉。

余於此書，翫誦有年。習其器矣，進而索其神，通其微，合其莫，心誠求之。一循書之技經肯綮，虛委游刃於其間；砉然嚮然，乃知其布置有序，法度縝密，用字下句，分寸不移，天下之奇書也。各本實以如隱堂爲近古，未爲後人所壞亂。庚戌以來，集前修之長，牢籠諸家之善，先爲長篇；汰蕪存精，賸十餘萬言。丙辰作客高雄，課餘多暇，無人事之擾，耽思傍訊，爰統其條貫，明其旨歸，寫成此篇。凡三易稿，一以文體文勢義理之可從者決之，未敢爲臆説所左右。庶幾可存衒之之真，略明先賢未竟之緒，此私心所竊自喜者。唯佛義梵音，少有正譯，西域地址，尚乏定論，余儉學，不足以與此，用比較舊説而取其近似者耳。

一九八一年十二月，楊勇序於香港中文大學中文系。

再版自序

洛陽伽藍記是一本記載洛陽城内外大伽藍建置之書，書因文辭秀逸而得名。廣弘明集云：作者楊衒之「見寺宇壯麗，損費金碧，王公相競，侵漁百姓，乃撰洛陽伽藍記，言不恤衆庶也。」自序又云：「歲次丁卯，重覽洛陽，城廓崩毁，宫室傾覆，寺觀灰燼，廟塔丘墟，以重增麥秀之感，恐後世無傳，故撰斯記。」則衒之作書之旨，於叙述洛陽伽藍之建置之美之外，特於建寺者當代王公大臣對政事之影響，當有所感言。因此遂有夾叙夾議之筆法，有正文子注之分别。我撰洛陽伽藍記之旨趣與體例一文，於此特三陳其意，以爲可得衒之之實。其書組織之嚴密，體段之分明，爲前古所無，可謂地志書之絶唱也。全書五卷，首叙城門表，以城内始，次以城東、城南、城西、城北各爲一卷，由近而遠，脈絡整然。以明如隱堂本爲最古，亦最善，未爲後人所壞亂。書中有正文子注之别，識之者知有彼此，不識者則母子不分。讀者苦之。趙宋以來有爲之分别者，多不知體例所自，文章體裁；率意更改，雜亂無章。第五卷「惠生俱使西域也」以下，更有以子注太長，作爲正文者，殊不知此與第四卷永明寺注「南中有歌營國」以下文體相類，衒之正以「惠生行記」事多不盡録，今依道榮傳、宋雲家記，故並載之，以備缺文」也。其爲子注也明矣。此皆前人所不知，不得不加以説明者。此等處，亦本書之特色也。

本書一九八二年由臺北正文書局出版，在臺灣、香港風行；今由北京中華書局再版，在國内外發行，重爲審讀一過，改正八十餘處，視初版又勝一籌矣。公元二〇〇五年中秋，楊勇序於香港九龍之錦繡園。

凡例

一、洛陽伽藍記五卷，以明如隱堂本爲最古，亦最善。全書整然，未爲後人壞亂，最爲可貴，最能窺見衒之爲書之義例，故以爲依據。

二、衒之爲書雖分五卷，實則一本。故讀此書者，當觀其會通，勿有隔閡；視各卷末幅之文，先作提示啓導可知也。此等先導之文，皆屬有意爲之，非是顛倒，尤以卷三末幅言崇虚寺之在城西，而其篇則置在城南卷三之末，其意最爲明顯。此外卷一之末叙建春門内建制，而連繫卷二，卷二之末景寧寺下叙出青陽門外孝義里，而連繫卷三，及卷四之末叙西域遠者乃至大秦國云云，筆意亦與卷五宋雲出使西域之文相同。意在使前後融會貫通，綫索相連，此地理爲書之良法也。

三、此書正文注語之别，前人最爲分歧，各持己見，殊多臆測。今一依文章之文體文理決之，歸其要者約有六端：

（1）凡記伽藍者爲正文，涉及官署者爲子注。

（2）正文簡要，但及某人某事而止，後不重舉；注則多旁涉，又必重舉。

(3)有衒之按語者爲注文。

(4)歧出贅句，與上下文意重複，文氣不貫者爲子注。

(5)卷五道榮傳云云及諸按語，此是注文並載之筆，不當視爲注中之注。

(6)正文順序而書，條貫有序；遇有時代與上下文倒逆者，必爲子注。

其他細意尚多，不能一一而足，别詳拙文洛陽伽藍記之旨趣與體例一文，見本書附録及新亞月刊一九八〇年十二月、一九八一年一月、二月諸期。

四、本書校箋以明如隱堂本爲底本（簡稱如本），參考下列諸書：

明吴琯古今逸史本，簡稱吴本。

照曠閣學津討原本，簡稱照本。

吴自忠真意堂活字本，簡稱真意本。

吴若準集證本，簡稱集證本。

民國唐晏鈎沈本，簡稱唐本，或鈎沈本。

張宗祥合校本，簡稱張本。

范祥雍校注本，簡稱范本。

徐高阮重刊本，簡稱徐本。

周祖謨校釋本，簡稱周本。

右列諸書，校箋中稱各本、諸本、他本者亦屬之。此外兼及者尚有：

唐歷代三寶記，簡稱三寶記。

大唐内典録，簡稱内典録。

續高僧傳，簡稱續高傳。

開元釋教録，簡稱釋教録。

法苑珠林，簡稱珠林。

太平御覽，簡稱御覽。

太平廣記，簡稱廣記。

太平寰宇記，簡稱寰宇記。

元河南志，簡稱河南志。

明永樂大典，簡稱大典。

上列諸書凡足以訂正底本之誤者，無不盡録；底本不誤，他本反誤者，皆不入書。若義可兩通，而有啓發之意者，亦酌予載入。

五、本書印行，一依如本形製，除一二處加以訂正外，餘不作改變。蓋如本最近衔之初出，條例清楚，細意最多，不可壞亂。今正文作大字排，注文則以小字連排其下，拙製校箋則另列於後。

六、一條之中有校有箋者，則先列校文，次列箋語。箋注之事，廣及萬途，更參考附後引用書目，並附簡稱；其徵引不多，或書名簡短者，則逕書原名。

七、本書採用前人之説，皆冠以出處；後出之書轉引前説者，則仍列初出之名。

洛陽伽藍記序并城門表

三墳五典之説〔一〕，九流百氏之言〔二〕，並理在人區，而義兼天外〔三〕。至於一乘二諦之原〔四〕，三明六通之旨〔五〕，西域詳備，東土靡記。自項日感夢，滿月流光〔六〕，陽門飾毫眉之像，夜臺圖紺髮之形〔七〕；邇來奔競〔八〕，其風遂廣。至晉永嘉，唯有寺四十二所〔九〕。逮皇魏受圖，光宅嵩洛〔一〇〕，篤信彌繁，法教愈盛。王侯貴臣，棄象馬如脱屣〔一一〕；庶士豪家，捨資財若遺跡。於是招提櫛比〔一二〕，寶塔駢羅〔一三〕；爭寫天上之姿，競摹山中之影〔一四〕。金刹與靈臺比高，廣殿共阿房等壯〔一五〕。豈直木衣綈繡，土被朱紫而已哉〔一六〕！暨永熙多難，皇輿遷鄴〔一七〕，諸寺僧尼，亦與時徙。至武定五年〔一八〕，歲在丁卯，余因行役，重覽洛陽。城郭崩毁，宫室傾覆。寺觀灰燼，廟塔丘墟〔一九〕。牆被蒿艾，巷羅荆棘。野獸穴於荒階，山鳥巢於庭樹。遊兒牧豎，躑躅於九逵〔二〇〕；農夫耕老，藝黍於雙闕〔二一〕。麥秀之感，非獨殷墟〔二二〕；黍離之悲，信哉周室〔二三〕！京城表裏，凡有一千餘寺，今日寮廓〔二四〕，鍾聲罕聞。恐後世無傳，故撰斯記。然寺數最多〔二五〕，不可遍寫，今之所録，止大伽藍〔二六〕；其中小者，取其詳世諦事，因而出之〔二七〕。先以城内爲始，次及城外；表列門名，以遠近爲五篇。余才非著述，多有遺漏，後之君子，詳其闕焉。太和十七年高祖遷都洛陽，詔司空公穆亮營造宮室〔二八〕，洛陽城門，依魏晉舊名。

東面有三門：北頭第一門曰建春門〔二九〕，漢曰上東門。阮籍詩曰，「步出上東門」，是也〔三〇〕。魏晉曰建春門，高祖因而不改。次南曰東陽門，漢曰中東門〔三一〕，魏晉曰東陽門，高祖因而不改。次南曰青陽門。漢曰望京門，魏晉曰清明門，高祖改爲青陽門〔三二〕。

南面有四門〔三三〕：東頭第一門曰開陽門〔三四〕，初，漢光武遷都洛陽，作此門始成，而未有名，忽夜中有柱自來在樓上。後瑯琊郡開陽縣言南門一柱飛去，使來視之，則是也。遂以「開陽」爲名。自魏及晉，因而不改，高祖亦然。次西曰平昌門，漢曰平門〔三五〕，魏晉曰平昌門，高祖因而不改。次西曰宣陽門，漢曰小苑門，魏晉曰宣陽門，高祖因而不改。次西曰津陽門〔三六〕。漢曰津門〔三七〕，魏晉曰津陽門，高祖因而不改。

西面有四門：南頭第一門曰西明門，漢曰廣陽門〔三八〕，魏晉因而不改，高祖改爲西明門。次北曰西陽門，漢曰雍門，魏晉曰西明門，高祖改爲西陽門〔三九〕。次北曰閶闔門，漢曰上西門。上有銅璇璣玉衡，以齊七政〔四〇〕。魏晉曰閶闔門〔四一〕，高祖因而不改。次北曰承明門。承明者，高祖所立，當金墉城前東西大道〔四二〕。遷京之始，宮闕未就，高祖住在金墉城。城西有王南寺，高祖數詣寺沙門論議，故通此門，而未有名，世人謂之「新門」〔四三〕。時王公卿士，常迎駕於新門。高祖謂御史中尉李彪曰：「曹植詩云，『謁帝承明廬』〔四四〕。此門宜以『承明』爲稱。」遂名之。

北面有二門：西頭曰大夏門，漢曰夏門，魏晉曰大夏門，高祖因而不改。世宗嘗造三層樓，去地二十丈〔四五〕。洛陽城門，樓皆兩重，去地百尺，惟大夏門甍棟干雲〔四六〕。東頭曰廣莫門。漢曰穀門，魏晉曰廣莫門〔四七〕，高祖因而不改。自廣莫門以西至於大夏門〔四八〕，宫觀相連，被諸城上也。

一門有三道，所謂九軌〔四九〕。

【校箋】

〔一〕三墳、五典，皆古書也。左傳昭公十二年：楚靈王稱左史倚相「是能讀三墳、五典、八索、九丘。」杜注：「皆古書也。」孔疏：「伏羲、神農、黄帝之書，謂之三墳，言大道也。少昊、顓頊、高辛、唐、虞之書，謂之五典，言常道也。」

〔二〕氏，各本作「代」，今據三寶記九、内典録四、續高傳一改。九流、百家，見漢書藝文志。

〔三〕後書西域傳論：「神迹詭怪，則理絶人區；感驗明顯，則事出天外。」

〔四〕一乘，一佛乘也。佛法無邊，能載人至涅槃岸，謂之乘。法華經方便品：「十方佛土中，唯有一乘法，無二亦無三，除佛方便説。」二諦，俗諦、真諦也。中論觀四諦品：「諸佛依二諦爲衆生説法。一曰世諦（俗諦），二曰第一義諦（真諦）。佛説法時，語不徒然，凡所立言，咸詮實理。」會極捐情之謂真，起微涉動之謂俗。真者，性空也；俗者，假有也。

〔五〕三明，過去宿命明，未來天眼明，現在漏盡明是也。六通，天眼通、天耳通、他心通、宿命通、神足通、漏盡通是也。見具舍論。維摩經：「佛身即法身也，從六通生，從三明生也。」

〔六〕項，各本作「頂」，非。今據内典録、續高傳及卷四白馬寺條改。項日者，項出日光也。牟子理惑論曰：「昔孝明皇帝夢見神人，身有日光，飛在前殿，欣然悦之。明日，博問群臣，此爲何神？有通人傅毅曰：『臣聞天竺有得道者，號之曰佛，飛行虚空，身有日光，殆將其神也。』於是上悟。」袁宏後漢記一〇曰：「帝夢見金人長大，項有日月光。」滿月者，佛面皎潔圓淨如明月之全滿也。類聚七七温子昇大覺寺碑：「顔如滿月」是也。

〔七〕毫，如本作「豪」，今依吴、王本。陽門，開陽門也。牟子理惑論：「漢明帝於南宮清涼臺及開陽城門上作佛像。」夜臺，帝王之陵寢也。牟子理惑論：「明帝存時，預修造壽陵，陵曰顯節，亦於其上作佛圖像。」明帝篤信佛法，故生時於開陽門及壽寢上皆圖以佛像也。

〔八〕邇，如本作「爾」，古通用。今依吴、王本。

〔九〕永嘉，晉懷帝年號。魏書釋老志：「晉世，洛中佛圖有四十二所。」所載與此合。

〔一〇〕受圖，謂受天命圖籙也。張衡東京賦：「高祖膺籙受圖，順天行誅。」光宅，書堯典序：「昔在帝堯，聰明文思，光宅天下。」孔傳：「言聖德之遠著。」嵩洛，嵩山與洛水也。嵩山洛水皆在洛陽城南，此即謂洛陽也。

〔一一〕象馬，指財富也，與下文「資財」對文。維摩詰經佛道品：「奴婢童僕，象馬車乘，皆何所在。」

〔一二〕招，如本作「昭」，今依他本。續高傳一二達摩笈多傳：「招提者，正音云招鬭提奢，此云四方，謂處所爲四方衆僧之所依住也。」釋氏要覽上釋「招提」：「僧輝記：梵云拓鬭提奢，唐言四方僧物，即寺院、伽藍、道場也。筆者訛拓爲招。正言則爲拓鬭提舍，省言則爲拓提，即今十方住持是也。」翻譯名義集七：「後魏太武始光元年，造伽藍，創立招提之名。」

〔一三〕釋氏要覽下：「塔，梵語塔婆，此云高顯，今略稱塔也。又梵云蘇偷婆，此云寶塔。又梵云窣堵波，此云墳。」

〔一四〕摹，如本作「摸」，古通用，今依吳本。廣弘明集一五謝靈運佛影銘序：「法顯道人，至自祇洹，具説佛影，偏爲靈奇。幽巖嵌壁，若有存形，容儀端莊，相好具足。於是摹擬遺量，寄託青彩。」並詳卷五佛影在那迦羅阿國中。

〔一五〕刹，梵音刹摩，又音掣多羅。金刹者，旛柱也，此指浮圖而言。慧琳音義：「刹，梵云掣多羅，彼土無別旛竿，即於塔覆鉢柱頭懸旛。今云刹者，語聲雖訛，以金爲之，長而有表，故言金刹也。」大體佛寺幡柱，上有寶瓶，下有承露盤，以沙門得一法，便建幡告四遠，六朝人謂塔曰刹，唐以後則通言佛寺也。靈臺，在洛陽城南秦太上公寺東，見卷三大統寺校箋〔九〕。阿房，秦宮殿也。史記秦始皇本紀：「先作前殿阿房，東西五百步，南北五十丈。上可以坐萬人，下可以建五丈旗。周馳爲閣道，自殿下直抵南山，表南山之顛以爲闕。爲複道，自阿房渡渭，屬之咸陽，以象天極閣道絶漢抵營室也。作宮阿房，故天下謂之阿房宮。」在渭南上林苑中。房，古讀旁。

〔一六〕文選張衡西京賦：「木衣綈錦，土被朱紫。」薛綜注：「言皆綵畫如錦繡之文章也。」李善注：「説文云：綈，厚繒也。朱、紫，二色也。」

〔一七〕永熙，後魏孝武帝元修第二年號。永熙三年七月，孝武爲斛斯椿所逼，西奔長安，高歡入洛陽。十月清河王世子善見即帝位，歡以洛陽西逼西魏，南近梁境，乃議北遷鄴，是爲東魏。鄴，故城在今河北臨漳縣西。

〔一八〕武定，東魏孝靜帝元善見第四年號。五年，即公元五四七年。

〔一九〕通鑑一五八載東魏孝靜帝元象元年東魏侯景、高敖曹等圍魏獨孤信于金墉，景燒洛陽内外官寺民居，存者什二三。而楊衒之行役重覽洛陽，殆在其後。元象元年，即公元五三八年。

〔二〇〕左傳隱公十一年注：「逵，道方九軌也。」九逵，即九軌也。洛陽城門每門有三道，即所謂九軌。並見後校箋〔四九〕。

〔二一〕老，如本作「稼」，今依三寶記改。按「農夫耕老」，與上文「遊兒牧豎」對文。闕，如本作「闘」，非，今依吴本。闕者，宫門之象魏也。天子宫門兩旁特爲屋，高出於門屋之上者，謂之雙闕。左名魏闕，右名象闕。亦謂之兩觀。寰宇記三：「洛陽十二門，皆有雙闕石橋，橋跨陽渠水。」此城門之雙闕也。水經穀水注：「今閶闔門外夾建巨闕，以應天宿。雖不如禮，猶象而魏之，上加復思（屏），以易觀矣。」此宫門外之雙闕也。衒之所述，蓋是前者，意指洛陽也。

〔二二〕尚書大傳：「微子將朝周，過殷故虚，見麥秀之蔪蔪，此父母之國，志動心悲。」史記宋微子世家：「箕子朝周，過故殷虚，感宫室毁壞生禾黍，箕子傷之，乃作麥秀之詩以歌詠之。」

〔二三〕詩王風黍離序：「黍離，閔宗周也。周既東遷，大夫行役於宗周，過故宗廟宫室，盡爲禾黍，閔周室之顛覆，彷徨不忍去，而作是詩也。」

〔二四〕寮，各本作「寥」，古同。廣雅釋詁：「寮，空也。」時寺舍興衰之概，並見卷五末幅校箋〔五〕。

〔二五〕最，三寶記作「衆」。

〔二六〕止，如本作「上」，今依吳、王、真意、集證本。按三寶記亦作「止」。伽藍，亦名僧伽藍，爲僧衆所住之所，亦曰僧寺。翻譯名義集七：「僧伽藍譯爲衆園。僧史略云：爲衆人園圃。園圃爲生植之所，佛弟子則生殖道芽聖果也。」並見校箋〔三〕。

〔二七〕三寶記作「詳異世諦俗事」，吳、王、真意本「詳」下有「異」字。今依如本。世諦，見前校箋〔四〕。

〔二八〕太，如本作「大」，今改。「高祖」上，如本有「後魏」二字，亦非是。按衒之魏臣，不當有「後魏」意，此顯是後人所增。洛陽本古成周舊京，漢光武建武元年亦都此，魏晉因之；元魏本都平城，至孝文漢化，於太和十七年九月始定遷都，詔司空穆亮、尚書李沖、將作大匠董爵經營洛邑，於十九年九月，六宮及文武官員，才入洛陽。清嘉慶洛陽縣志：「東漢舊京，在今洛陽城東三十里。今雖湮滅已久，故蹟猶存。」穆亮，字幼輔，代人。魏書二七有傳。

〔二九〕「漢曰」以下，今本與上文連寫，是爲文注不分。集證、鈎沈列爲注文，是也。今從之。下同。序曰：「表列門名」，原文簡要，僅列門名，不著出處，而後始加注文也。水經穀水注：「穀水又東屈南逕建春門石橋下，即上東門也。」河南志二：「賈誼疏曰：擇良日立諸子雒陽上東門之外。是則西漢時已有上東門矣。」

〔三〇〕此阮籍詠懷詩也。又古詩十九首有「驅車上東門」句。李善注：「河南郡圖經曰：東有三門，最北頭曰上東門。」

〔三一〕中東門，如本作「東中門」，非。水經注：「東陽門，故中東門也。」河南志二同。今據改。

〔三二〕爾雅釋天：「春爲青陽。」説文：「青，東方色也。」「陽，高明也。」水經穀水注曰：「穀水于城東南隅枝分，北注逕青陽門東，故清明門也。亦曰税門，亦曰芒門。」

〔三三〕四，如本作「三」，今依吴、王、張本改。並見校箋〔三六〕。

〔三四〕「第二」下，如本奪「門」字，今據上下文例增。

〔三五〕水經穀水注：「穀水又東逕平昌門南，故平門也。」河南志二：「南面四門，正南曰平門，一作平城門。古今注曰：建武十三年開。」

〔三六〕自「漢曰小苑門」至「次西曰津陽門」二十三字，如本奪，今依集證本、張本、范本、周本補。張本云：「水經注：穀水又南東屈，逕津陽門南。又東逕宣陽門南。又東逕平昌門南。又東逕開陽門南。是魏時南四門，了無疑義。晉書地理志亦云南有四門。寰宇記雖云南面凡三門，開陽在巳上。次西，漢有小苑門，在午上，晉曰宣陽門。謻門，即宣陽門，即漢之宫門也。次西，漢曰津門，在未上。是宣陽門漢名小苑門，不名津門。而津門漢又另是一門，非即宣陽門也。依此而言，則南面三門，平昌居中，東爲開陽，西爲宣陽。然宣陽實在午上，爲中門。則洛陽南面巳上一門，巳午之間一門，午上一門，而未上無門，亦不可通也。是知此條必有闕文。宣陽、津陽本係兩門，一在午上，一在未上，因中有奪誤，遂連爲一。且各本見下文皆作三門，因而改首句四字爲三字。幸漢魏本仍爲四字，雖非善本，亦可貴矣。」范本云：「河南志及漢晉四朝洛陽宫城圖，南面有四門。東首開陽門，漢同。次西平昌門，漢爲平城門。次西宣陽門，漢同。次西津陽門，漢同。其皆本諸伽藍記無疑也。」經實地鑽探，南垣雖爲洛水所壞，而街道仍然。計南通者四道，當是四門無疑。見考古一九七三年四月期漢魏洛陽城初步勘查。

〔三七〕津門者，洛水從此入城，故名。河南志三：「津門當洛水浮橋下，一作津城門，又作津陽門。」

〔三八〕水經穀水注：「穀水又南逕西明門，故廣陽門也。」

〔三九〕水經穀水注：「穀水自閶闔門南出逕西陽門，舊漢氏之西明門也。亦曰雍門矣。舊門在南，太和中以故門邪出，故徙是門，東對東陽門。」

〔四〇〕如本無「有」上「上」字，今據吴、王、真意本增。書舜典：「在璿璣玉衡，以齊七政。」孔疏：「説文云：璿，美玉也。璣衡者，璣爲轉運，衡爲横簫。運璣使動於下，以衡望之，是王者正天文之器。漢世以來，謂之渾天儀者是也。宣帝時，司農中丞耿壽昌始鑄銅爲之象，史官施用焉。馬融云：渾天儀可旋轉，故曰璣。衡，其横簫，所以視星宿也。以璿爲璣，以玉爲衡，蓋貴天象也。蔡邕云：玉衡長八尺，孔徑一寸，下端望之，以視星辰。蓋懸璣以象天，而衡望之，轉璣窺衡，以知星宿，是其説也。七政，謂日月五星也。馬融云：日月星皆以璿璣、玉衡度知其盈縮、進退、失政所在；聖人謙讓，以驗齊日月五星行度，知其政是與否，重審己之事也。」朱文鑫天文考古録：「漢武帝時，洛下閎營渾儀。章帝時，賈逵造銅儀。順帝時，張衡製渾象，以漏水轉之。璇璣所加，某星始見，某星方中，某星已没，皆如合符。」

〔四一〕文選左思詠史詩：「被褐出閶闔」是也。李善注：「晉宫闕名曰：洛陽城閶闔門西向。」

〔四二〕水經穀水注：「金墉城，魏明帝于洛陽城西北角築之，起層樓于東北隅，皇居創徙，宫極未就，止蹕于此。」魏書高祖紀：「太和十九年八月，金墉宫成。甲子，引群臣歷宴殿堂。」並見卷一瑶光寺校箋〔二七〕。

〔四三〕魏書釋老志：「高祖時，沙門道順、慧覺、僧意、慧紀、僧範、道弁、惠度、智誕、僧顯、僧義、僧利，並以義行知重。」又四五韋纘傳：「高祖每與名德沙門談論往復，纘掌綴録，無所遺漏。」又四五裴宣傳：「高祖曾集沙門講佛經，因命宣論難，甚有理詣，高祖稱善。」

〔四四〕魏書六二李彪傳：「彪字道固，頓丘衛國人。家世微寒，篤學不倦。高祖初，爲中書教學博士，後假員外散騎常侍，建威將軍，使於蕭賾。遷秘書丞，參著作事。高祖南征，假彪冠軍將軍。車駕還京，遷御史中尉，領著作郎。景明二年秋卒。」曹植贈白馬王彪詩李善注：「陸機洛陽記曰：承明門，後宫出入之門。吾常怪子建詩『謁帝承明廬』，問張公，張公云：魏明帝作建始殿，朝會皆由承明門。然直廬在承明門側。」陸機所云，乃是曹魏時宫門，與孝文帝時不同也。

〔四五〕「大夏門」下，吴、王、真意本有「高祖世宗」四字。河南志三：「北有二門，東曰廣莫門，西有大夏門。宣武造三層樓，去地二十丈。」據此及上文之例，則「大夏門」下，當作「高祖因而不改」六字，而「世宗」二字又當屬下句。今據補。元恪，謚宣武，廟號世宗。

〔四六〕河南志三：「洛陽城門樓皆兩重，去地百尺，唯大夏門甍棟峻麗。」甍音萌。

〔四七〕水經穀水注：「穀水又東逕廣莫門北，漢之穀門也。北對芒阜，連領脩亘。」

〔四八〕「廣莫門」上，王本有「自」字，今據增。

〔四九〕河南志三：「陸機洛陽記曰：洛陽十二門，門有閣，閉中，開左右出入。城内大道三，中央御道，兩邊築土牆，高四尺，公卿尚書章服從中道，凡人行左右道。左入右出，不得相逢。夾道種槐柳樹。晉書曰：洛陽御道，築牆高丈餘，百郡邸舍，皆在城内。又曰：洛陽十二門，皆有雙闕，有橋，橋跨陽渠水。」周禮考工記：「國中經涂九軌。」鄭注：「經緯之涂，皆容方九軌，軌謂轍廣。」並見前校箋〔二〇〕。

洛陽伽藍記校箋卷一　城内

永寧寺

永寧寺，熙平元年靈太后胡氏所立也〔一〕。在宮前閶闔門南一里御道西〔二〕。其寺東有太尉府〔三〕，西對永康里，南界昭玄曹〔四〕，北鄰御史臺〔五〕。閶闔門前御道東有左衛府〔六〕，府南有司徒府。司徒府南有國子學堂。内有孔丘像，顔淵問仁、子路問政在側〔七〕。國子南有宗正寺〔八〕，寺南有太廟〔九〕，廟南有護軍府〔一〇〕，府南有衣冠里。御道西有右衛府，府南有太尉府，府南有將作曹〔一一〕，曹南有九級府，府南有太社〔一二〕，社南有凌陰里，即四朝時藏冰處也〔一三〕。中有九層浮圖一所，架木爲之，舉高九十丈〔一四〕。有刹復高十丈，合去地一千尺。去京師百里，已遥見之。初，掘基至黄泉下，得金像三十軀〔一五〕，太后以爲信法之徵，是以營造過度也。刹上有金寶瓶，容二十五石〔一六〕。寶瓶下有承露金盤三十重〔一七〕，周匝皆垂金鐸。復有鐵鏁四道，引刹向浮圖四角；鏁上亦有金鐸，鐸大小如一石甕子。浮圖有九級，角角皆懸金鐸，合上下有一百二十鐸〔一八〕。浮圖有四面，面有三户六窗〔一九〕，户皆朱漆〔二〇〕。扉上有五行金鈴，其十二門二十四扇〔二一〕，合有五千四百枚。復有金環鋪首〔二二〕。殫土木之功〔二三〕，窮造形之巧。佛事精妙，不可思議；繡柱金鋪，駭人心目。至於高風永夜，寶鐸和鳴，鏗鏘之聲〔二四〕，聞及十餘里。浮圖北有佛殿一所，形如太極殿〔二五〕。中有丈八金像一軀，中長金像十軀〔二六〕，繡珠像三軀，金織成像五軀〔二七〕，玉像二軀〔二八〕。作功奇巧，冠於當世。僧房樓觀，一千餘間，雕梁粉壁，青璅綺疏〔二九〕，難得而言。栝柏松椿，扶疎簷霤，藂竹香草〔三〇〕，布護堦墀〔三一〕。是以常景碑云：「須彌寶殿〔三二〕，兜率淨宮〔三三〕，莫尚於斯也。」外國所獻經像，皆在此寺。寺院牆皆施短椽，以瓦覆之，若今宮牆也。四面各開一門〔三四〕。南門樓三重〔三五〕，通三閣道〔三六〕，去地二十丈，形製似今端門〔三七〕。圖以雲氣，畫彩仙靈〔三八〕，綺錢青鏁〔三九〕，輝赫麗華〔四〇〕。拱門有四力士〔四一〕，四獅子〔四二〕。飾以金銀，加之珠玉，莊嚴焕炳〔四三〕，世所未聞。東西兩門，亦皆如之；所可異者，唯樓二重。北門一道不施屋，似烏頭門〔四四〕。四門外樹以青槐，亘以綠水〔四五〕，京邑行人，多庇其下。路斷飛塵，不由奔雲之潤〔四六〕；清風送涼，豈籍合歡之發〔四七〕？ 詔中書舍人常景爲寺碑文。

景字永昌〔四八〕，河内人也。敏學博通，知名海内。太和十九年爲高祖所器，拔爲律博士〔四九〕，刑法疑獄，多訪於景。正始初，詔刊律令，永作通式〔五〇〕。勅景共治書侍御史高僧裕〔五一〕、羽林監王元龜、尚書郎祖瑩〔五二〕、員外散騎侍郎李琰之等撰集其事〔五三〕。又詔太師彭城王勰〔五四〕、青州刺史劉芳〔五五〕入預其議〔五六〕。景討正科條，商搉古今，甚有倫序，見行於世，今律二十篇是也〔五七〕。又共芳造洛陽宮殿門閣之名，經途里邑之號。出除長安令〔五八〕，時人比之潘岳〔五九〕。其後歷位中書舍人、黄門侍郎、秘書監、幽州刺史、儀同三司，學徒以爲榮焉。景入參近侍，出爲侯牧，屋室貧儉，事等農家，唯有經史，盈車滿架〔六〇〕。所著文集數百餘篇，給事封暐伯作序行於世〔六一〕。裝飾畢功，明帝與太后共登浮圖〔六二〕，視宮內如掌中，臨京師若家庭，以其目見宮中，禁人不聽升。衒之嘗與河南尹胡孝世共登之〔六三〕，下臨雲雨，信哉不虛。時有西域沙門菩提達摩者〔六四〕，波斯國胡人也。起自荒裔，來遊中土，見金盤炫日，光照雲表，寶鐸含風，響出天外，歌詠讚歎〔六五〕，實是神功。自云年一百五十歲，歷涉諸國，靡不周遍，而此寺精麗，閻浮所無也〔六六〕。極佛境界〔六七〕，亦未有此。口唱南無〔六八〕，合掌連日〔六九〕。至孝昌二年〔七〇〕，大風發屋拔樹，刹上寶瓶，隨風而落，入地丈餘。復命工匠更鑄新瓶〔七一〕。建義元年〔七二〕，太原王爾朱榮總士馬於此寺〔七三〕。榮字天寶，北地秀容人也。世爲第一領民酋長，博陵郡公〔七四〕。部落八千餘家，有馬數萬匹，富等天府〔七五〕。武泰元年二月中，帝崩無子〔七六〕，立臨洮王世子釗以紹大業，年三歲。太后貪秉朝政，故以立之〔七七〕。榮謂并州刺史元天穆曰〔七八〕：「皇帝晏駕，春秋十九，海內士庶，猶曰幼君。況今奉未言之兒，以臨天下，而望昇平，其可得乎？吾世荷國恩，不能坐看成敗，今欲以鐵馬五千〔七九〕，赴哀山陵〔八〇〕，兼問侍臣帝崩之由。君竟謂如何？」穆曰：「明公世跨并肆，雄才傑出，部落之民，控弦一萬，若能行廢立之事，伊霍復見於今日〔八一〕。」榮即共穆結異姓兄弟〔八二〕。穆年大，榮兄事之；榮爲盟主，穆亦拜榮。於是密議：長君諸王之中，不知誰應當璧〔八三〕。遂於晉陽，人各鑄像〔八四〕，不成，唯長樂王子攸像光相具足〔八五〕，端嚴特妙。是以榮意在長樂。遣蒼頭王豐入洛〔八六〕，詢以爲主。長樂即許之，共剋期契。榮三軍皓素〔八七〕，揚旌南出。太后聞榮舉兵，召王公議之。時胡氏專寵，皇宗怨望，入議者莫肯致言〔八八〕。唯黃門侍郎徐紇曰〔八九〕：「爾朱榮馬邑小胡〔九〇〕，人才凡鄙，不度德量力，長戟指闕，所謂窮轍拒輪〔九一〕，積薪候燎〔九二〕。今宿衛文武，足得一戰，但守河橋〔九三〕，觀其意趣。榮懸軍千里，兵老師弊，以逸待勞，破之必矣。」后然紇言。即遣都督李神軌〔九四〕、鄭季明等領衆五千鎮河橋〔九五〕。四月十一日，榮過河内，至高頭驛〔九六〕；長樂王從雷陂北渡赴榮軍所〔九七〕，神軌、季明等見長樂王往，遂開門降〔九八〕。十二日，榮軍於芒山之北〔九九〕，河陰之野〔一〇〇〕。十三日，召百官赴駕，至者盡誅之。王公卿士及諸朝臣死者二千餘人〔一〇一〕。十四日，車駕入城，大赦天下，改號爲建義元年，是爲莊帝。於時新經大兵，人物殲盡，流迸之徒，驚駭未出〔一〇二〕。莊帝肇升太極〔一〇三〕，解網垂仁〔一〇四〕，唯散騎常侍山偉一人拜恩南闕〔一〇五〕。加榮使持節中外諸軍事大將軍、開府北道大行臺、都督十州諸軍事大將軍、領左右〔一〇六〕、太原王。其天穆爲侍中、太尉公、世襲并州刺史、上黨王。起家爲公卿牧守者，不可勝數。二十日，洛中草草〔一〇七〕，猶自不安，死生相怨，人懷異慮。貴室豪家，棄宅競竄〔一〇八〕；貧夫賤士，襁負爭逃。於是出詔：「濫死者，普加褒贈；三品以上，贈三公；五品以上，贈令僕；七品以上，贈州牧；白民，贈郡鎮〔一〇九〕。」於是稍安。帝納榮女爲皇后〔一一〇〕。進榮爲柱國大將軍、録尚書事，餘官如故。進天穆爲大將軍，餘官皆如故。

永安二年五月〔一一一〕，北海王元顥復入洛〔一一二〕，在此寺聚兵。

顥，莊帝從兄也。孝昌末鎮汲郡，聞爾朱榮入洛陽，遂南奔蕭衍〔一一三〕；是年入洛，莊帝北巡〔一一四〕。顥登皇帝位，改年曰建武元年〔一一五〕。顥與莊帝書曰：「大道既隱，天下匪公〔一一六〕，禍福不追，與能義絶〔一一七〕。朕猶庶幾五帝〔一一八〕，無取六軍〔一一九〕，正以糠粃萬乘〔一二〇〕，錙銖大寶〔一二一〕，非貪皇帝之尊，豈圖六合之富〔一二二〕？直以爾朱榮往歲入洛，順而勤王〔一二三〕，終爲魏賊；逆刃加於君親〔一二四〕，鋒鏑肆於卿宰〔一二五〕。元氏少長，殆欲無遺。已有陳恒盜齊之心〔一二六〕，非無六卿分晉之計〔一二七〕。但以四海横流，欲篡未可，暫樹君臣，假相拜置；害卿兄弟〔一二八〕，獨夫介立，遵養待時〔一二九〕，臣節詎久？朕覩此心寒，遠投江表，泣請梁朝，誓在復恥〔一三〇〕。風行建業，電赴三川〔一三一〕。正欲問罪於爾朱，出卿於桎梏〔一三二〕，恤深怨於骨肉，解蒼生於倒懸。〔一三三〕謂卿明眸擊節〔一三四〕，躬來見我，共叙哀辛〔一三五〕，同討兇羯〔一三六〕。不意駕入成皋〔一三七〕，便爾北渡。雖迫於兇手，勢不自由；或貳生素懷〔一三八〕，棄劍猜我。聞之永歎，撫衿而失。何者，朕之於卿，兄弟非遠〔一三九〕，連枝分葉，興滅相依，假有内閲〔一四〇〕，外猶禦侮；况我與卿，睦厚偏篤，其於急難，凡今莫如〔一四一〕。棄親即讎，義將焉據也。且爾朱榮不臣之跡，暴於旁午〔一四二〕，謀魏社稷，愚智同見。卿乃明白，疑於必然；託命豺狼，委身虎口，棄親助賊，兄弟尋戈〔四三〕。假獲民地，本是榮物；若克城邑，絶非卿有；徒危宗國，以廣寇仇。快賊莽之心，假卞莊之利〔四四〕；有識之士，咸爲慙之。今家國隆替，在卿與我。若天道助順，誓兹義舉，則皇魏宗社，與運無窮；儻天不厭亂，胡羯未殄，鴟鳴狼噬，荐食河北〔四五〕；在榮爲福，於卿爲禍。豈伊異人〔四六〕？尺書道意，卿宜三復。義利是圖〔四七〕，富貴可保，狥人非慮；終不食言，自相魚肉〔四八〕。善擇元吉〔四九〕，勿貽後悔。」此黄門郎祖瑩之詞也〔五〇〕。時帝在長子城〔五一〕，太原王、上黨王來赴急〔五二〕。六月，帝圍河内，太守元桃湯、車騎將軍宗正珍孫等爲顥守〔五三〕，攻之勿克。時暑炎赫，將士疲勞；太原王欲使帝幸晉陽，至秋更舉大義；未決，召劉助筮之〔五四〕。助曰：「必克。」於是至明盡力攻之，如其言。桃湯、珍孫並斬首，以殉三軍。顥聞河内不守，親率百僚出鎮河橋，特遷侍中安豐王延明往守硤石〔五五〕。七月，帝至河陽〔五六〕，與顥隔河相望。太原王命車騎將軍爾朱兆潛師渡河〔五七〕，破延明於硤石。顥聞延明敗，亦散走。所將江淮子弟五千人，莫不解甲相泣，握手成列〔五八〕。顥與數十騎欲奔蕭衍〔五九〕，至長社〔六〇〕，爲社民斬其首，傳送京師〔六一〕。二十日，帝還洛陽。進太原王天柱大將軍，餘官亦如故。進上黨王太宰，餘官亦如故。永安三年，逆賊爾朱兆囚莊帝於寺。時太原王位極心驕，功高意侈，與奪臧否肆意。帝怒謂左右曰〔六二〕：「朕寧作高貴鄉公死〔六三〕，不作漢獻帝生〔六四〕。」九月二十五日，詐言産太子，榮、穆並入朝，莊帝手刃榮於明光殿〔六五〕，穆爲伏兵魯暹所煞〔六六〕，榮世子部落大人亦死焉。榮部下車騎將軍爾朱陽都等二十人隨入朱華門〔六七〕，亦爲伏兵所煞〔六八〕。唯右僕射爾朱世隆素在家〔六九〕，聞榮死，總榮部曲燒西陽門，奔河橋。至十月一日，隆與榮妻北鄉郡長公主至芒山馮王寺爲榮追福薦齋〔七〇〕，即遣爾朱侯討伐、爾朱弗律歸等領胡騎一千，〔七一〕皆白服來至郭下，索太原王尸喪。帝升大夏門望之，遣主書牛法尚謂歸等曰：「太原王立功不終，陰圖釁逆，王法無親，已依正刑；罪止榮身，餘皆不問。卿等何爲不降？官爵如故。」歸曰：「臣從太原王來朝陛下，何忽今日枉致無理？臣欲還晉陽，不忍空去，願得太原王尸喪，生死無恨。」發言雨淚，哀不自勝；群胡慟哭，聲振京師。帝聞之，亦爲傷懷。遣侍中朱元龍齎鐵券與世隆〔一七二〕，待之不死，官位如故。世隆謂元龍曰：「太原王功格天地，道濟生民〔一七三〕，赤心奉國，神明所知。長樂不顧信誓，枉害忠良，今日兩行鐵字，何足可信。吾爲太原王報仇，終不歸降。」元龍見世隆呼帝爲長樂，知其不欵，且以言帝。帝即出庫物置城西門外，募敢死之士以討世隆。一日即得萬人。與歸等戰於郭門，兇勢不摧。歸等屢涉戎場，便利擊刺〔一七四〕；京師士衆，未習軍旅，雖皆義勇，力不從心。三日頻戰，而游魂不息〔一七五〕。帝更募人斷河橋。有漢中人李苗爲水軍〔一七六〕，從上流放火燒橋。世隆見橋被焚，遂大剽生民，北上太行。帝遣侍中源子恭〔一七七〕、黄門郎楊寬領步騎三萬鎮河内〔一七八〕。世隆至高都〔一七九〕，立太原太守長廣王曄爲主〔一八〇〕，改號曰建明元年〔一八一〕。爾朱氏自封王者八人。長廣王都晉陽〔一八二〕，遣潁川王爾朱兆舉兵向京師〔一八三〕。子恭軍失利，兆自雷陂涉渡，擒莊帝於式乾殿〔一八四〕。帝初以黄河奔急，謂兆未得猝濟〔一八五〕；不意兆不由舟楫，憑流而渡〔一八六〕。是日水淺，不没馬腹，故及此難；書契所記，未之有也。衒之曰：「昔光武受命，冰橋凝於滹水〔一八七〕；昭烈中起，的盧踊於泥溝〔一八八〕。皆理合於天，神祇所福，故能功濟宇宙，大庇生民。若兆者，蜂目豺聲〔一八九〕，行窮梟獍〔一九〇〕，阻兵安忍，賊害君親，皇靈有知，鑒其凶德。反使孟津由膝，贊其逆心。易稱『天道禍淫，鬼神福謙〔一九一〕。』以此驗之，信爲虚説。」時兆營軍尚書省，建天子金鼓，庭設漏刻〔一九二〕，嬪御妃主，皆擁之於幕。鏁帝於寺門樓上。時十二月，帝患寒，隨兆乞頭巾，兆不與。遂囚帝還晉陽〔一九三〕，縊於三級寺。帝臨崩禮佛，願不爲國王。又作五言曰：「權去生道促，憂來死路長。懷恨出國門，含悲入鬼鄉。隧門一時閉〔一九四〕，幽庭豈復光〔一九五〕？思鳥吟青松，哀風吹白楊〔一九六〕。昔來聞死苦，何言身自當！」至太昌元年冬〔一九七〕，始迎梓宫赴京師〔一九八〕，葬帝靖陵。所作五言詩，即爲挽歌詞〔一九九〕。朝野聞之，莫不悲慟，百姓觀者，悉皆掩涕而已。永熙三年二月〔二〇〇〕，浮圖爲火所燒。帝登淩雲臺望火〔二〇一〕，遣南陽王寶炬〔二〇二〕、録尚書長孫稚將羽林一千救赴火所〔二〇三〕，莫不悲惜，垂淚而去。火初從第八級中平旦大發，當時雷雨晦冥，雜下霰雪，百姓道俗，咸來觀火。悲哀之聲，振動京邑。時有三比丘赴火而死〔二〇四〕。火經三月不滅，有火入地尋柱，周年猶有煙氣。其年五月中，有人從東萊郡來〔二〇五〕，云：「見浮圖於海中。光明照耀，儼然如新，海上之民，咸皆見之；俄然霧起，浮圖遂隱。」至七月中，平陽王爲侍中斛斯椿所使〔二〇六〕，奔於長安。十月，而京師遷鄴。

【校箋】

此本書之第一篇也。作者叙永寧寺之建製竟，特選建義元年太原王爾朱榮入洛陽，永安二年北海王元顥與爾朱榮戰於河陽，及永安三年爾朱兆擒莊帝於式乾殿三事繫於篇，蓋示北魏孝明、孝莊二代政權轉移之大略也；亦北魏亡國關鍵之所繫。又以胡后營造過度建寺而置諸篇首，皆有深意焉。可與卷二平等寺合觀。

〔一〕熙平，魏肅宗孝明帝元詡第一年號。胡太后，世宗元恪妃，肅宗母，安定臨涇司徒胡國珍女。肅宗立，尊爲皇太后，臨朝稱制，總覽萬機。後爲爾朱榮所執，沉黄河中。至出帝元脩，始葬以后禮。見魏書一三及北史后妃傳。據實地鑽探，永寧寺遺址南北長約三百米，東西寬約二百米。見文物一九八一年九月漢魏洛陽故城。

〔二〕水經穀水注：「陽渠水逕閶闔門南，又枝分，夾路南出，逕太尉、司徒兩坊間，謂之銅駝街。水西有永寧寺。」

〔三〕自「其寺東」以下，至「即四朝時藏冰處也」，續高傳一、釋教録六均未見引，驗其上下文氣，又頗不相接，此是注文無疑。周祖謨曰：「此書凡記伽藍者爲正文，涉及官署者爲注文。」其言是也。下仿此。

〔四〕北魏官制多同於晉，太尉、司徒、司空並古官，號三公。太尉，古大司馬之職，漢建武二十七年改大司馬爲太尉，其後二者迭置不並列。魏晉時，大司馬與太尉各自爲官，北魏仍之。河南志三：「太尉府在永寧寺東，西對永康里，即舊銅駝街，其左是魏晉故廟地。」

〔五〕昭玄曹，管理僧尼之官署也。沙門漢屬鴻臚寺，北魏初，京中立道人統，文成帝改爲監福曹，孝文帝又改爲昭玄曹。

〔六〕御史，古記事之官也。秦漢改司糾察之任，所居官署，後漢謂之御史臺，魏晉因之。詳宋王益之職源撮要。

〔七〕魏書官氏志有左右衛將軍，亦沿晉制。

〔八〕問仁，見論語顔淵篇；問政，見子路篇。

〔九〕晉書職官志：「宗正者，統皇族宗人圖牒之官也。」

〔一〇〕周禮考工記：「匠人營國，左祖右社。」

〔一一〕秦有護軍都尉，漢因之，屬大司馬，哀帝初更名司寇，尋復爲護軍，後漢省，魏晉改稱護軍將軍，主武官選，並領營兵。

〔一二〕魏書官氏志有將作大匠，掌治宫室陵園土木之功。

〔一三〕九級府者，蓋叙官之府也。魏文帝有九品官人之法，郡邑設小中正，州設大中正，品第人才，由小中正以九等第其高下，上諸大中正；大中正核實上諸司徒；司徒再核然後付尚書選用。晉南北朝皆仍之。太社，水經穀水注：「渠水又西歷廟、社之間。穀水又南逕西明門，門左枝渠東派入城，逕太社前，又東逕太廟南。」

〔一三〕四朝，猶中朝也。晉之武、惠、懷、愍四朝也。晉書目録云：「右晉十二世，十五帝，一百五十六年。中朝四帝，都洛陽，五十四年；江左十一帝，都建康，一百二年。」亦稱西朝，蓋西晉都洛，對東晉建康而言也。或稱盛朝、勝朝者，乃過江之士輕視南人意也。陸機洛陽記：「冰室在宣陽門内，常有冰，天子用賜王宫衆官。」

〔一四〕九十丈，各本及三寶記九、内典録四所引同。續高傳一、釋教録六作「九十餘丈」。水經穀水注作「自金露盤下至地四十九丈」。魏書釋老志作「永寧寺佛圖九層，高四十餘丈」。魏書藝術傳：「建永寧寺九層浮圖，郭安興爲匠。」據實地鑽探，浮圖在寺之正中，今殘存土臺基全高約八米，塔基平面正方有三層。底層東西一〇一米，南北九八米，高二米一；中層五十米見方，高三米六；頂層約十米見方，高二米二。佛殿在塔後。見考古一九七三年四月期漢魏洛陽城初步勘查。

〔一五〕三十，如本作「三千」，今依各本及御覽五八改。三寶記、内典録、續高傳、釋教録作「三十二」。水經穀水注：「其地是曹爽故宅。經始之日，於寺院西南隅得爽窟室，下入土可丈許。地壁悉纍方石砌之。石作細密，都無所毁，其石悉入法用。」

〔一六〕石，續高傳、釋教録作「斛」，同。刹，旛柱也。見序校箋〔一五〕。

〔一七〕三十重，續高傳、三寶記、釋教録、北山録作「二十一重」。

〔一八〕二十，三寶記、内典録、續高傳、釋教録作「三十」。

〔一九〕三户，如本作「二户」，今依各本。三寶記、内典録作「三門六窗」，續高傳、釋教録作「四面九間六窗三户」。

〔二〇〕户，内典録作「並」。

〔二一〕鈴，如本作「釘」，今依吴本。三寶記、内典録、釋教録、續高傳同。句下，三寶記、内典録有「其十二門二十四扇」句，今據補。

〔二二〕三輔黄圖二：「金鋪，扉上有金華，中作獸及龍蛇鋪首以銜環也。」程大昌演繁露：「風俗通義：門户鋪首，昔公輸班見水中蠡，引閉其户，終不可開，遂象之立於門户。按今門上排立而突起者，公輸班所飾之蠡也。義訓曰：門飾金謂之鋪，鋪謂之鏂；鏂音歐，今俗謂之浮漚釘也。」

〔二三〕如本「殫」上有「布」字，今依各本删。三寶記、内典録、續高傳皆無此字。

〔二四〕聲，吴、王本及三寶記、續高傳作「音」。

〔二五〕太極殿，宫中之正殿也，始自魏。魏志明帝紀：「青龍三年大治洛陽宫，起太極殿，上法太極，故名。」

〔二六〕中長，三寶記、内典録作「等身」，通鑑一四八作「中人」。

〔二七〕「金」字、「像」字各本並無，今依三寶記、内典録補。

〔二八〕「玉像二軀」四字，各本並無。三寶記、内典録、通鑑有。續高傳：「中諸像設金玉繡作。」

〔二九〕璅，如本作「繅」，非。今依各本。按「璅」爲「瑣」之或字。後書梁冀傳：「窗牖皆有綺疎青瑣。」李善注：「綺疎，謂鏤爲綺文；青瑣，謂刻爲瑣文，而以青飾之也。」孟康曰：「以青畫户邊，鏤中，天子制也。」

〔三〇〕「扶殃簷霤」各本作「扶踈拂簷」，今依內典録。 藂，吳、王本作「翠」。

〔三一〕護，吳、王本及三寶記均作「濩」，古通用。張衡東京賦：「聲教布濩。」薛綜注：「布護，猶散被也。」

〔三二〕須彌，本爲山名，此譯作妙高、妙光、安明、善積之意。經載南贍部洲等四大洲中有須彌山，在大海中，頂上爲帝釋天所居。大智度論：「須彌山有二天處，四天處，三十三天處。」

〔三三〕兜率，即兜術，本爲天宮意，此譯爲知足，謂五欲界知止足故。普曜經：「其兜術天有大天宮，名曰高幢，廣長二千五百六十里，菩薩常坐，爲諸天人敷演經典」。

〔三四〕「四面」上，三寶記、內典録有「寺之」二字。

〔三五〕三寶記、內典録此句作「其正南門有三重樓」。

〔三六〕「三」下「閣」字，各本無，今依三寶記、內典録補。

〔三七〕東京賦注：「洛陽宮舍記：洛陽有端門。」通鑑一三八胡注：「端門，宮之正南門。」

〔三八〕後書梁冀傳：「圖以雲氣仙靈。」

〔三九〕綺，三寶記、內典録作「列」。 錢，如本空格，今依各本及三寶記、內典録補。 鏁，吳、王、真意本作「璅」，同。 班固西都賦：「金釭銜璧，是爲列錢。」李善注：「列錢，言金釭銜璧，行列似錢也。」青鏁，見校箋〔二九〕。 綺錢，綺踈也。

〔四〇〕「輝」字，各本空格，今據緑本補。 內典録、三寶記、續高傳、釋教録作「赫奕華麗」。

〔四一〕拱，三寶記作「挾」，內典録、釋教録作「夾」，續高傳作「俠」。 吳、王、真意本「拱」下有「夾」字，疑是注文混入正文者。 案金剛力士，乃護法之神，仁王經有五大力菩薩：一金剛吼菩薩，手持千寶相輪。

二龍王吼菩薩，手持金輪燈。三無畏十力吼菩薩，手持金剛杵。四雷電吼菩薩，手持千寶羅網。五無量力吼菩薩，手持五千劍輪是也。並見辨正論一。

〔四二〕獅，内典録、續高傳作「師」，古今字。師子，守護伽藍者也。佛説太子瑞應經：「佛初生時，有五百師子從雪山來，侍列門側。」

〔四三〕莊，各本作「裝」，今依三寶記、内典録、續高傳、釋教録改。華嚴經探玄記：「莊嚴有二義，一是具德義，二是交飾義。」

〔四四〕續高傳、釋教録作「北門通道，但露而置」。唐六典：「六品以上仍通用烏頭大門。」

〔四五〕左思吴都賦：「朱闕雙立，馳道如砥，樹以青槐，亘以緑水。」李善注：「古之表道，或松或槐。亘，引也。」緑水，陽渠水也。

〔四六〕弇，各本作「奔」，非。三寶記、内典録作「淹」。續高傳、釋教録作「渰」，通。詩小雅大田：「有渰萋萋，興雨祁祁。」毛傳：「渰，雲興貌。」釋文：「渰，本作弇。」

〔四七〕籍，吴、王、真意、集證本作「藉」，三寶記、内典録、續高傳、釋教録同，古通用。古今注：「合歡樹似梧桐，枝葉繁，互相交結，每風來，輒身相解，了不相牽綴。樹之階庭，使人不忿。」

〔四八〕自「景字永昌」至「作序行於世」，續高傳及釋教録不見引，周祖謨云：「其所載時人之事蹟與民間故事亦爲注文。」其言是。下仿此。常景，魏書八二有傳。北史四二常爽傳：「父文通，南天水太守。景字永昌，少聰敏，初讀論語、毛詩，一受便覽。及長，有才思，雅好文章。宣武季舅護軍將軍高顯卒，以景文刊石。」並見卷三宣陽門外條校箋〔三〕。

〔四九〕各本「律」下有「學」字，今從集證删。續高傳作「修律博士」。魏書袁翻傳亦作「律博士」。並見校箋〔五六〕。

〔五〇〕正始，魏世宗宣武帝元恪第二年號。魏書世宗紀：「正始元年冬十二月己卯，詔群臣議定律令。」景本傳：「正始初，詔尚書、門下於金墉中書外省，考論律令，敕景參議。」

〔五一〕魏書四八高綽傳：「綽字僧裕，渤海蓨人。沈雅有度量，博涉經史。嘗爲洛陽令，爲政强直，不避豪貴，邑人憚之。又詔參議律令，歷尚書右丞、散騎常侍、并、豫二州刺史，正光三年冬暴疾卒，年四十八。」

〔五二〕魏書八二祖瑩傳：「瑩字元珍，范陽遒人。年少好學，以晝繼夜，聲譽甚盛，嘗爲彭城王勰法曹參軍。文學秀出，與陳郡袁翻齊名。累遷國子祭酒、領給事黄門侍郎。以參議律曆，賜爵容城縣子。歷車騎大將軍，遷儀同三司，進爵爲伯，有文集行於世。」

〔五三〕魏書八二李琰之傳：「琰之字景珍，隴西狄道人，早有盛名，爲著作郎，修撰國史。自誇文章，從姨兄常景笑而不許，歷中書侍郎、尚書左僕射、儀同三司。永熙二年薨。」

〔五四〕魏書二一彭城王勰傳：「勰字彦和，獻文帝元弘第六子。少而岐嶷，姿性不群。太和九年封始平王，車駕南伐，改封彭城王。世宗即位，進爲大司馬。尋除尚書、侍中，又以爲太師。議定律令，兼聰達博聞，凡所裁決，時彦歸仰。永平元年爲高肇所殺。」

〔五五〕魏書五五劉芳傳：「芳字伯文，彭城人，漢楚元王之後也。才思深敏，特精經義，博聞强記，兼覽蒼雅，尤長音訓。漢造三字石經於太學，學者文字不正，多往質焉。時人號爲劉石經。歷國子祭酒、散騎常侍、青州刺史。世宗詔議定律令，芳斟酌古今，爲大議之主；其中損益，多芳意也。延昌二年卒，年六十一。」

〔五六〕魏書六九袁翻傳：「正始初，詔尚書門下於金墉中書外省，考論律令。翻與門下録事常景、孫紹、廷尉監張虎、律博士侯堅固、治書侍御史高綽、前軍將軍邢苗、奉車都尉程靈虬、羽林監王元龜、尚書郎祖瑩、宋世景、員外郎李琰之、太樂令公孫崇等並在議限。又詔太師彭城王勰、司州牧高陽王雍、中書監京兆王愉、前青州刺史劉芳、左衛將軍元麗、兼將作大匠李韶、國子祭酒鄭道昭、廷尉少卿王顯等入預其事。」

〔五七〕隋書經籍志載後魏律二十卷。程樹德九朝律考得魏律十五篇：有刑名律、法例律、宫衛律、違制律、户律、厩牧律、擅興律、賊律、盜律、鬬律、繫訊律、詐僞律、雜律、捕亡律、斷獄律等，其晉律、後周律、梁律均有請賕、告劾、關市、水火等篇。南朝不立婚姻篇目，後周於户律之外，别有婚姻律，北齊作婚户。後魏當有婚姻篇，周仍之，齊合爲婚户。

〔五八〕魏書常景傳：「延昌初爲録事參軍，襄威將軍，帶長安令，甚有惠政，民吏稱之。」

〔五九〕晉書五五潘岳傳：「岳字安仁，滎陽中牟人。才名冠世，爲衆所疾，性輕躁，趨世利，美姿儀，辭藻絶麗，尤善爲哀誄之文。少時常挾彈出洛陽道，婦人遇之者，皆連手縈繞，投之以果，遂滿車而歸。」

〔六〇〕魏書常景傳：「自少及老，恒居事任，清儉自守，不營産業，至於衣食，取濟而已。耽好經史，愛翫文詞，若遇新異之書，殷勤求訪，或復質買，不問價之貴賤，必以得之爲期，所著述數百篇，見行於世。」

〔六一〕「給事」下，續高傳有「中」字。暐伯，魏書本傳作偉伯。魏書三二封偉伯傳：「字君良，渤海人。博學有才思，弱冠，除太學博士，每朝廷大議，偉伯皆預焉。搜檢經緯，上明堂圖説六卷。正光末與南平王冏等謀舉義兵，事發被殺，年三十六。」不知即其人否？蓋武定、正光相距二十餘年，殊不合，恐有誤，待考。

〔六二〕「浮圖」二字，各本作「之」字，今依釋教録、内典録、續高傳改。按上文已言寺之四門外也。不加「浮圖」二字，不明「之」字何屬。魏書六七崔光傳：「熙平二年八月靈太后幸永寧寺，躬登九層浮圖。光表諫云云。」

〔六三〕胡孝世，魏書無傳。自「衒之」以下至「信哉不虛」爲注，釋教録不引，周祖謨云：「其有按語者亦爲注文。」此雖無「按」字，然驗其文辭，當是按語體也。

〔六四〕沙門，僧之別名也。魏書釋老志：「諸服其道者，則剃落鬚髮，釋累辭家，結師資，遵律度，相與和居，治心修淨，行乞以自給，謂之沙門，或曰桑門，亦聲相近，總謂之僧，皆胡言也。」達摩，禪宗入吾國之初祖，生平説法不一，湯用彤漢魏兩晉南北朝佛教史：「菩提達摩者，南天竺人，或云波斯人。神慧疎朗，聞皆曉悟。志存大乘，冥心虛寂，通微徹數，定學高之。其來中國，初達宋境南越，末又北度至魏。在洛見永寧寺之壯麗，自云年百五十歲，歷涉諸國，靡不周遍，而此寺精麗，遍閻浮所無也；極佛境界，亦未有此。口唱南無，合掌連日。又嘗見洛陽修梵寺金剛，亦稱爲得其真相。達摩先遊嵩洛，或曾至鄴，隨其所止，誨以禪教。常以四卷楞伽授學者，以天平年前滅化洛濱。或云遇毒卒。」

〔六五〕歌詠者，口詠梵唄也。

〔六六〕閻浮，梵名，亦曰閻浮提。翻譯名義集三：「大論云：閻浮，樹名，其林茂盛，此樹於林中最大。提名爲洲，洲上有此樹林，故名閻浮洲。此洲有五百小洲圍繞，通名閻浮提。」大唐西域記一：「南贍部洲，舊曰閻浮提洲。」

〔六七〕佛，如本作「物」，今依各本及釋教録改。

〔六八〕南無，歸禮之義也。翻譯名義集四：「南無，或那謨，或南摩。此翻歸命。要律儀翻爲恭敬。善見論翻爲歸命覺，或翻信從。」弘明集一三：「每禮拜懺悔，皆當至心歸命，外國音稱南無。」

〔六九〕合掌，恭敬之儀也。釋氏要覽中：「合掌，若此方之叉手也。必須指掌相著，不令虚。」

〔七〇〕「年」下，如本有「中」字，今依吴、王、真意本删。續高傳同。孝昌，魏孝明帝元詡第四年號，自建塔至二年凡十一年。

〔七一〕鑄，吴本作「著」，續高傳作「復命工人更安新者」。

〔七二〕建義，魏孝莊帝元子攸第一年號。

〔七三〕爾朱榮，魏書七四有傳。自「榮字天寶」至「餘官皆如故」爲注，見校箋四八例，下不贅。

〔七四〕魏書爾朱榮傳：「其先居於爾朱川，因爲氏焉。常領部落，世爲酋長。祖代勤，以征伐有功，除立義將軍，高宗末，除肆州刺史。高祖賜爵梁郡公，卒，贈鎮南將軍，并州刺史。父新興，太和中繼爲酋長。朝廷每有征討，輒獻私馬，兼備資糧，助裨軍用。高祖嘉之，除平北將軍，秀容第一領民酋長。榮襲爵，以功除武衛將軍。俄加使持節、安北將軍，進封博陵郡公。」

〔七五〕又爾朱榮傳：「家世豪擅，財貨豐贏，牛羊駝馬，色别爲群，谷量而已。」天府，戰國策秦策高誘注：「府，聚也。」

〔七六〕武泰，孝明帝第五年號。

〔七七〕魏書九肅宗紀：「武泰元年二月癸丑，帝崩於顯陽殿，時年十九。」北史一三后妃傳：「肅宗崩，胡太后奉潘充華女，言太子即位；經數日，見人心已安，始言潘嬪本實生女，今宜更擇嗣君；遂立臨洮王寶暉子釗爲主，年始三歲，天下愕然。」通鑑一五二梁武帝大通二年：「孝昌三年二月，魏肅宗亦惡鄭儼、徐紇等，逼於太后，不能去。密詔爾朱榮舉兵内向，欲以脅太后。儼、紇恐禍及己，陰與太后謀鴆帝。癸丑，帝暴殂。」

〔七八〕元天穆，高涼王孤六世孫。魏書一四本傳言其善射，有能名，起家員外郎，與爾朱榮結爲異姓兄弟，除并州刺史。

〔七九〕文選陸倕石闕銘：「鐵馬千群，朱旗萬里。」李善注：「鐵馬，鐵甲之馬。」

〔八〇〕帝王墓塋曰山陵。水經渭水注：「秦名天子冢曰山，漢曰陵。」此肅宗之陵也。

〔八一〕如本無「於」字，今據吳、王、真意本增。伊、霍，伊尹、霍光也。伊尹相殷，太甲立，不明，乃放諸桐；改，三年復歸于亳。見尚書太甲序。霍光字子孟，漢霍去病弟。昭帝時爲大將軍，輔政十三年，昭帝崩，無嗣，迎立昌邑王賀。賀即位失德，光廢之，更立宣帝。見漢書本傳。二者皆公忠秉國，言行無欺，後世稱伊霍焉。

〔八二〕魏書元天穆傳曰：「六鎮之亂，尚書令李崇、廣陽王深北討，天穆奉使慰勞諸軍，路出秀容。爾朱榮見其法令齊整，有將領氣，深相結託，約爲兄弟。」並見校箋〔七八〕。

〔八三〕當璧，當王位而執璧也。左傳昭公十三年：「初，楚共王有寵子五人，無適立焉。乃大有事於群望，而祈曰：請神擇於五人者，使主社稷。乃偏以璧見於群望曰：當璧而拜者，神所立也。誰敢違之。既乃與巴姬密埋璧於大室之庭，使五人齋而長入拜，康王跨之。靈王肘加焉。子干、子皙皆遠之。平王弱，抱而入，再拜皆厭紐。」

〔八四〕通鑑一五二胡注：「魏人立后，皆鑄像以卜之。慕容氏稱冉閔以金鑄己像不成，胡人鑄像以卜君，其來尚矣。故爾朱榮效之。」魏書爾朱榮傳：「榮發晉陽，以銅鑄高祖及咸陽王禧等六王子孫像，成者當奉爲主，惟莊帝獨就。」

〔八五〕子攸，即孝莊帝，彭城王勰第三子，肅宗孝昌二年封長樂王。

〔八六〕蒼頭，奴之别稱也。漢書鮑宣傳：「蒼頭廬兒皆用致富，非天意也。」孟康曰：「黎民、黔首，黎、黔，皆黑也。漢名奴爲蒼頭，非純黑，以别於良人也。」並見卷三報德寺校箋〔四八〕。

〔八七〕皓素，白布衣，喪服也。漢書高帝紀：「漢王爲義帝發喪，袒而大哭，兵皆縞素。」縞，皓也。繒之精白者曰縞。皓、縞通。

〔八八〕入，如本作「假八」，吴、王、真意本無「假」字，八作「入」，通鑑同。今據改。

〔八九〕吴、王、真意本無「侍」字。紇，如本作「統」，非。今依各本。下同。魏書九三恩倖徐紇傳：「紇字武伯，樂安博昌人。家世寒微，少好學，有名理，頗以文詞見稱。高祖拔爲主書。世宗初，除中書舍人。肅宗時，靈太后秉政，以曲事鄭儼，特被信任。遷給事黄門侍郎，總攝中書門下之事。軍國詔命，莫不由之。然性浮動，慕權利，外似謇正，内實諂諛。與鄭儼、李神軌寵任相亞，時稱『徐鄭』。肅宗之崩，事出倉卒，時人咸謂二人之計也。爾朱榮將入洛，既剋河梁，紇乃南奔蕭梁。」並見卷二崇真寺及卷三菩提寺。

〔九〇〕馬邑，在今山西朔縣。寰宇記五一：「朔州在漢即雁門之馬邑縣。」後魏廢，此蓋舊稱也。

〔九一〕莊子人間世：「蘧伯玉謂顔闔曰：汝不知夫螳螂乎？怒其臂以當車轍，不知其不勝任也。」

〔九二〕漢書賈誼傳：「夫抱火厝之積薪之下，而寢其上，火未及然，因謂之安；方今之勢，何以異此？」

〔九三〕河橋，亦即河梁，在河南孟縣南。晉書杜預傳：「預又以孟津渡險，有覆没之患，請建河橋於富平津。」自此而至五代，河橋爲兵爭之所，蓋其通黄河之重要橋梁也。

〔九四〕魏書六六李崇傳：「神軌小名青肫，頓丘人，李崇子。受父爵，累出征討，頗有將領之氣。孝昌中爲靈太后寵遇，勢傾朝野，頻遷征東將軍、給事黄門侍郎，領中書舍人。爾朱榮向洛，爲大都督，率衆禦之，出至河橋，值北中不守，遂退還。及與百官候駕於河陰，乃遇害。」

〔九五〕魏書五六鄭羲傳：「季明，滎陽開封人，鄭德玄子，釋褐太學博士。正光中，累遷平東將軍，光禄少卿。武泰中，潛通爾朱榮，謀奉莊帝。及在河陰，遂爲亂兵所害。」按「德玄子」，或是「德玄孫」之誤。

〔九六〕高頭驛，魏書爾朱榮傳作「高渚」，在河内之南。

〔九七〕雷陂，通鑑考異七作「雷陂」。魏書爾朱榮傳：「榮師次河内，莊帝與兄彭城王劭、弟始平王子正於高渚潛渡以赴之。時武泰元年四月九日也。十一日榮奉帝爲主，十二日百官皆朝於行宫。」

〔九八〕魏書五六鄭先護傳：「莊帝之居藩也，先護深自結託，及爾朱榮稱兵向洛，靈太后令先護與鄭季明等固守河梁。先護聞莊帝即位於河北，遂開門納榮。」

〔九九〕芒山，即北芒山，在洛陽故城北。元和郡縣志五：「河南府偃師縣，北邙山在縣北二里，西自洛陽縣界，東入鞏縣界。舊説云：北邙山是隴山之尾，乃衆山總名，連嶺脩亘四百餘里。」清嘉慶縣志：「洛陽縣邙山，在今縣北五里許。」

〔一〇〇〕河陰故城在今河南省孟津縣東。

〔一〇一〕二千，如本作「三千」，今依吴、王、真意本改。魏書爾朱榮傳云「死者千三百餘人」，魏書孝莊紀作「二千餘人」。通鑑同。

〔一〇二〕魏書爾朱榮傳：「於是或云榮欲遷都晉陽，或云欲肆兵大掠，迭相驚恐，人情駭震。京邑士子，十不存一，卒皆逃竄，無敢出者。」

〔一〇三〕太極，即太極殿。見校箋〔二五〕。

〔一〇四〕史記殷本紀：「湯出，見野張網四面，祝曰：自天下四方，皆入吾網。湯曰：嘻！盡之矣！乃去其三面，祝曰：欲左，左。欲右，右，不用命，乃入吾網。」魏書孝莊紀：「朕躬應兹大命，德謝少康，道愧前緒，可大赦天下。」

〔一〇五〕魏書八一山偉傳：「山偉字仲才，洛陽人。爾朱榮之害朝士，偉時守直，故免禍，及莊帝入宫，仍除偉給事黄門侍郎。」

〔一〇六〕領左右，即領軍左右，總禁兵也。

〔一〇七〕詩小雅巷伯：「勞人草草。」鄭箋：「草草者，憂將妄得罪也。」

〔一〇八〕棄，如本作「并」，殆因「弃」字而譌，今依各本及通鑑改。

〔一〇九〕白民，猶白身平民也。通鑑一五二胡注：「身無官爵謂之白民，猶言白丁也。郡鎮，郡守、鎮將也。」

〔一〇〕榮女先爲明帝嬪，榮欲立爲后，帝疑未決。給事黃門侍郎祖瑩曰：「昔文公在秦，懷嬴入侍。事有反經合義，陛下獨何疑焉。」上遂從之。榮意甚悦。此見北史。榮女後又爲齊神武所納，魏書不載，收諱之也。

〔一一〕五月，卷二平等寺作「三月」。永安，魏孝莊帝元子攸第二年號，莊帝於武泰元年四月即位，改號建義。至九月，因葛榮亂平，復改永安。爾朱榮入洛，瑶光寺作永安三年。

〔一二〕魏書二一元顥傳：「顥字子明，北海王詳子。明帝武泰初，爲侍中驃騎大將軍、開府儀同三司、相州刺史。」並見卷四宣忠寺。

〔一三〕蕭衍，南朝梁武帝也。魏書元顥傳：「武泰初，顥以葛榮南侵，爾朱縱害，遂盤桓顧望，圖自安之策。以事意不諧，遂與子冠受率左右奔於蕭衍。衍以顥爲魏主。」

〔一四〕魏書一〇莊帝紀：「永安二年五月甲戌，車駕北巡。乙亥，幸河内。丙子，元顥入洛。」

〔一五〕河南金石志圖正編第一集載顥墓誌云：「屬明皇暴崩，中外惟駭，爾朱榮因藉際會，窺兵河洛，遂遠適吴越，觀變而動。孝莊統曆，政出權胡，驕恣惟甚。公仰鼎命之至重，瞻此座之可惜，總衆百越，來赴三川。既宗廟無主，而雄圖當就，不得不暫假尊號，奉祭臨師。」

〔一六〕禮記禮運：「大道之行也，天下爲公。」又曰：「大道既隱，天下爲家。」

〔一七〕易繫辭：「天地設位，聖人成能；人謀鬼謀，百姓與能。」孔疏：「天下百姓親與能人，樂推爲主也。」並見卷二平等寺校箋〔六七〕。

〔一八〕五帝者，史記五帝紀正義云：「太史公依世本、大戴禮以黃帝、顓頊、帝嚳、唐堯、虞舜爲五帝。譙周、應劭、宋均皆同。而孔安國尚書序、皇甫謐帝王世紀、孫氏注世本並以少昊、顓頊、高辛、唐、虞爲五帝。」

〔二一九〕六軍者，萬二千五百人爲軍。古者天子六軍，諸侯三軍。左傳成公三年：「晉作六軍」。杜注：「爲六軍，僭王也。」此謂五帝六軍者，當以禪讓爲先，無煩興兵之勞也。

〔二二〇〕孟子梁惠王：「萬乘之國。」趙注：「萬乘，兵車萬乘，謂天子也。」

〔二二一〕易繫辭：「聖人之大寶曰位。」禮記儒行：「儒有上不臣天子，下不事諸侯，雖分國，如錙銖。」鄭注：「言君分國以禄之，視之輕如錙銖矣。」按：權十黍爲絫，十絫爲銖，六銖爲錙。

〔二二二〕六合，天地四方也。莊子齊物論：「六合之外，聖人存而不論；六合之内，聖人論而不議。」

〔二二三〕左傳僖公二十五年：「求諸侯莫如勤王。」呂覽不廣：「勤天子之難。」高注：「勤，憂也。」直，特也。

〔二二四〕君親，指胡后及幼主也。魏書靈皇后傳：「太后對榮多所陳説，榮拂衣而起。太后及幼主並沉於河。」

〔二二五〕詩皇矣：「是伐是肆。」鄭箋：「肆，犯突也。」卿宰，指高陽王雍等被殺於河陰也。魏書孝莊紀：「車駕巡河，而至陶渚，榮以兵權在己，遂有異志。乃害靈太后及幼主，次害無上王劭、始平王子正，又害丞相高陽王雍、司空公元欽、儀同三司元恒芝、儀同三司東平王略、廣平王悌、常山王邵、北平王超、任城王彝、趙郡王毓、中山王叔仁、齊郡王温，公卿已下二千餘人。」

〔二二六〕陳恒，即田常，陳厲公之後，相齊簡公。後子我欲誅田氏，田常殺子我，亦殺簡公，乃立簡公弟驁，是爲平公。平公即位，政歸田氏，常自封邑，大於平公所食。其後至田午時，卒代齊爲侯。見左傳哀公十四年及史記田完世家。

〔二七〕六卿者，韓、趙、魏三卿及范氏、中行氏、智氏也。晉昭公時，六卿强，公室卑。出公之世，智伯與韓、趙、魏共分范、中行地以爲邑。出公死，哀公立，智伯遂有范、中行地，最强。哀公四年，韓、趙、魏共殺智伯，盡并其地。靜公二年，韓、趙、魏滅晉侯，遂三分其地。世謂三家分晉，戰國自此始。見史記晉世家。

〔二八〕河陰之難，莊帝兄無上王劭、弟始平王子正並遇害。

〔二九〕詩周頌酌：「於爍王師，遵養時晦。」毛傳：「遵，率；養，取；晦，昧也。」鄭箋：「文王之用師，率殷之叛國，養是闇昧之君，以老其惡。」左傳宣公十二年引詩，杜注：「言美武王能遵天之道，須暗昧者惡積而後取之。」此言爾朱榮待養惡於老而取之也。

〔三〇〕魏書元顥傳：「顥以事意不諧，遂與子冠受率左右奔於蕭衍。顥見衍，泣涕自陳，言辭壯烈，衍奇之，遂以顥爲魏主。永安二年四月，於梁國城南登壇燔燎，號孝基元年。」

〔三一〕建業，故城在今江蘇南京市，梁朝都。方輿紀要：「江寧縣，建安十七年孫權自京口徙秣陵，改曰建業。」三川，郡名，秦置。漢改爲河南郡。即河、洛、伊三川也。

〔三二〕出卿，吴、王本作「脱公卿」，真意本「出」作「脱」。周禮秋官掌囚：「中罪桎梏。」鄭注：「在手曰梏，在足曰桎。」

〔三三〕孟子公孫丑：「萬乘之國，行仁政，民之悦之，猶解倒懸也。」趙注：「倒懸，喻困苦也。」賈誼新書解懸：「足反居上，首顧居下，是倒縣之勢也。」

〔一三四〕左思蜀都賦："巴姬彈弦，漢女擊節。"此謂擊節拍合響應之也。

〔一三五〕辛，吳、王、真意本作"悴"。

〔一三六〕羯，五胡之一種類，自晉石勒即居上黨，此指爾朱榮，彼羯人也。

〔一三七〕成，如本作"城"，今依集證。魏成皋，屬滎陽郡，漢河南之縣，故虎牢郡。陸機洛陽記："洛陽四關，東有成皋關，在汜水縣東南二里。"

〔一三八〕貳，如本空格，吳本作"訴"，王本作"訢"，今依緑本、真意本。按貳者，携貳也。與下文"猜"字相應。

〔一三九〕詩小雅伐木："兄弟無遠。"

〔一四〇〕鬩，如本作"鬪"，今依各本。詩小雅常棣："兄弟鬩於牆，外禦其務。"毛傳："鬩，很也；務，侮也。"

〔一四一〕詩小雅常棣："脊令在原，兄弟急難。"又曰："凡今之人，莫如兄弟。"毛傳："急難，言兄弟之相救於急難。"

〔一四二〕漢書霍光傳顏注："一縱一横爲旁午，猶言交横也。"

〔一四三〕左傳昭公元年："日尋干戈，以相征討。"尋，用也。

〔一四四〕莽，王莽也。卞莊，亦稱卞莊子。國策秦策陳軫對秦惠王曰："亦嘗有以夫卞莊子刺虎聞於王者乎？食甘必爭，爭則必鬭，鬭則大者傷，小者死，從傷而刺之，一舉必有二獲。"並見史記陳軫傳。

〔一四五〕左傳定公四年："申包胥如秦乞師，曰：吳爲封豕長蛇，以荐食上國。"杜注："荐，數也。"

〔一四六〕詩小雅頍弁："豈伊異人？兄弟匪他。"鄭箋："豈有異人疏遠者乎？皆兄弟與王，言至親。"

〔一四七〕義，如本作「兼」，今依他本。

〔一四八〕史記項羽本紀：「如今人方爲刀俎，我爲魚肉。」又張儀傳：「毋爲秦所魚肉也。」

〔一四九〕易坤：「黄裳元吉。」孔疏：「元，大也。」

〔一五〇〕瑩，如本作「榮」，今依各本。魏書八二祖瑩傳：「元顥入洛，以瑩爲殿中尚書。莊帝還宫，坐爲顥作詔罪狀爾朱榮，免官。後除秘書監。」

〔一五一〕長子，魏屬上黨郡，今山西長子縣。

〔一五二〕「急」下，吴、王、真意本有「難」字。

〔一五三〕元桃湯，魏書莊帝紀及爾朱榮傳並作「元襲」。元襲字子緒，墓誌稱京兆康王之孫，洛州刺史武公之子，以永安三年六月廿一日卒。珍孫，見魏書七三崔延伯傳。

〔一五四〕劉助，魏書爾朱榮傳作「劉靈助」，藝術傳本傳同。魏書九一本傳：「靈助，燕郡人，爾朱榮性信卜筮，靈助所占屢中，遂被親待。」

〔一五五〕延明，安豐王猛子。肅宗初，爲豫州刺史，累遷給事黄門侍郎，後遷侍中，詔爲東道行臺徐州大都督節度諸軍事。後遷都督徐州刺史，莊帝時，兼尚書令大司馬。及元顥入洛，乃與臨淮王彧帥百僚備法駕迎顥，顥敗奔梁，死江南。事見魏書二〇本傳及梁書三二陳慶之傳。硤石，在馬渚之西，即河南孟津縣西二十里，爲黄河津渡要處。清一統志：「河南府硤石，後魏永安二年爾朱榮與元顥相持於河上，榮使爾朱兆、賀拔勝自馬渚西硤石長渡，即此。」

〔一五六〕河陽，屬河内郡，見魏書地形志。

〔一五七〕魏書七五爾朱榮傳：「兆字萬仁，榮從子也。元顥之屯河橋，榮遣兆與賀拔勝等自馬渚西夜渡數百騎，襲擊顥子冠受，擒之。又進破安豐王延明。」

〔一五八〕梁書三二陳慶之傳：「洛陽陷，慶之馬步數千，結陣東反，榮親自來追。值嵩高山水洪溢，軍人死散，慶之乃落鬚髪爲沙門，間行至豫州。」並見卷二平等寺。列，吴、王、真意、緑本作「別」。

〔一五九〕十，如本作「千」，今從各本。通鑑作「百」。

〔一六〇〕長社，屬潁川郡，見魏書地形志。

〔一六一〕魏書孝莊紀：「永安二年七月癸酉，臨潁縣卒江豐斬元顥，傳首京師。」又元顥傳：「顥率帳下數百騎自轘轅南出至臨潁，部騎分散，爲臨潁縣卒所斬。」

〔一六二〕怒，如本作「恐」，今依各本。

〔一六三〕鄉，如本作「卿」，今依各本。高貴鄉公，曹髦也。三國志高貴鄉公紀裴注引漢晉春秋：「帝見威權日去，不勝其忿，乃召侍中王沈、尚書王經、散騎常侍王業，謂曰：司馬昭之心，路人所知也。吾不能坐受廢辱。今日當與卿自出討之。帝遂帥僮僕數百，鼓譟而出。中護軍賈充又逆帝戰於南闕下，太子舍人成濟即前刺帝，刃出於背。」

〔一六四〕漢獻帝劉協也。後書獻帝紀：「皇帝遜位，魏王丕稱天子，奉帝爲山陽公，邑一萬户，位在諸侯王上。」

〔一六五〕明光殿，各本作「光明殿」，今依魏書孝莊紀、爾朱榮傳、元天穆傳。河南志三：「明光殿，莊帝誅爾朱榮之所。」詐言産太子，詳卷四宣忠寺。

〔一六六〕魯暹，魏書作「魯安」。煞，他本作「殺」，古通。魏書爾朱榮傳：「帝伏兵於明光殿東廊，引榮及榮長子菩提、天穆等俱入，坐定，光禄少卿魯安、典御李侃晞等抽刀而至。榮窘迫，起投御坐，帝先横刀膝下，遂手刃之。安等亂斫，榮與天穆、菩提同時俱死。」

〔一六七〕如本無「部」字，今依各本補。朱華門，如本作「東華門」，今依吴、王本。按漢晉四朝洛陽宫城圖：後魏京城朱華門在雲龍門内。

〔一六八〕煞，各本作「殺」，同。

〔一六九〕世隆，字榮宗，榮從弟，魏書七五有傳。

〔一七〇〕「隆與」下，緑本、真意本有「榮」字。「妻」下，緑本、真意本有「北」字，今據補。馮王寺，馮熙所建者也。熙字晉昌，長樂信都人，文明太后之兄。尚恭宗女，拜駙馬都尉，進爵昌黎王。「薦」字如本脱，今據各本補。追福者，以絹物奉寺主，以求冥助，而銷既往之愆也。馮王寺，並見卷五末幅校箋〔七〕。

〔一七一〕弗，如本作「那」，今依吴、王、真意本。按通鑑考異七引作「拂」。通鑑一五四胡注：「爾朱度律時在世隆所，或者拂律歸即度律也。」周校曰：「案此侯那二氏，蓋爲朔北胡民附於爾朱者，故復冠爾朱之姓。」

〔一七二〕侍，如本作「待」，今依各本。元龍，朱瑞字，代郡桑乾人，魏書八〇有傳。

〔一七三〕道，如本作「造」，今依各本。

〔一七四〕如本脱「利」字，今據各本補。便利者，便捷也。荀子議兵：「械用兵革攻完便利者强。」擊刺者，劍術精良也。史記日者列傳：「齊張仲、曲成侯以善擊刺，學用劍，立名天下。」

〔一七五〕易繫辭：「精氣爲物，游魂爲變。」不息者，言死亡無止也。

〔一七六〕苗，如本作「苟」，今依集證及唐本。集證云：「按孝莊紀：通直散騎常侍、假平西將軍都督李苗以火船焚河橋。此『苟』字或是『苗』字之誤。」按魏書李苗傳所記與此合。又爾朱世隆傳：「會李苗燒絶河梁，世隆乃北遁。」吴説是。

〔一七七〕源子恭字靈順，西平樂都人，賀孫，莊帝時爲征南將軍，給事黄門侍郎。世隆之據河橋，詔子恭爲都督以討之。

〔一七八〕魏書五八楊寬傳：「寬字蒙仁，華陰人，儉弟。永安二年除中軍將軍、太府卿，後爲散騎常侍、驃騎將軍。至出帝太昌初，方除給事黄門侍郎。」

〔一七九〕高都郡，屬建州，晉屬上黨。見魏書地形志。

〔一八〇〕魏書一九南安王楨傳：「曄字華興，小字盆子，南安王楨孫。爾朱榮之死也，世隆等奔還并州，與爾朱兆會於建興。乃推曄爲主，大赦所部，號曰建明。」

〔一八一〕「明」字，如本黑體，今據魏書增。

〔一八二〕「都」字，如本黑體，今依各本。

〔一八三〕魏書七五爾朱兆傳：「子恭下都督史仵龍開壘降兆，子恭退走，兆輕兵倍道從河梁西涉渡，掩襲京邑。」

〔一八四〕魏書孝莊紀：「十二月壬寅朔，爾朱兆寇丹谷，源子恭奔退。甲辰，兆自富平津上，率騎涉渡，以襲京城，事出倉卒，禁衛不守。帝出雲龍門，兆逼帝幸永寧佛寺。」雷陂，如本作「雷波」。今依吴本。

〔一八五〕此句如本作「未謂兆得濟」，今依他本。

〔一八六〕論語述而：「暴虎馮河。」皇疏：「無舟渡河曰馮河。」

〔一八七〕凝，如本作「宜」，今依各本。後書光武紀：「更始二年正月，光武徇薊，王郎移檄購求甚急。光武乃趣駕南轅，晨夜兼行，蒙犯霜雪。時天寒，面皆破裂。至滹沱河，無船可渡，適遇冰合乃過。由是馳赴信都，太守任光出迎，其勢始盛。」又王霸傳：「光武即南馳至下曲陽，傳聞王郎兵在後，從者皆恐。及至虖沱河，候吏還白：河水流澌，無船，不可濟。官屬大懼。光武令霸往視之。霸恐驚衆，欲且前，阻水，還即詭曰：冰堅可度。官屬皆喜。光武笑曰：候吏果妄語也。」

〔一八八〕三國蜀志先主紀裴注引世語曰：「備屯樊城，劉表禮焉。憚其爲人，不甚信用，曾請備宴會，蒯越、蔡瑁欲因會取備；備覺之，僞如厠，潛遁出。所乘馬名的盧，走墮襄陽城西檀溪水中，溺不能出。備急曰：的盧！今日厄矣，可努力！的盧乃一踊三丈，遂得過。」世説新語德行篇注引伯樂相馬經曰：「馬白額入口至齒者名曰榆鴈，一名的盧。奴乘客死，主乘棄市，凶馬也。」「的」爲「的」俗字。

〔一八九〕左傳文公元年：「楚子將以商臣爲太子，訪諸令尹子上。子上曰：君之齒未也。且是人也，蠭目而豺聲，忍人也，不可立也。」

〔一九〇〕獍，漢書作「鏡」。漢書郊祀志：「祠黄帝用一梟、破鏡。」孟康注：「梟，鳥名，食母；破鏡，獸名，食父。」

〔一九一〕天，如本作「大」，今依各本。淫，吴、王、真意本作「盈」。易謙：「天道虧盈而益謙，地道變盈而流謙，鬼神害盈而福謙。」

〔一九二〕漏刻，計時器也。詩齊風東方未明孔疏：「蓋天子備官，挈壺掌漏，雞人告時。」此言備天子禮也。

〔一九三〕還，吴、王、真意本作「送」。

〔一九四〕隧門，墓道門也。左傳僖公二十五年：「晉侯請隧。」杜注：「闕地通路曰隧，王之葬禮也。」

〔一九五〕陶淵明挽歌詩：「幽室一已閉，千年不復期。」

〔一九六〕陶淵明挽歌詩：「荒草何茫茫，白楊亦蕭蕭。」

〔一九七〕太昌，魏孝武帝元脩第一年號。

〔一九八〕梓宫，即梓棺。禮記檀弓：「天子之棺四重：水兕革棺被之，其厚三寸。杝棺一，梓棺二。」漢書霍光傳顔注：「以梓木爲之，親身之棺也。爲天子制，故亦稱梓宫。」

〔一九九〕古今注：「薤露、蒿里，並喪歌也。出田横門人。横自殺，門人傷之，爲作悲歌。言人命如薤上露，易晞滅也。亦謂人死魂魄歸於蒿里，使挽柩者歌之，世呼爲挽歌，亦謂之長短歌，言人壽命長短定分，不可妄求也。」

〔二〇〇〕永熙，魏孝武帝元脩第三年號。

〔二〇一〕凌雲臺，世説新語巧藝：「陵雲臺樓觀極精巧，先稱平衆木輕重，然後造構，乃無錙銖相負揭。臺雖高峻，恒隨風摇動，而終無傾倒之理。魏明帝登臺，懼其勢危，别以大材扶持之，樓即頹壞。論者謂輕重力偏故也。」注引洛陽宫殿簿：「陵雲臺，上壁方十三丈，高九尺。樓方四丈，高五丈。棟去地十三丈五尺七寸五分也。」河南志二：「陵雲臺，魏文帝黄初二年築，在宣陽門内（按當作千秋門内）。韋誕題名榜，經日髪白，爲轆轤絞上。楊龍驤洛陽記曰：高二十丈，登之見孟津。」並見瑶光寺及校箋〔四〕。

〔二〇二〕南陽王寶炬，京兆王愉子，即西魏孝文帝也。魏書二二有傳，北史五有紀。

〔二〇三〕「尚書」下，魏書二十五本傳有「事」字，各本無，省文。稚，如本作「椎」，今依他本及魏書本傳改。救，如本作「捄」，古今字，今依各本。長孫稚字承業，代人，莊帝時爲司徒公，加侍中兼尚書令。前廢帝立，遷太尉公，録尚書事。出帝初，轉太傅録尚書事。詳魏書二五本傳。北史作長孫幼者，蓋避唐諱也。

〔二〇四〕比丘，梵名，出家修道之人，亦行乞之義也。釋氏要覽稱謂門：「比丘，秦言乞士，謂上於諸佛乞法，資益慧命；下於施主乞食，資益色身。」

〔二〇五〕東萊，各本作「象」，今依御覽六五八、續高傳及釋教録改。按北齊書二神武紀亦作「東萊」，魏書靈徵志及道宣釋迦方志通局篇並載其事。東萊郡，後魏屬光州，即今山東膠州半島掖縣。象郡，秦置者，地在今廣東雷州、廉州諸府及安南諸地，與此不合。

〔二〇六〕使，照本作「逼」，續高傳、釋教録作「挾」。平陽王，即魏孝武元脩也，莊帝永安三年封。後廢帝中興二年四月遜位，高歡奉王爲帝，改號太昌，同年十一月改號永熙，三年七月從斛斯椿言，親總六軍於河橋，伐高歡；未克，爲椿所逼，出奔長安依宇文泰，是爲出帝。魏亦從此分爲東西二國矣。「孝武」，其西魏尊元脩之謚，東魏則呼爲出帝，或曰平陽王。詳魏書本紀。斛斯椿字法壽，廣牧富昌人，魏書八〇有傳。並見序校箋〔一七〕及卷二平等寺校箋〔九四〕。

建中寺

建中寺，普泰元年尚書令樂平王爾朱世隆所立也〔一〕。本是閹官司空劉騰宅〔二〕。屋宇奢侈，梁棟踰制，一里之間，廊廡充溢。堂比宣光殿〔三〕，門匹乾明門〔四〕。博敞弘麗，諸王莫及也。在西陽門内御道北，所謂延年里。劉騰宅東有太僕寺〔五〕，寺東有乘黄署〔六〕，署東有武庫署〔七〕，即魏相國司馬文王府庫〔八〕，東至閶闔宫門是也。西陽門内御道南有永康里〔九〕，里内復有領軍將軍元乂宅〔一〇〕。掘故井得石銘，云是漢太尉荀彧宅〔一一〕。正光年中〔一二〕，元乂專權，太后幽隔永巷〔一三〕，騰爲謀主〔一四〕。乂是江陽王繼之子〔一五〕，太后妹婿。熙平初，明帝幼沖，諸王權上〔一六〕，太后拜乂爲侍中，領軍左右，令總禁兵，委以腹心〔一七〕，反得幽隔永巷六年〔一八〕。太后哭曰：「養虎自齧，長虺成蛇。」至孝昌二年，太后反政〔一九〕，遂誅乂等，没騰田宅〔二〇〕。元乂誅日，騰已物故，太后追思騰罪，發墓殘尸，使其神靈無所歸趣。以宅賜高陽王雍〔二一〕。建明元年〔二二〕，尚書令樂平王爾朱世隆爲榮追福〔二三〕，題以爲寺。朱門黄閣，所謂僊居也。以前廳爲佛殿，後堂爲講室〔二四〕。金花寶蓋〔二五〕，遍滿其中。有一涼風堂，本騰避暑之處。淒涼常冷，經夏無蠅。有萬年千歲之樹也〔二六〕。

【校箋】

本篇以建中寺爲題，引出太后、劉騰、元乂、爾朱世隆間之史事，穿梭綰合，針綫縝密。

〔一〕普泰，魏節閔帝元恭年號。世隆，已見永寧寺校箋〔二六九〕。魏書七五有傳。

〔二〕魏書九四閹官劉騰傳：「騰字青龍，本平原城人，徙屬南兖州之譙郡。幼時坐事受刑，補小黄門，充宫役，手不解書，裁知署名而已。姦謀有餘，善射人意。靈太后臨朝，特蒙進寵，多所干託，内外碎密，栖栖不倦。後與元乂害清河王懌，廢太后於宣光殿。乂以騰爲司空公，表裏擅權，共相樹置。」

〔三〕宣光殿，魏殿名。河南志三：「劉騰廢靈太后於此。」

〔四〕乾明門，魏宫東門也。

〔五〕自「劉騰宅」以下至「東至閶闔宫門是也」爲注，例見永寧寺校箋〔三〕。太僕寺，後魏官，六卿之首，掌皇帝乘輿。

〔六〕通典二五：「乘黄署，後漢太僕有未央廐令。魏改爲乘黄廐。乘黄，古之神馬，因以爲名。晉以下因之。」廣韻：「黄亦官名，有乘黄令。晉官，主乘輿金根車也。」晉制太僕所掌有乘黄廐。

〔七〕漢有武庫令丞，隸執金吾。漢書百官公卿表：「中尉，秦官，屬官有中壘、寺互、武庫、都船四令丞。」張衡西京賦薛綜注：「武庫，天子主兵器之官也。」

〔八〕「庫」上，吴、王、真意本有「武」字。司馬文王，司馬昭也。

〔九〕「南」字，如本黑體，今依緑本、真意本增。河南志：「永康里在西陽門内御道南。」則有「南」字是。

〔一〇〕乂，如本作「义」，魏書本傳同。吴、王、真意本作「義」，元大德本北史作「叉」，照本、集證本、張本及近出土元乂墓誌作「乂」。按元乂墓誌：「乂字伯儁，河南洛陽人也。尚宣武胡太后妹馮翊郡君，爲侍中領軍將軍。」字當作「乂」爲是。

〔一一〕荀彧字文若，漢潁川潁陰人。獻帝建安初爲侍中。三國魏志一〇及後漢書一〇〇有傳。

〔一二〕正光，魏肅宗孝明帝元詡第三年號。

〔一三〕北史魏肅宗紀：「正光元年七月丙子，侍中元乂、中侍中劉騰奉帝幸前殿，矯太后詔，歸政遜位。乃幽皇太后於北宮，殺太傅清河王懌，總勒禁旅，決事殿中。」永巷，漢之掖庭獄也。三輔黄圖六：「永，長也，宫中之長巷，幽閉宫女之有罪者。」

〔一四〕魏書九四閹官劉騰傳：「廢太后於宣光殿，宫門晝夜長閉，内外斷絶。騰自執管鑰，肅宗亦不得見，聽命傳食而已。乂爲外禦，騰爲内防，迭直禁闥，共裁刑賞。」

〔一五〕元繼字世仁，南平王霄子，江陽王根後，襲封。乂其長子也。魏書一六有傳。

〔一六〕後漢書沖帝紀：「幼小在位曰沖。」諸王者，高陽王雍、任城王澄、廣平王懷、清河王懌也。皆相繼列三公位。

〔一七〕魏書元乂傳：「熙平初，遷侍中，餘官如故，加領軍將軍。既在門下，兼總禁兵，深爲靈太后所信委。」

〔一八〕胡太后以正光元年（五二〇）七月被幽禁，至正光六年（五二五）四月復位攝政，先後凡爲六年。

〔一九〕魏書孝明帝紀：「孝昌元年（五二五）四月辛卯，皇太后復臨朝攝政，引群臣面陳得失。」

〔二〇〕魏書元乂傳：「靈太后以妹婿之故，未忍便決。群臣固執不已，肅宗又以爲言，太后乃從之，於是乂及弟爪並賜死於家。」又劉騰傳：「太后反政，追奪爵位，發其冢，散露骸骨，没入財産。」

〔二一〕高陽王雍字思穆，獻文帝拓跋弘子，靈太后攝政，頗見信寵，而才識卑下，無所獻替，後遇害河陰。見魏書二一本傳、永寧寺及卷三高陽王寺。

〔二二〕明，如本作「義」，今依集證。按建義元年榮尚未死，此當是長廣王曄建明元年也。榮死於永安三年九月二十五日，見永寧寺。又「建明題寺」云云，與起首「普泰立寺」時間例逆，意又重複，此是注也。

〔二三〕魏書七五爾朱世隆傳：「推長廣王曄爲主，曄以世隆爲開府儀同三司、尚書令，樂平郡王。」隆與榮妻爲榮追福事，在永安三年十月一日，詳永寧寺注。

〔二四〕室，吴、王本作「堂」。講室，寺院中講經説佛法之所也。

〔二五〕金花者，金銀蓮花也。寶蓋者，繒幡蓋也。法顯行傳：「至竭叉國，值其王作般遮越師，漢言五年大會也。四方沙門皆來雲集，衆僧坐處，懸繒幡蓋，作金銀蓮華，著僧後座。」唐道世諸經要集香燈部述意緣：「瞻仰聖容，賴華香以薦奉，是以寶華飄颺，含綺采而像紅蓮，名香鬱馥，若輕雲而似碧霧。」

〔二六〕初學記二八：「玉策記：千歲松樹，四邊披起，上杪不長，望而視之，有如偃蓋。」又曰：「廣志：千歲老松子，色黄白，味似栗，可食。」西京雜記：「漢上林苑有千年長生樹、萬年長生樹。」

長秋寺

長秋寺，劉騰所立也。騰初爲長秋卿〔一〕，因以爲名。在西陽門内御道北一里，亦在延年里。即是晉中朝時金市處〔二〕。寺北有濛汜池，夏則有水，冬則竭矣〔三〕。中有三層浮圖一所，金盤靈刹〔四〕，曜諸城内。作六牙白象負釋迦在虚空中〔五〕。莊嚴佛事〔六〕，悉用金玉，作工之異〔七〕，難可具陳。四月四日〔八〕，此像常出，辟邪、師子導引其前〔九〕。吞刀吐火〔一〇〕，騰驤一面。綵幢上索〔一一〕，詭譎不常。奇伎異服，冠於都市。像停之處，觀者如堵。迭相踐躍，常有死人。

【校箋】

此篇特言佛寺之莊嚴及百戲之異也。乃示劉騰窮奢極欲之狀。

〔一〕「卿」上各本有「令」字，今依説郛四刪。按長秋，官名，漢置，掌皇后之宫。古今原始：「漢高祖置大長秋、中長秋，諸宫官屬焉，長秋之名所由起也。」魏書官氏志：「大長秋，列從第三品。」各書無有見長秋令卿者，殆令卿二字意同，後人誤書也。又劉騰傳：「高祖時，騰爲中黄門，後遷大長秋卿。」

〔二〕中朝，亦稱盛朝、勝朝；如日月中天之盛之勝也。或云西晉都洛陽，地在中原，故云。並見永寧寺校箋〔三〕。潘岳閒居賦：「陪京泝伊，面郊後市。」李善注：「陸機洛陽記曰：洛陽凡三市，大市名曰金市，在臨商觀之西，（臨商觀，宫中觀名，在宫之西。）馬市在大城之東，洛陽市在大城南。」河南志二：「一説三市，謂平樂市、金市、馬市也。金市在陵雲臺西，北對洛陽壘。」

〔三〕河南志二：「明帝於宫西鑿池以通御溝。義取日入濛汜爲名。」魏書釋老志：「魏明帝曾欲壞宫西佛圖，以佛舍利投之於水，乃有五色光起。於是帝歎曰：自非靈異，安得爾乎？遂徙於道東，爲作周閣百間。佛圖故處，鑿爲濛汜池，種芙蓉於中。」

〔四〕金盤，即承露金盤也，見永寧寺。靈刹，即金刹、旛柱也，見序校箋〔一五〕。

〔五〕釋迦，即釋迦牟尼也。父迦毗羅衛城主淨飯王，母摩耶夫人。年三十五成道，行化四十餘年，年八十於拘尸那城跋提河邊示寂。去今二千四百餘年。法苑珠林一四：「千佛篇因果經云：爾時菩薩欲降母胎，即乘六牙白象發兜率宫，無量諸天作諸妓樂，燒衆名香，散天妙華，隨菩薩滿虚空中，放大光明，普照十方，以四月八日明星出時，降神母胎。」

〔六〕莊嚴，見永寧寺校箋〔四三〕。

〔七〕如本作「工作」，今依吴、王本。永樂大典一三八二引亦作「作工」，瑶光寺亦有「作工之妙」句。永寧寺有「作功奇巧」句。功、工古通用。

〔八〕法顯傳：「于闐國中十四大僧伽藍，不數小者，從四月一日，城裏便灑掃道路，莊嚴巷陌，其城門上張大幃幕，事事嚴飾。王及夫人、采女皆在其中。離城三四里，作四輪像車，高三丈餘，狀如行殿，七寶莊校，懸繒幡蓋。像立車中，二菩薩侍，作諸天侍從，皆以金銀彫瑩，懸於虚空。像入城時，門樓上夫人、采女遥散衆華，紛紛而下。四月一日爲始，至十四日行像乃訖。」魏書釋老志：「魏世祖於四月八日興諸佛像行於廣衢，帝親御門樓臨觀，散花敬禮焉。」按佛於四月八日夜生自母右脅，既涅槃，後人恨未能覩其容，故於是日立佛降生相，或太子巡城像，載以車輦，周行城内外，受衆人瞻仰禮拜，謂之行像。昭儀寺云：佛於四月七日出至景明寺。景明寺云：四月七日京師諸像皆至，八日以次入宣陽門，向閶闔宫門前受皇帝散花。蓋四月一日至十四日爲紀念佛誕之期也。

〔九〕辟邪、師子，並獸名。漢書西域傳：「烏弋山離國，有桃拔、師子、犀牛。」孟康注：「桃拔，一名符拔，似鹿，長尾，一角者或爲天鹿，二角者或爲辟邪。師子似虎，正黄，有髯耏，尾端茸毛大如斗。」此是指百戲化裝道具也，非真物。

〔一〇〕張衡西京賦：「吞刀吐火，雲霧杳冥。」崔鴻北涼録：「元始十四年七月，西域貢吞刀吐火，秘幻奇伎。」

〔一一〕張衡西京賦：「跳丸劍之揮霍，走索上而相逢。」薛綜注：「索上長繩繫兩頭於梁，舉其中央，兩人各從壹頭上，交相度，所謂儛絙者也。」魏書樂志：「天興六年冬，詔太樂、總章、鼓吹，增修雜伎，造五兵、角觝、麒麟、鳳皇、仙人、長虵、白象、白虎及諸畏獸、魚龍、辟邪、鹿馬仙車、高絙百尺、長趫、緣橦以備百戲。」緣幢上索，殆指百戲之具，並見景明寺。

瑶光寺

瑶光寺〔一〕，世宗宣武皇帝所立〔二〕，在閶闔城門御道北，東去千秋門二里〔三〕。千秋門内道北有西游園，園中有凌雲臺，即是魏文帝所築者〔四〕。臺上有八角井，高祖於井北造涼風觀，登之遠望〔五〕，目極洛川〔六〕。臺下有碧海曲池。臺東有宣慈觀，去地十丈。觀東有靈芝釣臺〔七〕，累木爲之，出於海中，去地二十丈。風生户牖，雲起梁棟，丹楹刻桷，圖寫列僊。刻石爲鯨魚〔八〕，背負釣臺，既如從地踊出，又似空中飛下。釣臺南有宣光殿〔九〕，北有嘉福殿〔一〇〕，西有九龍殿〔一一〕。殿前九龍吐水成一海。凡四殿，皆有飛閣，向靈芝往來。三伏之月〔一二〕，皇帝在靈芝臺以避暑。有五層浮圖一所，去地五十丈。僊掌凌虚〔一三〕，鐸垂雲表，作工之妙，埒美永寧〔一四〕。講殿尼房，五百餘間，綺疏連亘〔一五〕，户牖相通，珍木香草，不可勝言。牛筋狗骨之木〔一六〕，雞頭鴨脚之草〔一七〕，亦悉備焉。椒房嬪御〔一八〕，學道之所，掖庭美人〔一九〕，並在其中。亦有名族處女，性愛道場，落髮辭親，來儀此寺〔二〇〕。屏珍麗之飾，服修道之衣，投心八正〔二一〕，歸誠一乘〔二二〕。永安三年中，爾朱兆入洛陽〔二三〕，縱兵大掠，時有秀容胡騎數十人入寺婬穢〔二四〕，自此後頗獲譏訕。京師語曰：「洛陽女兒急作髻〔二五〕，瑶光寺尼奪作婿。」瑶光寺北有承明門〔二六〕，有金墉城，即魏氏所築〔二七〕。晉永康中惠帝幽于金墉城。東有洛陽小城，永嘉中所築〔二八〕。城東北角有魏文帝百尺樓〔二九〕，年雖久遠，形製如初〔三〇〕。高祖在城内作光極殿，因名金墉城門爲光極門〔三一〕。又作重樓飛閣，遍城上下，從地望之，有如雲也。

【校箋】

此言瑶光寺建築之美、庭園之勝也。寺尼雖是椒房名族，既被胡騎婬穢，即爲時人譏彈。亦見時人褒貶，仍具力量。至兼言西游園及金墉城建置者，以其近千秋門也，此皆注文也。

〔一〕瑶光寺爲尼寺，孝文廢皇后馮氏、宣武皇后高氏、孝明皇后胡氏皆入道爲尼，居於此寺。見魏書及北史后妃傳。

〔二〕世宗名元恪，高祖孝文皇帝第二子。雅好經史，尤長釋典。常於禁中式乾殿親講經論，廣集名僧，標明義旨。沙門條録爲内起居。延昌中，天下州郡僧尼寺，多至一萬三千七百二十七所。景明初，詔白整於洛南伊闕山營石窟二所，窟頂去地三百一十尺，所費工力無算。見魏書本紀及釋老志。

〔三〕水經注：「千秋門，右宮門也。」河南志二：「千秋門，宮西門，西對閶闔門。」

〔四〕凌雲臺，魏文帝黄初二年造，見永寧寺校箋〔二〇〕。

〔五〕遠望，吴、王本作「望遠」。

〔六〕文選洛神賦：「黄初三年，余朝京師，還濟洛川。」李善注：「洛水之川也。」

〔七〕三國魏志文帝紀：「黄初三年，穿靈芝池。」晉宫闕名：「靈芝池廣長百五十步，深二丈，上有連樓飛觀，四出閣道，釣臺中有鳴鶴舟、指南舟。」

〔八〕漢宫昆明池有石鯨魚，此殆仿其像也。張衡西京賦：「鯨魚失流而蹉跎。」李善注：「清淵北有鯨魚，刻石爲之，長三丈。」

〔九〕宣光殿，見建中寺校箋〔三〕。

〔一〇〕嘉福殿，三國魏殿名，魏文帝、明帝皆崩於此。見三國魏志文帝紀。

〔一一〕三國魏志高堂隆傳：「青龍中，大治殿舍，帝遂復崇華殿，時郡國有九龍見，故改曰九龍殿。」此南、北、西皆有殿，所謂「凡四殿」者，不知東者爲何也。

〔一二〕廣韻：「歷忌釋曰：伏者何？ 金氣伏藏之日，金畏火，故三伏皆庚日。」御覽時序伏日注：「陰陽書曰：候夏至後第三庚爲初伏，第四庚爲中伏，立秋後初庚爲後伏。」

〔一三〕漢書郊祀志：「又作柏梁、銅柱、承露仙人掌之屬矣。」蘇林注：「僊人以手掌擎盤承甘露。」三輔故事：「武帝作銅露盤，承天露和玉屑飲之，欲以求仙。」

〔一四〕永寧、瑶光窮極構置，並見魏書六六李崇傳。

〔一五〕綺疏，見永寧寺校箋〔二九〕。

〔一六〕陸璣毛詩疏：「杻，檍也。葉似杏而尖，白色，皮正赤，爲木多曲少直，枝葉茂好。人或謂之牛筋，或謂之檍。材可爲弓弩榦也。」又曰：「栒，山木，其狀如櫨，一名栒骨。」

〔一七〕方言三：「葰、芡，雞頭也。北燕謂之葰，青、徐、淮、泗之間謂之芡，南楚江、湘之間謂之雞頭。或謂燕頭，或謂之烏頭。」齊民要術三：「種葵：按今世葵有紫莖、白莖二種，種別復有大小之殊，又有鴨脚葵也。」

〔一八〕班固西都賦：「後宮則有掖庭、椒房，后妃之室。」李善注：「長樂宮有椒房殿。」漢書車千秋傳注：「椒房，殿名，皇后所居也。以椒和泥塗壁，取其温而芳也。」嬪御，天子近侍之宮女也。

〔一九〕掖庭，后妃所居。西都賦注引漢官儀：「婕妤以下皆居掖庭。」按掖庭在正殿兩旁，如人之腋，故名。漢書公卿表：「武帝更名永巷曰掖庭。」

〔二〇〕儀，他本作「依」，漢書外戚孝宣許皇后傳：「皆心儀霍將軍女。」晉灼曰：「儀，向也。」師古曰：「儀，謂附向之。」

〔二一〕八正，如本作「入正」，今依吴、緑、真意本。集證曰：「按大品經説八正，曰正見、正思維、正語、正業、正命、正精進、正念、正定，則此入字當作八字。」

〔二二〕一乘，見序校箋〔四〕。

〔二三〕爾朱兆入洛事，見永寧寺永安二年五月下。

〔二四〕如本無「人」字，今依吴、王本補。又如本「入」下有「瑶光」二字，今依吴、王本删。秀容，北秀容爾朱所居地。當今山西朔縣西北。

〔二五〕女，如本作「男」，今依吴、王、真意本改。説文：「髺，總髮也。」

〔二六〕承明門，魏高祖孝文帝拓跋宏所闢，並見序城門表西門條。

〔二七〕水經穀水注：「穀水又東逕金墉城北，魏明帝于洛陽城西北角築之，謂之金墉城。皇居創徙，宫極未就，止蹕於此。南曰乾光門，夾建兩觀，觀下列朱桁于塹以爲御路。東曰含春門，北有𨗨門。西北連廡函蔭，墉比廣榭，炎夏之日，高祖常以避暑。」

〔二八〕自「晉永康中」至「永嘉中所築」二十二字，如本無，他本皆有。唐本「晉永康中惠帝幽於金墉城」十一字，在「有金墉城」下，其「東有洛陽小城，永嘉中所築」十一字，則在篇末「有如雲也」下。不知何據。方輿紀要四八：「金墉城，故洛陽城西北隅也，魏明帝築。嘉平六年，司馬師廢其主芳，遷於金墉。延熙二年，魏主禪位於晉，出舍金墉城。晉楊后及愍懷太子至賈后之廢，皆遷金墉。永康二年趙王倫篡位，遷惠帝自華林西門出居金墉城，改曰永昌宫。其後每有廢置，輒于金墉城内。」

〔二九〕水經穀水注：「魏文帝起層樓于東北隅。」洛陽記：「洛陽城内西北角有金墉城，東北角有樓，高百尺，魏文帝造也。」

〔三〇〕製，吴、王、真意本作「制」，古通用。

〔三一〕光極門在南面乾光門内，光極殿前，見漢晉四朝洛陽宫城圖金墉城圖。

景樂寺

景樂寺，太傅清河文獻王懌所立也〔一〕。懌是孝文皇帝之子，宣武皇帝之弟。在閶闔南御道東〔二〕，西望永寧寺正相當。寺西有司徒府，東有大將軍高肇宅〔三〕，北連義井里〔四〕。義井里北門外有桑樹數株〔五〕，枝條繁茂，下有甘井一所，石槽鐵罐，供給行人飲水庇蔭〔六〕，多有憩者。有佛殿一所，像輦在焉〔七〕，雕刻巧妙，冠絶一時。堂廡周環，曲房連接〔八〕。輕條拂户，花蘂被庭。至於六齋〔九〕，常設女樂。歌聲繞梁〔一〇〕，舞袖徐轉；絲管寥亮，諧妙入神。以是尼寺，丈夫不得入。得往觀者，以爲至天堂。及文獻王薨〔一一〕，寺禁稍寬，百姓出入，無復限礙。後汝南王悦復修之〔一二〕。悦是文獻之弟。召諸音樂，逞伎寺内。奇禽怪獸，舞抃殿庭。飛空幻惑，世所未覩。異端奇術，總萃其中。剥驢投井〔一三〕，植棗種瓜，須臾之間皆得食〔一四〕。士女觀者，目亂睛迷〔一五〕。自建義已後，京師頻有大兵，此戲遂隱也。

此亦言寺之建築勝情及伎樂之盛，示諸王之豪奢也。

【校箋】

〔一〕元懌字宣仁，孝文帝第五子，太和二十一年封清河王，有名行，兄弟皆信佛，立景樂、沖覺、融覺諸寺。

元乂恃寵驕盈，懌裁之以法，後爲元乂、劉騰所害，謚曰文獻。魏書二二有傳，並見卷四沖覺寺。

〔二〕如本無「在」字，今依前文例增。「道」下，如本無「東」字，今依集證、唐本增。永寧寺云：閶闔門前御道東有左衛府，府南有司徒府。此寺西有司徒府。則寺當在御道東也。

〔三〕高肇字首文，北海人。高祖文昭皇太后兄也。父颺，自高麗入國。景明初，世宗徵肇録尚書事，旋還尚書左僕射。延昌三年，以大將軍征蜀，四年罷軍。後爲高陽王雍所害。見魏書八三外戚傳。

〔四〕河南志三：「義井里，在永康里之東。」

〔五〕「井」上，如本無「義」字，今依各本。桼，吴、王、真意本作「叢」，河南志同。「數」下，緑本、真意本有「十」字。

〔六〕蔭，如本作「陰」，今依吴、王、集證本。陰、蔭古通用。

〔七〕像輦，即四輪像車，詳長秋寺校箋〔八〕，卷二景興寺有金像輦者同。

〔八〕曲房，密室也。枚乘七發：「往來遊讌，縱恣于曲房隱間之中。」

〔九〕六齋，如本作「大齋」，非，今依吴、王、真意本。説郛四同。卷三大統寺、卷四王典御寺皆有「六齋」語，道宣釋迦方志教相篇：「魏高祖孝文帝，六宮侍女皆持年三月六齋。」牟子理惑論：「持五戒者，一月六齋，專心一意，悔過自新。」釋氏修行，每月八日、十四日、十五日、二十三日、二十九日、三十日爲六齋日。見摩訶般若經及優陂夷墮舍迦經。

〔一〇〕列子湯問：「昔韓娥東之齊，匱糧，過雍門，鬻歌假食；既去，而餘音繞梁欐，三日不絶。」

〔一一〕魏書二二清河王懌傳：「正光元年七月，元乂與劉騰逼肅宗於顯陽殿，閉靈太后於後宮，囚懌於門下省，誣懌罪狀，遂害死，時年三十四。」

〔二〕元悦，孝文第六子，封汝南王，與懌同母兄弟。性清狂，俶儻難測，懌爲元乂所害，了無恨容。乂大喜，以爲侍中、太尉。魏書二二有傳。

〔三〕列子湯問：「一里老幼，喜躍抃舞。」抃舞，拊手而舞。剥驢，肢解驢馬之技也。見後書西南夷傳，與下「植棗種瓜」，皆屬魔術之一種。法苑珠林六一：「弄幻之士，因時而作。植瓜種菜，立起尋尺。投芳送臭，賣黄售白。麾天照雲霧，畫地成河海。」

〔四〕吴、王本「食」上有「賜」字。緑本、真意本「食」下有「之」字。

〔五〕睛，吴、王、真意本作「精」。睛，眸子也。

昭儀尼寺 願會寺、光明寺

昭儀尼寺，閹官等所立也。在東陽門内一里御道南。東陽門内御道北有太倉、導官二署〔一〕。東南治粟里〔二〕，倉司官屬住其内。太后臨朝，閽寺專寵〔三〕，宦者之家，積金滿堂。是以蕭忻云：「高軒斗升者〔四〕，盡是閹官之嫠婦〔五〕；胡馬鳴珂者〔六〕，莫不黄門之養息也〔七〕。」忻，陽平人也。愛尚文籍，少有名譽，見閹寺寵盛〔八〕，遂發此言，因即知名，爲治書御史〔九〕。寺有一佛二菩薩，塑工精絶，京師所無也。四月七日常出詣景明〔一〇〕。景明三像，恒出迎之。伎樂之盛，與劉騰相比。堂前有酒樹麪木〔一一〕。昭儀寺有池，京師學徒謂之翟泉也。衒之按杜預注春秋云：「翟泉，在晉太倉西南〔一二〕。」按晉太倉在建春門内，今太倉在東陽門内。此地在今太倉西南〔一三〕，明非翟泉也。後隱士趙逸云〔一四〕：「此地是晉侍中石崇家池〔一五〕，池南有緑珠樓〔一六〕。」於是學徒始寤，經過者想見緑珠之容也。池西南有願會寺，中書侍郎王翊捨宅所立也〔一七〕。佛堂前生桑樹一株〔一八〕，直上五尺，枝條横遶，柯葉傍布，形如羽蓋〔一九〕；復高五尺，又然。凡爲五重，每重葉椹各異，京師道俗，謂之神桑。觀者成市，施者甚衆。帝聞而惡之，以爲惑衆，命給事中黄門侍郎元紀伐殺之〔二〇〕。其日雲霧晦冥，下斧之處，血流至地。見者莫不悲泣。寺南有宜壽里，内有苞信縣令段暉宅〔二一〕。地下常聞鐘聲〔二二〕。時見五色光明，照於堂宇，暉甚異之〔二三〕。遂掘光所，得金像一軀，可高三尺，並有二菩薩〔二四〕。趺坐上銘云〔二五〕：「晉太始二年五月十五日侍中中書監荀勗造〔二六〕。」暉遂捨宅爲光明寺。時人咸云此荀勗舊宅〔二七〕。其後盗者欲竊此像，像與菩薩合聲喝賊，盗者驚怖，應即殞倒。衆僧聞像叫聲，遂來捉得賊。

【校箋】

此篇特言太后專寵閹寺，社會風氣因之頽廢。兼言寺院伎樂之盛，顯示閹官奢侈豪華之一斑。

〔一〕如本作「東陽門内道北太北倉」，今依吴、王、真意本。又「有」字照文例增。太倉、導官，主管糧食。通典二六：「太倉署於周官有廩人、下大夫、上士。秦官有太倉令丞，漢因之，屬大司農。後漢令主受郡國傳漕穀。其滎陽敖倉官，中興皆屬河南尹，歷代並有之。」又曰：「導官署，周有春人，秦漢有令丞，屬少府。漢東京令丞主春御米及作乾糒，屬大司農，歷代皆有之。」

〔二〕河南志三：「治粟里，導官署南。」無「東」字。

〔三〕禮記内則：「深宫固門，閽寺守之。」鄭注：「閽人，掌守中門之禁；寺人，掌内人之禁令。」

〔四〕周本曰：「案斗者，謂車帳也。帳如覆斗，則曰斗帳。升亦帷裳也。晉書張方傳謂方以所乘陽燧車青蓋素升三百人爲小鹵簿迎帝。是也。」

〔五〕如本無「盡是」二字，今依緑本、真意本增。嫠，如本作「釐」，今依集證改。左傳昭公十九年：「莒有婦人，莒子殺其夫，已爲嫠婦。」杜注：「寡婦爲嫠。」

〔六〕珂，如本作「呵」，非，今改。珂，飾馬之玉；鳴珂，喻馬行之喧鬧也。

〔七〕不，吴、王、真意本作「非」，説郛四同。黄門，宦者所居，門塗黄色，故云。漢代宦者曰中黄門。養息，養子也。

〔八〕閹，吴、王本作「閹」，意同。

〔九〕晉書職官志：「漢宣帝幸宣室，齋居而決事，令侍御史二人治書侍側，後因别置，謂之治書御史。其職則掌評疑獄，糾察六品以下官。」後魏列六品官，並見魏書官氏志。

〔一〇〕四月八日爲佛誕期，詳長秋寺校箋〔八〕。

〔一一〕南史海南諸國傳：「頓遜國又有酒樹，似安石榴。採其花汁，停瓮中，數日成酒。」南方草木狀中：「桄榔樹似栟櫚實，其皮可作綆，得水則柔韌，胡人以此聯木爲舟。皮中有屑如麵，多者至數斛，食之與常麵無異。出九真、交址。」

〔一二〕左傳僖公二十九年杜注：「翟泉，今洛陽城内太倉西南池水也。」

〔一三〕在今，如本作「今在」，今依周、徐本改。

〔一四〕趙逸，晉武時人，多記舊事，正光中來京師。見卷二建陽里東條。

〔一五〕石崇字季倫，小名齊奴，苞次子，渤海南皮人。少敏慧，累官荆州刺史，劫遠使客商致富，置金谷别墅在河陽，與王愷、羊琇之徒以奢靡相尚。武帝時爲侍中，惠帝時爲趙王倫、孫秀所殺。晉書三三有傳。

〔一六〕晉書三三石崇傳：「時趙王倫專權，崇甥歐陽建與倫有隙。崇有伎曰緑珠，美而艷，善吹笛。孫秀使人求之，崇竟不許。秀怒，乃勸倫誅崇、建。崇正宴於樓上，介士到門，崇謂緑珠曰：我今爲爾得罪。緑珠泣曰：當致死於官前。因自投于樓下而死。」寰宇記三：「洛陽縣石崇宅有緑珠樓，今謂之狄泉是也。」按翟、狄音近，是以致誤。

〔一七〕侍郎，如本作「舍人」，御覽九七三、廣記四〇七、河南志三、説郛四、魏書六三王翊傳及出土之王翊墓誌皆作「侍郎」，今改。魏書本傳：「翊字士遊，琅琊臨沂人，肅次兄琛子。風神秀立，好學有文才，結婚於元乂，歷司空主簿、中書侍郎、濟州刺史、國子祭酒。永安元年卒。」

〔一八〕生，吴、王、真意本作「有」。

〔一九〕張衡東京賦：「羽蓋威蕤。」薛綜注：「羽蓋，以翠羽覆車蓋也。」

〔二〇〕元紀，任城王澄子，字子綱，永熙中爲給事黄門侍郎，隨出帝没關中。見魏書一九任城王澄傳。

〔二一〕段，如本作「叚」，今依緑本、集證改。苞信，魏屬新蔡郡，見魏書地形志。故城在今河南息縣東北七十里。

〔二二〕鐘，如本作「鍾」，古通用，今依各本。

〔二三〕甚，如本作「其」，今依各本。

〔二四〕「並」字如本無，今依御覽、廣記及周、范、徐本增。

〔二五〕「坐」字如本無，今依吳、王、真意本增。趺，同跗，足背也。趺坐，僧人結跏趺坐也，謂結跏於左右股上而坐。大日經疏：「住蓮華坐者結跏坐。」並見景林寺校箋〔八〕。

〔二六〕太始，晉武帝司馬炎第一年號。荀勗字公曾，潁川潁陰人。漢司空爽之曾孫，嘗仕魏，晉武帝受禪，拜中書監，加侍中，領著作。見晉書三九本傳。

〔二七〕「此」下，御覽、廣記有「是」字。

胡統寺

胡統寺〔一〕，太后從姑所立也〔二〕。入道爲尼，遂居此寺。在永寧南一里許。寶塔五重〔三〕，金刹高聳，洞房周匝〔四〕，對户交疏〔五〕，朱柱素壁，甚爲佳麗。其寺諸尼，帝城名德，善於開導〔六〕，工談義理，常入宮與太后説法。其資養緇流〔七〕，從無比也〔八〕。

【校箋】

〔一〕周本云：「『胡統』者，周一良先生云胡沙門統也。惟胡沙門亦有僧統，史書闕載。」勇按：魏書釋老志有沙門法果、師賢爲道人統，又有沙門統曇曜、惠琛。通鑑梁紀五則云胡沙門統惠深。此皆綰攝僧徒者也。並見永寧寺校箋〔四〕。

〔二〕魏書靈皇后傳：「太后性聰悟，多才藝，姑既爲尼，幼相依託，略得佛經大義。」北史后妃傳：「后姑爲尼，頗能講道，世宗初，入講禁中。」

〔三〕五重即五級。

〔四〕洞房，深房也。文選魯靈光殿賦：「洞房叫窱而幽邃。」史記司馬相如傳：「纍臺增成，巖突洞房，俛杳眇而無見。」

〔五〕疎，吳、王本作「窻」。

〔六〕荀子儒效篇：「教誨開導成王，使諭於道。」佛徒以巧便説法，易令人領悟者爲開導。

〔七〕緇流，緇衣之流也。僧史略曰：「問：緇衣者何狀貌？答：紫而淺黑，非正色也。」釋氏要覽上：「緇流，此從衣色名之也。」

〔八〕從，如本作「徒」，今依吳、王、真意本改。比，吳本作「此」。

修梵寺 嵩明寺

修梵寺，在青陽門内御道北。嵩明寺〔一〕，復在修梵寺西。並雕牆峻宇〔二〕，比屋連甍〔三〕，亦是名寺也。修梵寺有金剛〔四〕，鳩鴿不入，鳥雀不棲。菩提達磨云得其真相也〔五〕。寺北有永和里，漢太師董卓之宅也〔六〕。里南北皆有池，卓之所造，今猶有水，冬夏不竭。里中有太傅録尚書長孫稚〔七〕、尚書右僕射郭祚〔八〕、吏部尚書邢巒〔九〕、廷尉卿元洪超〔一〇〕、衛尉卿許伯桃〔一一〕、涼州刺史尉成興等六宅〔一二〕。皆高門華屋，齋館敞麗，楸槐蔭途，桐楊夾植，當世名爲貴里。掘此地者，輒得金玉寶物。邢巒家嘗掘得丹砂及錢數十萬〔一三〕，銘云：「董太師之物。」後夢卓夜中隨巒索此物〔一四〕，巒不與之，經年，巒遂卒矣。

【校箋】

〔一〕青，各本作「清」，非。今依緑本、周本改。並見卷二平等寺、景寧寺。嵩，如本作「蒿」，今依説郛四改。

〔二〕書五子之歌：「峻宇雕牆。」孔疏：「峻，高大；雕，飾畫。」

〔三〕甍，屋脊也。

〔四〕金剛，梵名跋闍羅波膩，寺門前之神像，即金剛力士。手執金剛杵，守伽藍之門者也。翻譯名義集二：「跋闍羅波膩，梁云金剛。應法師云：跋闍羅，此云金剛；波膩，此云手。謂手執金剛杵以立名。」

〔五〕磨，吴、王、真意本作「摩」，音同。達磨，姓刹帝利，南天竺王子。梁武時迎至金陵，與談佛理。後渡江，至北魏，止嵩山少林寺，面壁九年而化，爲禪宗第一祖。唐代宗追謚曰圓覺大師。

〔六〕寰宇記三：「董卓宅，郡國志曰：在永和里。掘地輒得金玉寶玩。」董卓字仲穎，隴西臨洮人。性粗猛有謀。桓帝末，以六郡良家子爲羽林郎。中平中拜東中郎將，後遷太尉。靈帝末，爲前將軍，官并州牧，帝崩，應何進召，引兵詣京師，誅宦官，事平，乃自爲相國，廢少帝，弒何太后，立獻帝。淫亂凶暴，毒流朝野，袁紹等起兵討之。卓挾帝遷都長安，自爲太師，有篡立意。後王允計誘吕布刺殺之。見後書七二本傳。

〔七〕「有」字，各本無，今依前文例增。長孫稚，見永寧寺校箋〔二〇三〕。

〔八〕郭祚字季祐，太原晉陽人。高祖初，舉秀才，拜中書博士。遷尚書左丞，兼給事黄門侍郎。世宗時爲侍中，遷尚書右僕射。後爲領軍于忠矯所殺，時年六十七，謚文貞。魏書六四有傳。

〔九〕巒，如本作「鸞」，今依集證、唐本及魏書改。巒字洪賓，河間鄚人。世宗時爲尚書，屢戰有功，兼有文才，朝野望之，終殿中尚書。延昌三年暴疾卒，年五十一。魏書六五有傳。

〔一〇〕元洪超，遼西公意烈之玄孫，學兼内典，爲北軍將軍、光禄大夫，卒官。魏書一五有傳。

〔一一〕許伯桃，魏書、北史均無傳。廣弘明集一一云孝明正光初，召釋道二宗門人論議，則有衛尉許伯桃者，殆即其人也。

〔一二〕涼，如本作「梁」，今依各本。魏書二六尉古真傳：「古真，代人也。族玄孫聿，字長興，性耿介，肅宗時爲武衛將軍。是時領軍元乂秉權，百寮莫不致敬，而聿獨長揖不拜。出爲平西將軍、東涼州刺史，卒，時五十。贈安北將軍、朔州刺史。」

〔一三〕嘗，如本作「常」，古通用。又廣記三二七、寰宇記三、河南志三「掘」字下有「得」字，今據增。

〔一四〕「後」下，寰宇記及河南志皆有「夢」字，今據增。

景林寺

景林寺，在開陽門内御道東。講殿疊起，房廡連屬，丹檻炫日，繡桷迎風，實爲勝地。寺西有園，多饒奇果。春鳥秋蟬，鳴聲相續。中有禪房一所〔一〕，内置祇洹精舍〔二〕，形製雖小，巧構難比。加以禪閣虚靜〔三〕，隱室凝邃，嘉樹夾牖〔四〕，芳杜匝堦，雖云朝市，想同巖谷。淨行之僧〔五〕，繩坐其内〔六〕，餐風服道〔七〕，結跏數息〔八〕。有石銘一所，國子博士盧白頭爲其文〔九〕。白頭一字景裕〔一〇〕，范陽人也〔一一〕。性愛恬靜，丘園放敖，學極六經〔一二〕，説通百氏。普泰初，起家爲國子博士〔一三〕，雖在朱門，以注述爲事。注周易行之於世也。

【校箋】

〔一〕禪，靜慮也。智度論：「秦言思惟修。」僧史略：「禪者，即是定慧之通稱，明心達理之趣也。」禪房者，習靜之房也。北朝禪法，頗行坐禪靜修，自悟心性，參通佛理。續高傳二六：「習禪篇云：自釋教道東，心學唯尠，逮於晉世，方聞睿公（僧睿）。故其序云：慧理雖少，足以開神達命；禪法未傳，至於攝緣繫想，寄心無地。時翻大論，有涉禪門，因以情求，廣其行務。童壽（鳩摩羅什）宏其博施，乃爲出禪法要解等經。自斯厥後，祖習逾繁。量影、道融，厲精於淮北；智嚴、慧觀，勤心於江東。山栖結衆，則慧遠標宗；獨往孤征，則僧群顯異。雖復攝心之傳，時或漏言，而茂績芳儀，更開正級，不可怪也。」

〔二〕祇洹，梵名，亦作祇陀、祇樹給孤獨園也。翻譯名義集三：「帝王篇云：祇陀，或云祇洹。西域記云逝多，唐言勝林；舊曰祇陀，訛也。諸經言祇樹者，時給孤獨願建精舍，佛命舍利子隨瞻揆焉。唯太子逝多園地爽塏。尋詣太子，具以情告。太子戲言：金徧乃賣。善施聞之，心豁如也。即出金藏，隨言布地。有少未滿，太子請留曰：佛誠良田，宜植善種；即於空地，建立精舍。世尊即告阿難曰：自今已來，應謂此地爲逝多樹給孤獨園。」精舍，塔廟別名也，息心精練修行之所棲也。

〔三〕各本「加」上有「比」字，如本「加」下空格。各本空格處又有「以」字，則二句是「巧構難比，加以禪閣虛靜」云云。今依各本。

〔四〕牖，如本作「牗」，非，今依吴、王、真意本。

〔五〕淨，各本作「靜」，古通用，今依周本。淨行，修清高純淨之行也。卷五凝玄寺有「實是淨行息心之所也」句，即此意。

〔六〕繩坐，禪坐繩牀也。高僧傳一〇竺佛圖澄傳：「澄坐繩牀，燒安息香，呪願數百言。」南海寄歸內法傳：「西方僧衆將食之時，必須人人淨洗手足，各各別踞小牀。高可七寸，方纔一尺，藤繩織內，脚圓且輕，卑幼之流，小拈隨事。雙足蹋地，前置盤盂。東夏諸寺，牀高二尺以上，此則無不合坐，坐有高牀之過。然靈巖四禪，牀高一尺。古德所製，誠有來由。」

〔七〕餐，如本作「飱」，今依吴、王、真意本。

〔八〕結跏，即結跏趺坐也。以兩足趺加於兩髀而安坐也。慧琳一切經音義：「案金剛頂及毘盧遮那等經，坐法差別非一。結跏趺坐，略有二種。一曰吉祥，二曰降魔。凡坐皆先以右趾押左股，後以左趾押右股，此即左押右，手亦左居上，名曰降魔坐。諸禪宗多傳此坐，若依持明藏教瑜伽法門，即傳吉祥爲上，降魔坐有時而用。其吉祥坐，先以左趾押右股，後以右趾押左股，令二足掌仰於二股之上。手亦右押左，仰安跏趺之上，名爲吉祥坐。」數息，數息觀也。五停心觀之一，數出入之息，使心想停靜。梵名阿那波那。阿那是入息，波那是出息。詳慧琳音義二六。並見昭儀尼寺校箋〔二五〕。

〔九〕盧白頭，見魏書八四儒林傳。

〔一〇〕魏書盧景裕傳作「字仲孺，小字白頭」。此處名字，疑是倒置。

〔一一〕本傳作「范陽涿人」。魏書地形志：范陽郡在幽州，治涿。故城在今河北省涿縣。

〔一二〕魏書盧景裕傳曰：「注周易、尚書、孝經、論語、禮記、老子，其毛詩、春秋左氏未訖。」

〔一三〕又盧景裕傳曰：「前廢帝初，除國子博士，參議正聲。普泰初，復除國子博士，進退其間，未曾有得失之色。興和中，補齊王開府屬，卒於晉陽。景裕雖不聚徒，所注周易大行於世。」普泰，節閔帝元恭第一年號。國子博士，官名，選履行清淳、通明典義者任之。

建春門

建春門内御道南〔一〕，有勾盾、典農、籍田三署〔二〕。籍田南有司農寺〔三〕。御道北有空地，擬作東宮〔四〕，晉中朝時太倉處也。太倉南有翟泉，周迴三里，即春秋所謂王子虎、晉狐偃盟於翟泉也〔五〕。水猶澄清，洞底明淨〔六〕，鱗甲潛藏〔七〕，辨其魚鼈〔八〕。高祖於泉北置河南尹〔九〕，中朝時步廣里也〔一〇〕。泉西有華林園〔一一〕，高祖以泉在園東，因名蒼龍海。華林園中有大海，即魏天淵池〔一二〕。池中猶有文帝九華臺〔一三〕。高祖於臺上造清涼殿〔一四〕，世宗在海內作蓬萊山〔一五〕。山上有僊人館，臺上有釣臺殿〔一六〕。並作虹蜺閣〔一七〕，乘虛來往。至於三月禊日〔一八〕，季秋巳辰，皇帝駕龍舟鷁首遊於其上〔一九〕。海西有藏冰室，六月出冰，以給百官。海西南有景陽山〔二〇〕。山東有羲和嶺，嶺上有溫風室。山西有姮娥峰，峰上有寒露館〔二一〕。並飛閣相通，凌山跨谷。山北有玄武池〔二二〕。山南有清暑殿〔二三〕。殿東有臨澗亭，殿西有臨危臺。景陽山南有百果園。果別作林，林各有堂〔二四〕。有僊人棗，長五寸，把之兩頭俱出，核細如鍼，霜降乃熟，食之甚美。俗傳云出崑崙山。一曰西王母棗〔二五〕。又有僊人桃，其色赤，表裏照徹，得霜即熟〔二六〕。亦出崑崙山。一曰王母桃也〔二七〕。柰林南有石碑一所，魏文帝所立也〔二八〕。題云「苗茨之碑」〔二九〕。高祖於碑北作苗茨堂〔三〇〕。永安年中，莊帝馬射於華林園〔三一〕，百官皆來讀碑，疑「苗」字誤。國子博士李同軌曰〔三二〕：「魏文英才，世稱三祖，公幹、仲宣〔三三〕，爲其羽翼〔三四〕；但未知本意如何，不得言誤也〔三五〕。」衒之時爲奉朝請〔三六〕，因即釋曰：「以蒿覆之，故言苗茨，何誤之有〔三七〕？」衆咸稱善，以爲得其旨歸。柰林西有都堂，有流觴池〔三八〕。堂東有扶桑海。凡此諸海，皆有石竇流於地下。西通穀水，東連陽渠〔三九〕，亦與翟泉相連。若旱魃爲害〔四〇〕，穀水注之不竭；離畢滂潤〔四一〕，陽渠泄之不盈〔四二〕。至於鱗甲異品，羽毛殊類，濯波浮浪，如似自然也。

【校箋】

〔一〕此記城北名勝也。文章跌宕似注體，然考諸刻本，皆抬頭刻行，實是正文以連接城内城東爲一整體也。按衒之用字謹嚴，分毫不失，凡云「出某門」者，皆連接上文也。如卷二崇真寺下之「出建春門外一里餘至東石橋」云云，景寧寺下之「出青陽門外三里御道北」云云，卷四法雲寺下「出西陽門外四里御道南」云云，及永明寺下「出閶闔門城外七里長分橋」云云，皆連接而不獨立。至其獨立爲一條者，必不云「出某門」也。如卷一此處之「建春門内御道南」云云，卷二「建陽里東有綏民里」云云，及卷三「宣陽門外四里至洛水」云云皆是。今如隱堂本仍是古製，未爲損壞，可以徵其實矣。此衒之行文不變之跡，自有其作意在也。蓋衒之書首尾最有連貫，大體以道里爲綫索。上述城内各寺院竟，繼之者則爲城東。由城内而城東，其間所經，名勝當前，故蹟紛陳，不得不書，使讀者目覽耳聞，猶躬歷其境也。徐本云爲昭儀尼寺條「有池」句子注，辨翟泉及太倉確址，非是。並見拙文「徐高阮重刊洛陽伽藍記正文子注訂正稿」，載新亞生活月刊，一九八一年五月十五日期。唯「有僊人棗」句下，及「永安年中」句下，文理别異，則爲注也。

〔二〕漢書公卿表有鉤盾，顏師古注：「鉤盾，主近苑囿。」通典二六：「鉤盾署，漢鉤盾令，宦者，典諸近園遊觀之事，屬少府。後漢亦有之。晉大鴻臚屬官有鉤盾令。」又曰：「典農中郎將，典農都尉，典農校尉，並曹公置。晉武帝太始二年，罷典農官爲郡縣，後復有之。」漢書公卿表大司農有籍田令、丞。通典：「籍田令，掌耕國廟、社稷之田，於周爲甸師，漢文帝初立籍田令，漢東京及魏並不置，晉武太始十年復置。」

〔三〕司農寺，後魏官署。秦有治粟内史，漢景帝更名大農令，武帝改爲大司農，掌錢穀之事，沿至北魏曰司農寺，置卿及少卿。

〔四〕東宫，太子宫也。詩衛風碩人：「東宫之妹。」毛傳：「東宫，齊太子也。」孔疏：「太子居東宫，因以東宫表太子。」

〔五〕春秋僖公二十九年：「夏六月，會王人、晉人、宋人、齊人、陳人、蔡人、秦人，盟于翟泉。」左傳：「公會王子虎、晉狐偃、宋公孫固、齊國歸父、陳轅濤塗、秦小子憖，盟于翟泉。」水經穀水注：「天淵池水又東流，入洛陽縣之南池，池，即故翟泉也。南北百一十步，東西七十步。」

〔六〕淨，如本作「靜」，古通，今依緑本。

〔七〕藏，吴、王、真意本作「泳」。

〔八〕鼈，吴、王、真意本作「鼇」。

〔九〕魏書官氏志：「河南尹，第三品。」河南志三：「河南尹廨，翟泉之北。」

〔一〇〕水經穀水注：「陸機洛陽記：步廣里在洛陽城内宫東。」河南志二：「步廣里在翟泉側。晉起居注曰：永嘉元年，里内地陷，有二鵝出，一蒼一白，蒼者沖天，白者在地。陳留孝廉董養曰：步廣里即周之狄泉，舊盟會之地也。」

〔一一〕洛陽圖經：「華林園在城内東北隅，魏明帝起名芳林園，齊王芳改爲華林園。」河南志：「華林園，即漢芳林園，文帝黄初五年，穿天淵池，六年，又於池中築九華臺。避齊王芳名，改曰華林。」

〔二〕「魏」字，各本作「漢」。按天淵池，魏文帝黄初五年作，作「漢」者，從習俗也。今改。

〔三〕三國魏志文帝紀：「黄初七年三月，築九華臺。」河南志作「六年」。

〔四〕玉海：後魏有清涼殿。

〔五〕水經穀水注：「穀水又東枝分，南入華林園，歷景陽山北。山有都亭，堂上結方湖，湖中起御坐石也。御坐前建蓬萊山。」

〔六〕上「臺」字，如本脱，今依周、徐本增。水經穀水注：「穀水又東枝分，南入華林園，歷景陽山北，其水東注天淵池。池中有魏文帝九華臺，殿基悉是洛中故碑累之。今造釣臺於其上。」

〔七〕水經穀水注：「蓬萊山，曲池接筳，飛沼拂席，南面射侯，夾席武峙。背山堂上，則石路崎嶇，巖嶂峻險，雲臺風觀，纓巒帶阜。遊觀者升降阿閣，出入虹陛，望之狀鳧没鸞舉矣。」

〔八〕廣韻釋天：「禊，祭也。」晉書禮志：「漢儀：季春上巳，官及百姓皆禊於東流水上，洗濯祓除，去宿垢。自魏以後，但用三日，不以上巳也。晉中朝，公卿以下至於庶人，皆禊洛水之側。趙王倫篡位，三日，會天泉池，誅張林。懷帝亦會天泉池，賦詩。」正字通：「禊有二，論語浴乎沂。王羲之蘭亭修禊事，此春禊也。劉楨魯都賦：素秋二七，天漢指隅，人胥祓禳，國子水嬉，用七月十四日，此秋禊也。」按古俗：陰曆三月上旬巳日爲春禊，七月十四日爲秋禊，自魏以後，但用三月三日，不復用巳日也。

〔九〕淮南子本經訓：「龍舟鷁首，浮吹以娱。」高誘注：「龍舟，大舟也，刻爲龍文。鷁，大鳥也，畫其像著船頸，故曰鷁首。」宋書禮志：「月令：暮春，天子始乘舟。蔡邕章句曰：陽氣和暖，鮪魚時至，將取以薦寢廟，故因是乘舟禊於名川也。」

〔二〇〕「景陽山」，各本作「景山殿」，非，今依周、徐本。周本云：「案景山殿，當作景陽山，由下文可知。水經注云：穀水枝分，歷景陽山北，其水東注天淵池。是景陽山在天淵池之西南也。故曰海西有景陽山。考景陽山爲魏明帝所起，取太行山之白石英及五色文石以成之。見水經注及元河南志卷二。」徐本云：「景山殿不可考，惟魏明帝嘗於芳林園起景陽山，見魏志高堂隆傳。芳林園後改稱華林園，見文選應貞華林園集詩注引洛陽圖經。如隱景山殿句下歷舉山東、山西、山北、山南名勝，此諸『山』字與上『殿』字亦不相接。再下特舉景陽山南之果林，而未詳山之所在，則上文景山殿當爲景陽山之誤。」

〔二一〕寒露，如本作「露寒」，今依吴、王、真意本。按上文有「温風」語，此作「寒露」是其對文也。

〔二二〕玄武，北方水神也。玉海：後魏有玄武池。

〔二三〕玉海：後魏有清暑殿。

〔二四〕別，各本作「列」，今依御覽九六五、事類賦二六改。河南志二：「晉城闕古蹟：更有百果園，果別作一林，林各有一堂，如桃間堂、杏間堂之類。」晉宮闕名：「華林園桃七百三十株，白桃三株，侯桃三株，栗六十二株，王母棗十四株。」

〔二五〕齊民要術四：「陸翽鄴中記：石虎苑中有西王母棗，冬夏有葉，九月生花，十二月乃熟，三子一赤。」

〔二六〕即，吴、王、真意本作「乃」。

〔二七〕酉陽雜俎續集一〇：「王母桃，洛陽華林園内有之，十月始熟，形如括蔞。俗語曰：王母甘桃，食之解勞。」

〔二八〕「文帝」，各本皆作「明帝」，集證曰：「明帝時，劉、王二人已歿，衒之不應謬誤如此，此當是誤文帝爲明帝也。」下同。

〔二九〕茆，水經穀水注作「茅」，古通。下同。

〔三〇〕魏書任城王澄傳：「車駕還洛，引見王公侍臣於清徽堂。高祖曰：此堂成來，未與王公行宴樂禮。後東閤廡堂粗復始就，故今與諸賢欲無高而不昇，無小而不入。因之流化渠。高祖曰：此曲水者亦有其義，取乾道曲成，萬物無滯。次之洗煩池。高祖曰：此池中有嘉魚。澄曰：此所謂『魚躍在藻，有頒其首』。高祖曰：且取『王在靈沼，於牣魚躍』。次之觀德殿。高祖曰：射以觀德，故遂命之。次之凝閑堂。高祖曰：名目要有其義，此蓋取夫子閑居之義。不可縱奢以忘儉，自安以忘危。故此堂後作茅茨堂。」水經穀水注：「天淵池南直魏文帝茅茨堂，前有茅茨碑，是黃初中所立也。」則此堂魏文帝初立曰凝閑堂，至高祖乃改作茅茨堂也。

〔三一〕年中，各本作「中年」，今依徐本。又類說無「年」字。馬射，習騎射也。通典七七：「北齊三月三日，皇帝常服，乘輿詣射所，升堂即坐。皇太子及群官坐定，登歌，進酒行爵，皇帝入便殿，更衣以出，驊騮令進御馬，有司進弓矢。帝射訖，還御坐；射懸侯，又畢。群官乃射五埒。又季秋大射，皇帝備大駕，常服，御七寶輦，射七埒。」北齊法制承之後魏，而有馬射之禮。

〔三二〕魏書八四李同軌傳：「趙郡高邑人，陽夏太守義深之弟，學綜諸經，多所治誦，兼讀釋氏，又好醫術。舉秀才，領國子助教，轉著作郎，典儀注，修國史，遷國子博士。經義素優，辨析兼美。武定四年夏卒，年四十七，謚曰康。」

〔三三〕此三句，如本作「魏明帝英才，世稱三公，祖幹宣」。顯是錯亂，今據他本改。王粲字仲宣，劉楨字公幹，皆見三國魏志。鍾嶸詩品：「魏武帝、魏明帝詩：曹公古直，甚有悲涼之句，叡不如丕，亦稱三祖。」

〔三四〕「爲」字，如本黑體，今依各本。

〔三五〕按苗、茅古通用。説文段注：「苗，古或假爲茅。如士相見禮，古文艸茅作艸苗。洛陽伽藍記所云魏時苗茨之碑，實即茅茨。取堯舜茅茨不翦也。」集韻平聲三蕭眉鑣切下有「苗」字，又有「茅」字，注曰：「易拔茅連茹。鄭康成讀。」

〔三六〕魏書官氏志：「奉朝請，從第七品。」通典二九：「奉朝請無員，本不爲官，漢東京罷省三公、外戚、皇室、諸侯多奉朝請。奉朝請者，奉朝會請召而已。漢律春曰朝，秋曰請。」

〔三七〕蒿，稾、藳之或字。見集韻。説文：「稾，稈也。」稈即乾草，可以覆屋。蒿即茅也。

〔三八〕都堂，即都亭，在華林園西隅，見魏書北海王傳。流觴池，即曲水也，在天淵池。宋書禮志：「魏明帝天淵池南，設流杯石溝，燕群臣。」

〔三九〕水經穀水注：「又自樂里道屈而東出陽渠。漢司空漁陽王梁之爲河南也，將引穀水以溉京都，渠成而水不流，故以坐免。後張純堰洛以通漕，洛中公私穰贍。是渠今引穀水，蓋純之創也。」

〔四〇〕詩大雅雲漢：「旱魃爲虐，如惔如焚。」毛傳：「魃，旱神也。」説文：「魃，旱鬼也。」

〔四一〕詩小雅漸漸之石：「月離于畢，俾滂沱矣。」毛傳：「畢，噣也。月離陰星則雨。」鄭箋：「將有大雨，徵氣先見於天。」離，歷也；畢，西方宿也，司雨。月歷于畢，則天雨也。書洪範：「星有好風，星有好雨。月之從星，則以風雨。」春秋緯：「月失其行，離于箕者風，離于畢者雨。」

〔四二〕渠，各本作「轂」，今依集證本。

洛陽伽藍記校箋卷二　城東

明懸尼寺

明懸尼寺，彭城武宣王勰所立也〔一〕。在建春門外石橋南〔二〕。穀水周圍遶城〔三〕，至建春門外，東入陽渠石橋。橋有四柱，在道南，銘云：「漢陽嘉四年將作大匠馬憲造〔四〕。」逮我孝昌三年，大雨頹橋，柱始埋没。道北二柱，至今猶存。衒之按劉澄之山川古今記〔五〕、戴延之西征記並云〔六〕：「晉太康元年造〔七〕。」此則失之遠矣。按澄之等並生在江表，未游中土，假因征役，暫來經過；至於舊事，多非親覽，聞諸道路，便爲穿鑿，誤我後學，日月已甚。

有三層塔一所，未加莊嚴。寺東有中朝時常滿倉，高祖令爲租場。天下貢賦所聚蓄也。

【校箋】

〔一〕勰，魏高祖弟，已見卷一永寧寺校箋〔五四〕。北史一九彭城王勰傳：「景明、報德寺僧，鳴鐘欲飯，忽聞勰薨，二寺一千餘人皆嗟痛，爲之不食，但飲水而齋。」

〔二〕橋，如本作「樓」，非，今從集證。

〔三〕圍，吴、王、真意本作「迴」。

〔四〕水經穀水注：「穀水又東屈，南逕建春門石橋下，即上東門也。橋首建兩石柱，橋之右柱銘云：陽嘉四年乙酉壬申，詔書以城下漕渠，東通河濟，南引江淮，方貢委輸，所由而至。使中謁者魏郡清淵馬憲監作石橋梁柱，敦敕工匠，盡要妙之工。三月起作，八月畢成，其水依柱。又自樂里道屈而東出陽渠。」陽嘉，漢順帝第二年號。將作大匠，掌治宫室、宗廟、路寢、陵園土木之功。魏書官氏志從第三品。

〔五〕隋志有永初山川古今記二十卷，齊都官尚書劉澄之撰。又有司州山川古今記三卷，劉澄之撰。姚振宗考證云：「案永初山川古今記，據宋書州郡志，即永初郡國志，不僅記山川一門也。此三卷殆即前二十卷之佚出者。」

〔六〕隋志有西征記二卷，戴延之撰。又有西征記一卷，乃戴祚撰。章宗源考證云：「唐志惟有戴祚，無延之。他書所引多稱延之，惟開封見鴿事（開封聞見記所引者），御覽同作戴祚。據封氏言：祚，晉末從劉裕西征姚泓，水經洛水注言延之從劉武王西征，是祚與延之本一人，祚乃其名，而以字行。隋志兩見，當係重出。」

〔七〕按洛陽城東石橋有二，即建春門外石橋，及建春門外一里餘之東石橋也。東石橋者，南北而行，乃晉太康元年造，中朝時亦名市南橋。橋南有魏時馬市，晉中朝名牛馬市，即刑嵇康之所也。此石橋者，則近建春門，以别於東石橋（市南橋），故名北橋（魏昌尼寺北橋銘者是），乃漢陽嘉四年馬憲造。孝昌三年大雨頽橋，柱始埋没。劉澄之等誤以北橋銘爲東石橋（市南橋），故衒之反覆考之，以糾其失。並詳下出建春門條、魏昌尼寺及校箋〔二〕、〔五〕，崇真寺校箋〔一八〕。

龍華寺

龍華寺，宿衛羽林、虎賁等所立也〔一〕。在建春門外陽渠南。寺南有租場。陽渠北有建陽里，里有土臺，高三丈，上作二精舍。趙逸云：「此臺是中朝旗亭也〔二〕。上有二層樓，懸鼓，擊之以罷市。」有鍾一口〔三〕，撞之聞五十里。太后以鍾聲遠聞，遂移在宮内，置凝閒堂前〔四〕，講内典沙門打爲時節〔五〕。初〔六〕，蕭衍子豫章王綜來降，聞此鍾聲，以爲奇異，遂造聽鍾歌三首〔七〕，行傳於世。綜字世務〔八〕，僞齊昏主寶卷遺腹子也〔九〕。寶卷臨政婬亂，吴人苦之。雍州刺史蕭衍立南康王寶融爲主，舉兵向秣陵〔一〇〕，事既克捷，遂殺寶融而自立〔一一〕。寶卷有美人吴景暉，時孕綜經月，衍因幸景暉，及綜生，認爲己子，小名緣覺，封豫章王。綜形貌舉止，甚似昏主〔一二〕，其母告之，令自方便。綜遂歸我聖闕，更名曰讚〔一三〕，字世務，始爲寶卷追服三年喪。明帝拜綜太尉公，封丹陽王。永安年中，尚莊帝姊壽陽公主〔一四〕，字莒犂。公主容色美麗，綜甚敬之，與公主語，常自稱下官〔一五〕。授齊州刺史，加開府〔一六〕。及京師傾覆，綜棄州北走。時爾朱世隆專權，遣取公主，至洛陽，世隆逼之。公主罵曰：「胡狗，敢辱天王女乎！我寧受劍而死，不爲逆胡所污〔一七〕！」世隆怒，遂縊殺之〔一八〕。

【校箋】

〔一〕宿衛，直宿禁闈，常護之任也。周禮天官宫正：「宿衛王宫。」後書耿秉傳：「秉常領禁兵，宿衛左右。」

羽林，禁衛之名，掌天子宿衛。漢武帝置建章營騎，尋改羽林。漢書公卿表：「郎中令，掌宮殿掖門户，又期門、羽林皆屬焉。」師古曰：「羽林，亦宿衛之官，言其如羽之疾，如林之多也。」虎賁，漢書公卿表：「期門，掌執兵送從，武帝建元三年初置。平帝元始元年，更名虎賁郎，置中郎將，秩比二千石。」師古曰：「賁讀如奔，言如猛獸之奔。」

〔二〕張衡西京賦：「旗亭五重，俯察百隧。」薛綜注：「旗亭，市樓也。」

〔三〕鍾，他本作「鐘」，古通用，下同。

〔四〕魏書一九任城王澄傳：「車駕還洛，引見王公侍臣於清徽堂。次之凝閑堂，高祖曰：名目要有其義，此蓋取夫子閒居之義，不可縱奢以忘儉，自安以忘危。故此堂後作茅茨堂。」河南志三：「凝閑堂，胡太后置鐘於此室。」並見卷一建春門内條。

〔五〕「打爲時節」者，打鍾爲時節也。沙門講經，亦有聚散，以此爲號召。

〔六〕「初」字上，吴、王、真意本有「孝昌」二字。張本亦有，並云：「綜以孝昌元年降魏。」

〔七〕如本無「鍾」字，今依他本增。説郛亦有。又吴、王本「歌」字下有「詞」字。梁書五五豫章王綜傳：「初，綜既不得志，嘗作聽鍾鳴、悲落葉辭以申其志。大略曰：聽鐘鳴，當知在帝城，參差定難數，歷亂百愁生。去聲懸窈窕，來響急徘徊。誰憐傳漏子，辛苦建章臺。聽鐘鳴，聽聽非一所。懷瑾握瑜空擲去，攀松折桂誰相許。昔朋舊愛各東西，譬如落葉不更齊。漂漂孤鴈何所栖，依依別鶴夜半啼。聽鐘鳴，聽此何窮極。二十有餘年，淹留在京城。窺明鏡，罷容色，雲悲海思徒揜抑。當時見者莫不悲之。」魏書本傳歌辭則稍不同。悲落葉辭略。

〔八〕「務」字如本缺，吴本、緑本、真意本作「讃」，王本作「務」，張本作「贊」，並云：「案魏書蕭贊傳：字德文，本名綜。」梁書、南史並作「謙」，説郛作「纘」。今按本文有「世務」字，從之爲是。

〔九〕魏書五九蕭贊傳：「初，蕭衍滅寶卷，宫人吴氏始孕，匿而不言，衍乃納之，生贊以爲己子，封豫章王。及長，其母告之以實。」南史五三豫章王綜傳：「初，綜母吴淑媛，在齊東昏宫，寵在潘、余之亞，及得幸於武帝，七月而生綜，宫中多疑之。淑媛寵衰怨望，及綜年十四五，因密報之曰：汝七月日生兒，安得比諸皇子？綜相抱哭，每日夜恒泫泣。在西州，於别室歲時設席，祠齊氏七廟，又累微行至曲阿拜齊明帝陵。然猶無以自信，聞俗説以生者血瀝死者骨，滲即爲父子。綜乃私發齊東昏墓，出其骨，瀝血試之，既有徵矣。」

〔一〇〕秣陵，即建業也。

〔一一〕通鑑一四五：「齊和帝（蕭寶融）中興二年三月丙辰，下詔禪位於梁。四月丙寅，梁王（蕭衍）即皇帝位于南郊。大赦改元。」

〔一二〕魏書蕭贊傳：「贊機辯，文義頗有可觀，而輕薄俶儻，猶見父之風尚。」

〔一三〕讃，各本同，並見校箋〔八〕。魏書蕭贊傳：「贊字德文，本名綜。入國，寶夤改焉。」梁書及南史本傳並云：「綜字世謙，後改名纘，字德文。」

〔一四〕魏書蕭贊傳：「建義初，隨爾朱榮赴晉陽，莊帝徵贊還洛，轉司徒，遷太尉，尚帝姊壽陽長公主。」

〔一五〕下官，謙稱，猶言下屬吏也。晉書庾顗傳：「下官家有二千萬，隨公所取。」通典：「宋孝武多猜忌，諸國吏人于本國君不得稱臣，而稱下官。」梁則改稱臣爲下官。

〔一六〕齊，如本作「徐」，今依吳、王、真意本。范本曰：「案魏書孝莊紀亦作齊州刺史，考莊帝時徐州刺史爲元孚與爾朱仲遠，見吳廷燮後魏方鎮年表，則此作齊爲是。」開府，開建府署，辟置僚屬也。漢制唯三公得開府，置官屬。至東漢末，大將軍、驃騎將軍、車騎將軍，並得開府，如三公。魏因置開府儀同三司之名，晉代諸州刺史多以將軍開府，北魏承之，因名。

〔一七〕「乎」下，緑本有「我寧受劍而死，不爲逆胡所污」。説郛同，今據補。

〔一八〕如本「怒」下有「之」字，今依徐本删。魏書蕭贊傳：「爾朱兆入洛，爲城民趙洛周所逐，公主被録還京。爾朱世隆欲相凌逼，公主守操被害。」

瓔珞寺 建陽里十寺

瓔珞寺，在建春門外御道北，所謂建陽里也。即中朝時白社地〔一〕，董威輦所居處〔二〕。里内有瓔珞、慈善、暉和、通覺、暉玄、宗聖、魏昌、熙平、崇真、因果等十寺。里内士庶二千餘户，信崇三寶〔三〕，衆僧刹養〔四〕，百姓所供也。

【校箋】

〔一〕地，如本作「池」，今依吳、王、真意本。説郛四同。白社，在河南洛陽縣東。

〔二〕輦，如本作「輩」，今依吳、王、集證本。晉書董京傳：「京字威輦，不知何許人也。被髪行吟，常宿白社中，時乞於市，得殘碎繒絮，結以自覆。孫楚時爲著作郎，數就社中與語，勸之仕。京以詩答之，遂遁去。」抱朴子雜應篇：「洛陽有道士董威輦，常止白社中，了不食。」

〔三〕三寶者，即佛、法、僧三寶也。一切佛陀，佛寶也。佛陀所説之教法，法寶也。隨其教法而修養者，僧寶也。佛者，覺知之義。法者，法軌之義。僧者，和合之義。翻譯名義集十種通號引福田論叙三寶曰：「功成妙智，遂登圓覺，佛也。玄理幽微，正教精誠，法也。禁戒守真，威儀出俗，僧也。」

〔四〕刹養，一切寺院維修保養之事也。吴、王、真意本作「利養」。

宗聖寺

宗聖寺，有像一軀，舉高三丈八尺〔一〕，端嚴殊特，相好畢備〔二〕，士庶瞻仰，目不暫瞬。此像一出，市井皆空，炎光輝赫〔三〕，獨絶世表。妙伎雜樂，亞於劉騰〔四〕。城東士女，多來此寺觀看也。

【校箋】

〔一〕吴、王、真意本無「舉」字。

〔二〕相好，佛家語。謂佛身之相狀微妙可愛也。按佛之報身，相有八萬四千，好則無量。佛之化身，相有三十二，好有八十。觀無量壽經曰：「心想佛時，是心即是三十二相，八十隨形好。」又曰：「無量壽佛有八萬四千相，一一相各有八萬四千隨形好。」金光明經曰：「相好圓明，普利一切。」並見卷四永明寺校箋〔三四〕。

〔三〕如本作「炎光騰輝赫赫」，今依吴、王、真意本。輝赫，光盛也。

〔四〕劉騰，謂長秋寺也。見卷一長秋寺。

崇真寺

崇真寺比丘惠凝，死一七日還活〔一〕，經閻羅王檢閱，以錯名放免〔二〕。惠凝具説過去之時，有五比丘同閲。一比丘云是寶明寺智聖，坐禪苦行，得升天堂。有一比丘是般若寺道品，以誦四十卷涅槃〔三〕，亦升天堂。有一比丘云是融覺寺曇謨最〔四〕，講涅槃、華嚴〔五〕，領衆千人〔六〕。閻羅王云：「講經者心懷彼我，以驕凌物，比丘中第一麤行。今唯試坐禪、誦經，不問講經。」其曇謨最曰：「貧道立身已來，唯好講經，實不諳誦〔七〕。」閻羅王敕付司。即有青衣十人送曇謨最向西北門〔八〕。屋舍皆黑〔九〕，似非好處。有一比丘是禪林寺道弘，自云教化四輩檀越〔一〇〕，造一切經，人中金象十軀〔一一〕。閻羅王曰：「沙門之體，必須攝心守道，志在禪誦，不干世事，不作有爲。雖造作經像，正欲得它人財物；既得它物，貪心即起；既懷貪心，便是三毒不除〔一二〕。具足煩惱。」亦付司，仍與曇謨最同入黑門。有一比丘云是靈覺寺寶明，自云出家之前，嘗作隴西太守，造靈覺寺成，即棄官入道；雖不禪誦，禮拜不缺。閻羅王曰：「卿作太守之日，曲理枉法，劫奪民財，假作此寺，非卿之力，何勞説此！」亦付司，青衣送入黑門。太后聞之，遣黄門侍郎徐紇依惠凝所説〔一三〕，即訪寶明寺。城東有寶明寺，城内有般若寺，城西有融覺、禪林、靈覺三寺〔一四〕。問智聖、道品、曇謨最、道弘、寶明等，皆實有之。議曰：「人死有罪福。即請坐禪僧一百人，常在殿内供養之。」詔：「不聽持經象沿途乞索；若私有財物造經象者，任意〔二五〕。」凝亦入白鹿山居隱脩道〔二六〕。自此以後，京邑比丘，悉皆禪誦，不復以講經爲意〔二七〕。出建春門外一里餘至東石橋〔二八〕，南北而行，晉太康元年造。橋南有魏朝時馬市〔二九〕，刑嵇康之所也。橋北大道西有建陽里，大道東有綏民里，里内有河間劉宣明宅。神龜年中〔三〇〕，以直諫忤旨，斬於都市訖，目不瞑，尸行百步，時人談以枉死。宣明少有名譽，精通經史，危行及於誅死。

【校箋】

此篇藉惠凝與閻羅王對話，顯示當時思想界之意向；在提倡坐禪、苦行、誦經三事，以糾社會風尚説理、講經、造作經像之失。此皆驕己凌物、貪瀆無厭之罪惡也。今日遺留北魏佛像之多，石窟雕刻之盛，亦可見當時之勝矣。

〔一〕凝，珠林一一一引作「嶷」。北史八〇胡國珍傳：「詔自始薨至七七，皆爲設千僧齋。」謂人命終後，多受中陰身；中陰身最長者不過七七日，凡欲爲亡者修福，須於此七七日中行之。一七日者，人死之後至第一個七日也。

〔二〕名，珠林作「召」。閻羅王，梵名，佛教中之地獄主也。亦名琰魔。翻譯名義集二：「琰魔，或云琰羅，此翻靜息，以能靜息造惡者不善業故。或翻遮，謂遮令不造惡故。或閻磨羅。經音義應云：夜磨盧迦，此云雙世，鬼官之總司也。亦云閻羅、燄魔，聲之轉也。亦云閻魔羅社。此云雙王。兄及妹皆作地獄主，兄治男事，妹治女事，故曰雙王。」

〔三〕如本無「十卷」二字，今依各本。按珠林、廣記九九、説郛四均有，當據增。涅槃，譯爲滅度，亦曰圓寂，謂永離諸趣，入於不生不滅之門也。經有大乘、小乘二部。大乘部有大般涅槃經，北涼曇無讖譯，有四十卷本、三十六卷本之别。小乘部有八相成道化身之釋迦，述拘尸那城入涅槃前之狀。二乘初出，士人不達其意，後經沙門釋慧觀會同儒士謝靈運斟酌經義，修飾文句，於是經意遂通，普傳於世。魏自孝明之後，禪法漸盛，多主誦經修行，而亦有講經者，則未爲時僧所重，此亦見佛教之於北魏風尚之一斑也。

〔四〕曇謨最，並見卷四融覺寺。續高傳三〇：「釋曇無最，姓董氏，武安人也。諷誦經論，堅持律部，偏愛禪那，心虛靜謐。天竺沙門菩提留支見而禮之，號爲東方菩薩。嘗讀最之大乘義章，每彈指唱善，飜爲梵字，寄傳大夏，彼方讀者，皆東向禮之爲聖人矣。」

〔五〕涅槃、華嚴，皆大乘經典。大涅槃經有四十卷本，已見前。有大方廣佛華嚴經六十卷，東晉佛陀跋陀羅譯。佛華嚴者，能證入也，爲諸經之王。釋教録三注：「初出元五十卷，後分爲六十卷。沙門支法領得梵本來，義熙十四年三月於道場寺出，元熙二年六月十日訖，法業筆受。」又唐實叉難陀譯本八十卷。

〔六〕句下，珠林有「解釋義理」四字。

〔七〕諳，如本作「闇」，同。今依吴、王、真意本。諳，悉習也。

〔八〕自「即有青衣」起至「私有財物造經像者」止，如本缺一頁，據别本鈔補，書法秀麗，自毛扆以下，所見已然。青衣，賤者之服，後世遂以青衣爲婢女之轉稱，此處蓋爲賤役之代稱。

〔九〕黑，吴、王、真意本作「異」，説郛同。

〔一〇〕檀越，梵名，即施主也。南海寄歸内法傳一：「梵云陀那鉢底，譯爲施主。陀那是施，鉢底是主。而云檀越者，本非正譯，略去那字，取上陀音，轉名爲檀，更加越字，意道由行檀捨，自可越渡貧窮。妙釋雖然，終乖正本。」楞嚴經注：「梵語檀波羅密，華言布施；布施能越生死此岸，到菩提彼岸。」四輩，謂比丘、比丘尼、優婆塞、優婆夷，即男僧、女尼、善男、信女也。

〔一一〕一切經，即諸經也。或曰大藏經。隋志：「開皇元年詔京師及并州、相州、洛州等諸大都邑之處，並官寫一切經，置於寺内，而又別寫，藏於秘閣。」「金」字各本無，今依珠林及自鏡録補。按人中金像、人中夾紵像，皆佛家語。金爲黄色，夾紵爲灰色，實爲黄泥灰泥也。另見卷四永明寺校箋〔三三〕。

〔一二〕三毒者，法門名義集曰：「貪欲、瞋恚、愚癡是也，此毒能生萬咎。」大智度論三一：「我所心生故，有利益我者生貪欲，違逆我者而生瞋恚。此結使不從智生，從狂惑生故，是名爲癡。三毒爲一切煩惱之根本，悉由吾我。」

〔一三〕徐紇，博昌人，魏書九三有傳。並見永寧寺校箋〔八九〕。

〔一四〕「融覺」下，各本有「寺」字，今依集證、唐、張本删。廣記亦無「寺」字。寶明見本卷，融覺見卷四。

〔一五〕王昶金石萃編北朝造像諸碑總論云：「按造像立碑，始於北魏，迄於唐之中葉。太抵所造者釋迦、彌陀、彌勒及觀音、勢至爲多。或刻山崖，或刻碑石，或造石窟，或造佛龕，或造浮圖。其初不過刻石，其後或施以金塗綵繪。其形模之大小廣狹，製作之精粗不等。造像或稱一軀，必有記，有題名。」

〔一六〕居，吴、王、真意本作「小」，説郛同。白鹿山，在衛州共城縣西北五十三里。寰宇記五六：「白鹿山在共城縣西北五十三里，西與太行連接，上有天門谷、百家巖。盧思道西征記云：孤巖秀出，上有石，自然爲鹿形，遠視欣然獨立，厥狀明淨，有類人工，故此山以白鹿爲稱。」

〔一七〕湯用彤佛教史曰：「此故事或雖僞傳，然頗可反映當時普通僧人之態度。後魏佛法本重修行，自姚秦顛覆以來，北方義學衰落，一般沙門自悉皆禪誦，不以講經爲意，遂至坐禪者，或常不明經義，徒事修持。道宣僧傳習禪篇曾論及此。道宣所言，雖指隋唐僧人，然禪法興盛，智學廢替，自更易發生此類現象。北朝末葉，衡岳慧思，天台智顗極言定慧之必雙修，或亦意在糾正北朝一般禪僧之失歟？」此一故事，殆是時之坐禪派僧人所造，以諷譏講經利舌之僧，既見北朝佛教風尚，亦見佛門宗派門爭之劇烈也。

〔一八〕「春」下，如本有「南」字，今依吴、王、真意本删。按河南志、説郛並無「南」字。集證曰：「案此石橋，即水經注所謂馬市石橋也。言東所以别建春門外馬憲所造之橋也。」並見前明懸尼寺校箋〔七〕、後魏昌尼寺校箋〔四〕〔五〕。

〔一九〕魏朝時馬市，即晉中朝牛馬市也。洛陽凡三市，大市名金市，在大城西南。羊市在大城南，馬市在大城東。舊皆置丞。並見卷一長秋寺校箋〔二〕。

〔二〇〕神龜，魏孝明帝第二年號。宣明直諫忤旨，殆是事實；魏書肅宗紀謂其謀反被誅，則非有其事。此見魏書五八楊昱傳可徵其真相也。

魏昌尼寺

魏昌尼寺，閹官瀛州刺史李次壽所立也〔一〕。在里東南角，即中朝牛馬市處也。刑嵇康之所，臨東石橋〔二〕，此橋南北行，晉太康元年造〔三〕，中朝時市南橋也。澄之等蓋見北橋銘〔四〕，因而以橋爲太康初造也〔五〕。

【校箋】

〔一〕魏書九四閹官傳：「李堅字次壽，高陽易人也。高宗初，因事爲閹人。世宗初，出爲安東將軍、瀛州刺史。本州之榮，同於王質。所在受納，家産巨萬。」下「里東南角」之里，即是建陽里。

〔二〕如本作「東臨石橋」，今依吴、王本。按上條崇真寺末幅云：「出建春門外一里餘至東石橋」，則非「東臨石橋」明甚，而是「臨東石橋」也。

〔三〕「造」字各本無，今依徐本補。

〔四〕「北」字，各本並同，唯緑本、集證本、周、徐本改作「此」，非也。按「北橋」云云，乃對上文「市南橋」而言，且此橋無銘，而北橋有銘，亦可知也。

〔五〕「因而以橋」，此指建春門外之石橋，即北橋也。並見前明懸尼寺校箋〔七〕、崇真寺校箋〔一八〕。

石橋南景興尼寺

石橋南道□有景興尼寺〔一〕，亦閹官等所共立也。有金像輦〔二〕，去地三丈〔三〕，施寶蓋，四面垂金鈴七寶珠〔四〕，飛天伎樂〔五〕，望之雲表。作工甚精，難可揚搉〔六〕。像出之日，常詔羽林一百人舉此像。絲竹雜伎，皆由旨給。

【校箋】

〔一〕此承上條崇真寺者。所謂「石橋」，即東石橋也。東石橋南北行，故道下必有「東」字或「西」字才通，徐本有見。今空一格，以待後人補證。

〔二〕金像輦，即四輪車備載佛像者也。詳卷一長秋寺校箋〔八〕及景樂寺校箋〔七〕。

〔三〕三丈，各本作「三尺」，今依周本。大典一三八二三引同。法顯行傳：「于闐像輦作四輪像車，高三丈餘，狀如行殿，七寶莊校，懸繒幡蓋，像立車中，二菩薩侍，作諸天侍從，皆金銀彫瑩，懸於虚空。」如此，當是三丈近是。

〔四〕七寶，謂金、銀、瑠璃、硨磲、瑪瑙、真珠、玫瑰七種貴重寶物也。見法華經、無量壽經、般若經。

〔五〕飛天伎樂，即諸天侍從也。

〔六〕摧，如本作「推」，今依真意、緑本。左思蜀都賦：「請爲左右揚摧而陳之。」李善曰：「揚摧，粗略也。」

建陽里靈應寺

建陽里東有綏民里〔一〕，里内有洛陽縣。臨渠水，縣門外有洛陽令楊機清德碑〔二〕。綏民里東崇義里，里内有京兆人杜子休宅。地形顯敞，門臨御道。時有隱士趙逸，云是晉武時人。晉朝舊事，多所記録。正光初，來至京師，見子休宅，歎息曰：「此宅中朝時太康寺也。」時人未信〔三〕，遂問寺之由緒。逸云：「龍驤將軍王濬平吴之後〔四〕，始立此寺。本有三層浮圖，用塼爲之。」指子休園中曰：「此是故處。」子休掘而驗之，果得塼數十萬，兼有石銘，云：「晉太康六年，歲次乙巳，九月甲戌朔〔五〕，八日辛巳，儀同三司襄陽侯王濬敬造。」時園中果菜豐蔚，林木扶疎，乃服逸言，號爲聖人。子休遂捨宅爲靈應寺。所得之塼，還爲三層浮圖。好事者尋逐之，問晉朝京師何如今日？逸曰：「晉時民少於今日，王侯第宅，與今日相似。」又云：「自永嘉已來二百餘年，建國稱王者十有六君〔六〕，皆遊其都邑，目見其事。國滅之後，觀其史書，皆非實録，莫不推過於人，引善自向。苻生雖好勇嗜酒〔七〕，亦仁而不煞〔八〕。觀其治典，未爲凶暴；及詳其史，天下之惡皆歸焉。苻堅自是賢主〔九〕，賊君取位，妄書生惡〔一〇〕。凡諸史官，皆是類也。人皆貴遠賤近〔一一〕，以爲信然。當今之人，亦生愚死智，惑已甚矣。」人問其故，逸曰：「生時中庸之人耳〔一二〕，及其死也，碑文墓誌，莫不窮天地之大德〔一三〕，盡生民之能事，爲君共堯舜連衡，爲臣與伊皋等跡〔一四〕。牧民之官，浮虎慕其清塵〔一五〕，執法之吏，埋輪謝其梗直〔一六〕。所謂生爲盜跖，死爲夷齊〔一七〕，妄言傷正，華辭損實。」當時構文之士，慙逸此言。步兵校尉李澄問曰：「太尉府前塼浮圖，形製甚古，猶未崩毁，未知早晚造？」逸云：「晉義熙十二年劉裕伐姚泓〔一八〕，軍人所作。」汝南王聞而異之〔一九〕，拜爲義父。因而問何所服餌，以致長年。逸云：「吾不閑養生，自然長壽。郭璞嘗爲吾筮，云壽年五百歲〔二〇〕。今始餘半。」帝給步挽車一乘〔二一〕，遊於市里。所經之處，多記舊跡，三年以後遁去，莫知所在。

崇義里東有七里橋〔二二〕，以石爲之，中朝杜預之荆州出頓之所也〔二三〕。七里橋東一里，郭門開三道，

時人號爲三門。離别者多云相送三門外。京師士子，送去迎歸，常在此處。

【校箋】

本篇藉趙逸之言，以示晉宋以來史官妄言傷正、華詞損實之弊。北史魏澹傳載隋高祖責收所撰書褒貶失實，亦此意也。構文之士，其鏡鑑焉。

〔一〕「建陽里東有綏民里」句，如本低一格另行抬頭刻，誤也。今依吴、王、真意本頂格是。此遥領瓔珞寺下「建陽里」也。並見卷一末「建春門」校箋〔一〕以及拙文「徐高阮重刊洛陽伽藍記正文子句訂正稿」，新亞生活，一九八一年五月十五日。

〔二〕魏書七七楊機傳：「機字顯略，天水冀人。少有志節，爲士流所稱。熙平中爲涇州平西府長史。尋授河陰令，轉洛陽令。京輦服其威風，希有干犯，凡訴訟者，一經其前，後皆識其名姓，並記事理，世咸異之。機方直之心，久而彌厲，奉公正己，爲時所稱。家貧，無馬，時論許其清白。後與辛雄等爲高歡所誅，時年五十九。」

〔三〕「末」下，御覽六五八、廣記八二、説郛四皆有「之」字。

〔四〕晉書四二王濬傳：「濬字士治，弘農湖人也。爲羊祜參軍，遷益州刺史。武帝太康元年二月平吴，以功拜輔國大將軍，封襄陽侯。後轉撫軍大將軍，開府儀同三司。太康六年卒，年八十。」

〔五〕陳垣二十史朔閏表：晉太康六年乙巳，九月朔丙辰，八日爲癸亥。楊書殆誤。又九月甲戌朔爲太康八年，八日實是辛巳。然王濬已死於六年十二月矣。亦不屬。或王濬卒年有誤也。

〔六〕前趙劉淵、後趙石勒、前燕慕容儁、前秦苻健、後秦姚萇、蜀李雄、後涼吕光、後燕慕容垂、西秦乞伏國仁、北燕馮跋、南涼秃髮烏孤、南燕慕容德、北涼沮渠蒙遜、夏赫連勃勃、前涼張軌、西涼李暠等十有六君。

〔七〕苻，各本作「符」，今依晉書載紀一三改。苻生字長生，健第三子。健卒，僭皇帝位。雖在諒闇，游飲自若，荒耽淫虐，殺戮無常。左右或言陛下聖明宰世，天下惟歌太平。生曰：媚於我也。引而斬之。

或言陛下刑罰微過。曰：汝謗我也。亦斬之。所幸妻妾，小有忤旨，便殺之。左右忤旨而死者，不可勝數。至於截脛刳胎，拉脅鋸頸者，動有千數。後爲從弟堅所殺。見載紀。崔鴻十六國春秋前秦録所記與此同。楊衒之當時人，所見殊異，殆有故也。可謂「及詳其史，天下之惡皆歸焉」者也，其有感而發者乎？劉知幾史通曲筆篇亦云：「昔秦人不死，驗苻生之厚誣。」其言有深意焉。

〔八〕煞，各本作「殺」，古通。

〔九〕晉書載紀一三：「生既殘虐無度，梁平老等亟以爲言，堅遂弒生。以升平元年僭稱大秦天王。生殺自立，國政修明，爲五胡之最盛者。伐晉，與謝玄等戰於肥水，大敗而歸，後爲姚萇所殺。」

〔一〇〕生，吴、王、真意本作「君」。

〔一一〕曹丕典論論文：「常人貴遠賤近，向聲背實。」

〔一二〕耳，吴、王本作「爾」。

〔一三〕莫不，吴、王、真意本作「必」。

〔一四〕伊皋，伊尹、皋陶也。説郛「皋」作「周」。

〔一五〕後書七九劉昆傳：「昆字桓公，陳留東昏人，光武時爲江陵令。稍遷侍中、弘農太守。先是崤、黽釋道多虎災，行旅不通，昆爲政三年，仁化大行，虎皆負子渡河。」

〔一六〕後書五六張綱傳：「綱字文紀，少明經學，司徒辟爲御史。時順帝委縱宦官，有識危心。漢安元年選遣八使，徇行風俗，皆耆儒知名，多歷顯位。唯綱年少，官次最微。餘人受命之部，而綱獨埋其車輪於洛陽都亭，曰：豺狼當路，安問狐狸！遂奏大將軍冀無君之心十五事。」

〔一七〕盜跖，柳下惠之弟，亦作盜蹠。史記謂盜跖日殺不辜，肝人之肉。伯夷叔齊，商孤竹君之二子，以恥食周粟，餓死首陽山，孔子稱爲聖之清者也。

〔一八〕通鑑一一七：「晉安皇帝義熙十二年二月，加太尉裕中外大都督，裕戒嚴伐秦。十月甲子，檀道濟進逼洛陽。丙寅，姚泓將姚洸出降。」劉裕，宋武帝也；姚泓，秦後主也。

〔一九〕汝南王悦，詳卷一景樂寺校箋〔二三〕。魏書二二本傳稱其「好讀佛經，覽書史，爲性不倫，俶儻難測」。卷三菩提寺崔涵死後復活，悦亦賜以衣。

〔二〇〕晉書七二郭璞傳：「字景純，河東聞喜人，好經術，妙於陰陽算曆。有郭公者，客居河東，精於卜筮，璞從受業。公以青囊中書九卷與之。由是遂洞五行天文卜筮之術，禳災轉禍，通致無方，雖京房、管輅，不能過也。」

〔二一〕餘，説郛作「逾」。步挽車，步輦也。通鑑晉紀注：「步輓車，不用牛馬若羊等，令人步而輓之。魏書禮志云：步輓車，天子小駕，亦爲副乘。」

〔二二〕義，如本作「儀」，今依照本、集證本。

〔二三〕杜預字元凱，京兆杜陵人。泰始中，爲河南尹，後官鎮南大將軍，咸寧四年十一月以都督荆州諸軍事，太康元年率衆伐吴，平之，潛心經籍，卒，追贈征南大將軍。晉書三四有傳。

莊嚴寺

莊嚴寺，在東陽門外一里御道北，所謂東安里也。北爲租場〔一〕。里内有駙馬都尉司馬悦〔二〕、濟州刺史刁宣〔三〕、幽州刺史李真奴、豫州刺史公孫驤等四宅〔四〕。

【校箋】

〔一〕租場，即中朝時常滿倉也。高祖令爲租場，見前明縣尼寺。

〔二〕悦，如本作「怳」，今依河南志三。集證云：「案魏書有司馬悦。悦子朏，尚世宗妹華陽公主，拜駙馬都尉。」司馬悦字慶宗，晉宣帝弟馗八世孫，官至豫州刺史，封漁陽子。魏書三七有傳。

〔三〕刁，如本作「分」，吴、王、緑、真意本作「介」，今依河南志。案魏書刁雙傳：「東平王元略姊饒安公主，刁宣妻也。」是爲略之姊夫。又北海王元顥入洛後，刁宣嘗與陳慶之戰，敗降。見梁書三二陳慶之傳。

〔四〕集證云：「案魏書：真奴，李訢小名，范陽人，終官徐州刺史。此作『幽』，疑傳刻之誤。」周本云：「按李訢父崇爲幽州刺史，或因之誤。」公孫驤，無考。又吴廷燮後魏方鎮年表列此文爲神龜二年。

秦太上君寺

秦太上君寺，胡太后所立也〔一〕。在東陽門外二里御道北〔二〕，所謂暉文里。里内有太保崔光〔三〕、太傅李延實〔四〕、冀州刺史李韶〔五〕、秘書監鄭道昭等四宅〔六〕。並豐堂崛起，高門洞開。趙逸云：「暉文里是晉馬道里。延實宅是蜀主劉禪宅。延實宅東有脩和里，是吴主孫晧宅〔七〕。李韶宅是晉司空張華宅〔八〕。」當時太后正號崇訓〔九〕，母儀天下〔一〇〕，號父爲秦太上公〔一一〕，母爲秦太上君，爲母追福，因以名焉。

中有五層浮圖一所，修刹入雲，高門向街，佛事莊飾，等於永寧。誦室禪堂，周流重疊，花林芳草〔一二〕，徧滿階墀。常有大德名僧講一切經，受業沙門亦有千數。太傅李延實者，莊帝舅也。永安年中，除青州刺史〔一三〕，臨去奉辭，帝謂實曰：「懷甎（音專，下同）〔一四〕之俗，世號難治，舅宜好用心，副朝廷所委。」實答曰：「臣年迫桑榆〔一五〕，氣同朝露〔一六〕，人間稍遠，日近松丘〔一七〕。臣已久乞閒退，陛下渭陽興念〔一八〕，寵及老臣，使夜行罪人〔一九〕，裁錦萬里〔二〇〕。謹奉明敕，不敢失墜。」時黄門侍郎楊寬在帝側〔二一〕，不曉懷甎之義，私問舍人温子昇。子昇曰〔二二〕：「聞至尊兄彭城王作青州刺史〔二三〕，問其賓客從至青州者〔二四〕，云：『齊土之民，風俗淺薄，虚論高談，專在榮利。太守初欲入境，百姓皆懷甎叩首〔二五〕，以美其意〔二六〕；及其代下還家，以甎擊之。』言其向背速於反掌。是以京師謡語曰：『獄中無繫囚，舍内無青州；假令家道惡，腹中不懷愁。』〔二七〕懷甎之義，起於此也。」潁川荀濟〔二八〕，風流名士，高鑒妙識，獨出當世。清河崔叔仁稱齊士大夫〔二九〕。濟曰〔三〇〕：「齊人外矯仁義，内懷鄙吝；輕同羽毛，利等錐刀〔三一〕。好馳虚譽，阿附成名，威勢所在，側肩競入，求其榮利，甜然濃泗。譬於四方〔三二〕，慕勢最甚〔三三〕。」號齊士爲慕勢諸郎。臨淄官徒有在京邑〔三四〕，聞懷甎、慕勢，咸共恥之。惟崔孝忠一人不以爲意〔三五〕。問其故，孝忠曰：「營丘風俗，太公餘化〔三六〕；稷下儒林〔三七〕，禮義所出。今雖凌遲，足爲天下模楷。荀濟人非許郭〔三八〕，不識東家〔三九〕，雖復莠言自口〔四〇〕，未宜榮辱也。」

【校箋】

本篇譏訕齊土風俗之卑薄，用實例以狀之，益顯其事之真，誠妙筆也。

〔一〕秦太上君，胡太后母也。魏書八三外戚胡國珍傳：「太和十五年襲爵，女以選入掖庭，生肅宗，即靈太后也。追崇國珍妻皇甫氏爲京兆郡君。熙平初，又追京兆郡君爲秦太上君。」太上君，景明三年薨於洛陽，於此已十六年矣。則此寺熙平初所立也。

〔二〕「外」字各本無，今據河南志三及集證本補。

〔三〕崔光字長仁，東清河鄃人，官至侍中，封平恩侯，進位太保，贈太傅。魏書六七有傳。

〔四〕李延實字禧，隴西人。尚書僕射沖之長子，襲爵清泉縣侯，莊帝即位，封濮陽郡公，司徒公，出爲青州刺史，後爲爾朱兆所害。魏書八三有傳。

〔五〕韶，如本作「詔」，今依真意、緑本改。按魏書本傳、河南志皆作「韶」。李韶字元伯，寶孫。有器量，官至冀、定二州刺史。魏書三九有傳。

〔六〕鄭道昭字僖伯，滎陽開封人，羲子。少好學，綜覽群言，官至秘書監。魏書五六有傳。

〔七〕主，如本作「王」，今依照本。河南志同。皓，如本作「晧」，今依三國吴志。唐本云：「戴延之西征記曰：東陽門外道北，吴、蜀二主第宅，去城二里，墟基猶存。」洛陽故宫名曰：「馬市在城東，蜀、吴二王館與相連。」

〔八〕張華字茂先，方城人。學業淵博，辭藻温麗。伐吴有功，封廣武縣侯。後爲趙王倫所殺。晉書三六有傳。

〔九〕魏書三一于忠傳：「靈太后居崇訓宫，忠領崇訓衛尉。」

〔一〇〕「儀」字如本奪，今依真意、緑本補。按説郛四亦有「儀」字。

〔一一〕魏書胡國珍傳：「太后追崇國珍假黄鉞、使持節、侍中、相國、都督中外諸軍事、太師，領太尉公、司州牧，號太上秦公，加九錫，葬以殊禮。」

〔一二〕自「芳草」至「好馳虚譽阿」，如本缺頁，據他本鈔補。

〔一三〕吴廷燮後魏方鎮年表云：「按蕭贊永安二年十月爲司徒。延實以是月爲青州。」

〔一四〕「音專下同」四字，明各本皆小字刻，與卷五凝玄寺「注即漢太上王廣處」例同，爲此書有注之跡。然此實爲後人校注，非原注如此，詳卷五凝玄寺校箋〔三〕。

〔一五〕後書四七馮異傳：「失之東隅，收之桑榆。」李賢注：「桑榆，謂晚也。」世説言語篇：「謝太傅語王右軍曰：中年傷於哀樂，與親友別，輒作數日惡。王曰：年在桑榆，自然至此。」

〔一六〕漢書蘇武傳：「人生如朝露，何久自苦如此？」顔師古注：「朝露見日則晞，人命短促亦如之。」李密陳情表：「氣息奄奄，人命危淺，朝不慮夕。」

〔一七〕松丘，謂墳也；墓旁多植松木，故以喻之。

〔一八〕詩秦風渭陽：「我送舅氏，曰至渭陽。」詩序曰：「渭陽，康公念母也。康公之母，晉獻公之女。文公遭驪姬之難，未反，而秦姬卒，穆公納文公，康公時爲太子，贈送文公于渭之陽，念母之不見也。我見舅氏，如母存焉。」朱注：「舅氏，秦康公之舅，晉公子重耳也。出亡在外，穆公召而納之。時康公爲太子，送之渭陽而作此詩。」按莊帝母李氏爲延實妹，據彭城武宣王妃李氏墓誌卒在正光五年正月十五日，距永安二年，死已五年，故延實云然。

〔一九〕三國魏志二六田豫傳：「年過七十而以居位，譬由鐘鳴漏盡，而夜行不休，是罪人也。遂固稱疾篤。」

罪人，有罪於人。

〔二〇〕左傳襄公三十一年：「子皮欲使尹何爲邑。子産曰：少，未知可否？子皮曰：使夫往而學焉，夫亦愈知治矣。子産曰：不可。子有美錦，不使人學製焉。大官大邑，身之所庇也；而使學者製焉，其爲美錦，不亦多乎？」此謙言也。治邑，猶學裁錦也。

〔二一〕周書二二楊寬傳：「寬字景仁，弘農華陰人。孝莊踐祚，拜通直散騎侍郎，爾朱兆陷洛陽，遂奔梁。梁武待之甚厚，尋而禮送還朝。孝武初，改授散騎常侍、給事黄門侍郎。」

〔二二〕如本不重「子昇」二字，今依真意、緑本增。下景寧寺有「問於元慎」者三，一重二不重，則重者安，不重者亦通，而説郛亦重。若不重，則應在「子昇」斷，勿連下讀。子昇字鵬舉，太原人，初爲廣陽王賤客，常景見其文而善之，始知名。永熙中，爲侍讀兼舍人，後爲高洋餓死於獄。魏書八五有傳。

〔二三〕魏書二一彭城王劭傳：「起家宗正少卿，又除使持節、假散騎常侍、平東將軍、青州刺史。孝昌末，太后失德，四方紛擾，劭遂有異志。爲安豐王延明所啓，乃徵入爲御史中尉。」吴廷爕後魏方鎮年表以劭爲青州在孝昌三年。

〔二四〕「者」字各本無，今據廣記四九三補。

〔二五〕「皆」上，廣記有「百姓」二字，今據補。

〔二六〕集證云：「『意』字，李壁王荆公（闞杻送見過）詩注引廣記作『來』，字義似長。」

〔二七〕此詩之意若曰：欲使獄中無繫囚，必先舍内無青州之人；如想家道惡者，有青州之人在内腹作患，則不患其不惡矣。諷其風俗卑薄，有至於此者。

〔二八〕北史八三荀濟傳：「字子通，其先潁川人，世居江左。濟初與梁武帝布衣交，知梁武當王，然負氣不服。梁武將誅之，遂奔魏，館于崔悛家。後爲高澄所殺。」

〔二九〕魏書六九崔休傳：「崔休字惠盛，清河人，御史中丞逞之玄孫也。長子悛，字長儒，武定中，七兵尚書、武城縣開國公。悛弟仲文，散騎常侍。仲文弟叔仁，性輕俠，重衿期，潁州刺史。興和中，賜死於宅。」

〔三〇〕「曰」上增一「濟」字，於文義爲明。此荀濟之諷刺齊人也。下文崔忠孝曰：「荀濟人非許郭」語可知也。

〔三一〕左傳昭公六年：「錐刀之末，將盡爭之。」杜預注：「錐刀末，喻小事。」

〔三二〕「泗譬」二字如本無，今依吴、王、真意本補。譬，猶較之也。

〔三三〕自「側肩競入」至「慕勢最甚」，廣記作「促其歸之，苟無所資，隨即舍去，言囂薄之甚也」。

〔三四〕有，吴、王、真意本作「布」。

〔三五〕崔孝忠，博陵安平人，修子，挺侄，官侍御史，秘書郎，有容貌，無他才識。魏書五七有傳。

〔三六〕史記齊世家：「於是武王已平商而王天下，封師尚父於齊營丘。太公至國修政，因其俗，簡其禮，通工商之業，便魚鹽之利，而人民多歸齊，齊爲大國。」

〔三七〕史記孟荀列傳：「自騶衍與齊之稷下先生，如淳于髡、慎到、環淵、接子、田駢、騶奭之徒，各著書言治亂之事，以干世主。」索隱：「按稷，齊之城門也。或云：稷，山名。謂齊之學士集於稷門之下也。」

〔三八〕許郭，許劭、郭泰也。二人善於品鑒人物，後書九六許劭傳：「天下言拔士者，咸稱許郭。」

〔三九〕東家者，東家丘也。孔子家語云：「孔子西家有愚夫，不知孔子爲聖人，乃曰彼東家丘。」三國魏志邴原傳注引邴原別傳曰：「原欲遠游學，詣安丘孫崧。崧辭曰：君鄉里鄭君，君知之乎？原答曰：然。崧曰：鄭君學覽古今，博聞强識，鈎深致遠，誠學者之師模也；君乃舍之，躡屣千里，所謂以鄭爲東家丘者也。原曰：君謂僕以鄭爲東家丘，君以僕爲西家愚夫邪？」

〔四〇〕詩正月：「好言自口，莠言自口。」傳云：「莠，醜也。」箋：「醜惡之言。」

正始寺

正始寺，百官等所立也。正始中立，因以爲名。在東陽門外御道南〔一〕，所謂敬義里也。里内有典虞曹〔二〕。簷宇精淨，美於景林〔三〕。衆僧房前，高林對牖〔四〕，青松緑檉〔五〕，連枝交映。多有枳樹〔六〕，而不中食。有石碑一枚，背上有侍中崔光施錢四十萬〔七〕，陳留侯李崇施錢二十萬〔八〕，自餘百官各有差，少者不減五千已下。後人刊之。敬義里南有昭德里，里内有尚書僕射游肇〔九〕、御史中尉李彪〔一〇〕、七兵尚書崔休〔一一〕、幽州刺史常景〔一二〕、司農張倫等五宅〔一三〕。彪、景出自儒生，居室儉素。惟倫最爲豪侈，齋宇光麗，服翫精奇，車馬出入，逾於邦君。園林山池之美，諸王莫及。倫造景陽山〔一四〕，有若自然。其中重巖複嶺，嶔崟相屬〔一五〕，深蹊洞壑〔一六〕，邐迤連接〔一七〕。高林巨樹，足使日月蔽虧；懸葛垂蘿，能令風煙出入。崎嶇石路，似壅而通；崢嶸澗道〔一八〕，盤紆復直。是以山情野興之士，游以忘歸。天水人姜質〔一九〕，志性疎誕，麻衣葛巾，有逸民之操，見偏愛之，如不能已，遂造庭山賦行傳於世〔二〇〕。其辭曰：「夫偏重者〔二一〕，愛昔先民之由樸由純〔二二〕，然則純樸之體，與造化而梁津〔二三〕，濠上之客〔二四〕，柱下之史〔二五〕，悟無爲以明心〔二六〕，託自然以圖志，輒以山水爲富，不以章甫爲貴〔二七〕。任性浮沈，若淡兮無味〔二八〕。今司農張氏，實踵其人〔二九〕，巨量焕於物表〔三〇〕，夭矯洞達其真〔三一〕，青松未勝其潔，白玉不比其珍。心托空而栖有〔三二〕，情入古以如新〔三三〕。既不專流蕩〔三四〕，又不偏華尚〔三五〕，卜居動静之間，不以山水爲忘。庭起半丘半壑，聽以目達心想。進不入聲榮〔三六〕，退不爲隱放〔三七〕。爾乃決石通泉，拔嶺巖前〔三八〕。斜與危雲等並〔三九〕，危與曲棟相連。下天津之高霧〔四〇〕，納滄海之遠煙。纖列之狀如一古〔四一〕，崩剥之勢似千年。若乃絶嶺懸坡，蹭蹬蹉跎〔四二〕，泉水紆徐如浪峭〔四三〕，山石高下復危多〔四四〕。五尋百拔，十步千過〔四五〕，則知巫山弗及〔四六〕，未審蓬萊如何〔四七〕。其中煙花霧草〔四八〕，或傾或倒。霜幹風枝，半聳半垂；玉葉金莖，散滿堦墀。然目之綺〔四九〕，裂鼻之馨，既共陽春等茂，復與白雪齊清〔五〇〕。或言神明之骨，陰陽之精，天地未覺生此，異人焉識其名〔五一〕？羽徒紛泊〔五二〕，色雜蒼黄，緑頭紫頬，好翠連芳。白鷁生於異縣〔五三〕，丹足出自他鄉。皆遠來以臻此，藉水木以翱翔。不憶春於沙漠，遂忘秋於高陽〔五四〕。非斯人之感至，何候鳥之迷方〔五五〕。豈下俗之所務，實神怪之異趣〔五六〕。能造者其必詩，敢往者無不賦。或就饒風之地，或入多雲之處。□菊嶺與梅岑〔五七〕，隨春秋之所悟〔五八〕。遠爲神僊所賞，近爲朝士所知。求解脱於服佩〔五九〕，預參次於山陲〔六〇〕。子英游魚於玉質〔六一〕，王喬繫鵠於松枝〔六二〕。方丈不足以妙□〔六三〕，詠歌此處態多奇。嗣宗聞之動魄〔六四〕，叔夜聽此驚魂〔六五〕。恨不能鑽地一出，醉此山門〔六六〕。別有王孫公子，遜遁容儀〔六七〕，思山念水，命駕相隨，逢岑愛曲，值石陵欹。庭爲仁智之田〔六八〕，故能種此石山。森羅兮草木〔六九〕，長育兮風煙。孤松既能却老，半石亦可留年。若不坐卧兮於其側，春夏兮其遊陟〔七〇〕。白骨兮徒自朽，方寸兮何所憶〔七一〕？」

【校箋】此篇載張倫造景陽山，諭當時王侯豪侈之實，可與卷三高陽王寺、卷四法雲寺並讀，即知其概。

〔一〕南，如本作「西」，非，今依吴、王、真意本改。按東陽門外御道，東西横貫城内，其寺無有在西之理。又前條秦太上君寺在道北，則此寺之在道南無疑也。

〔二〕晉書職官志：典虞屬太僕。

〔三〕景，如本作「叢」，非，今依吴、王本。景林寺見卷一。

〔四〕牖，如本作「牖」，非，今依吴、王本。

〔五〕檉，説文：「河柳也。」爾雅注：「今河旁赤莖小楊。」

〔六〕枳樹，説文：「枳木似桔。」本草：「集解：枳木如桔而小，高五七尺，葉如橙，多刺，春生白花，至秋成實，七八月采者爲實，九十月采者爲殼。」周禮考工記：「桔踰淮而北爲枳。」

〔七〕魏書六七崔光傳：「崇信佛法，禮拜讀誦，老而逾甚。終日怡怡，未曾恚忿。每爲沙門朝貴請講維摩、十地經，聽者常數百人。即爲二經義疏三十餘卷，識者知其疎略。」並見前秦太上君寺校箋〔三〕。

〔八〕侯，魏書六六李崇傳作「公」，卷三高陽王寺所引同。李崇字繼長，小名繼伯，頓丘人。文成元皇后第二兄誕子。襲爵陳留公，官侍中。孝昌元年薨，謚武康。詳本傳。

〔九〕游肇字伯始，廣平人，明根之子。世宗時爲黄門侍郎，兼侍中。肅宗即位，遷中書令，後爲太常卿，遷尚書右僕射。魏書五五有傳。

〔一〇〕「尉」上，各本脱「中」字。今依魏書六二李彪傳及河南志三補。李彪字道固，頓丘人。孝文以有史才，故賜名，官秘書丞，參著作。詳本傳。

〔一一〕七兵尚書，如本作「兵部尚書」。今依魏書六九崔休傳及河南志改。又崔休，如本作「崔林」，今依魏書本傳改。休字惠盛，清河人。少孤貧，矯然自立。高祖時，爲長史兼給事黄門侍郎。肅宗時，進撫軍將軍、七兵尚書，又轉殿中尚書。正光四年卒。七兵尚書者，中左兵、中右兵、外左兵、外右兵、騎兵、别兵、都兵也。曹魏始置五兵尚書，太康中分中兵、外兵各爲左右，合舊五兵爲七曹，然尚書惟至五兵，後魏始有七兵尚書。見宋王益之職源撮要。

〔一二〕常景，見卷一永寧寺。

〔一三〕魏書二四張倫傳：「倫字天念，上谷沮陽人，張袞玄孫。孝莊初，遷太常少卿，不拜；轉大司農，卒官。」

〔一四〕華林園内之景陽山，見卷一末建春門内條。倫亦仿之。

〔一五〕嶔崟，山高貌。又作崟岑。張衡思玄賦：「嘉曾氏之歸耕兮，慕歷阪之嶔崟。」

〔一六〕蹊，吴、王、真意本作「谿」。

〔一七〕迤，如本作「迺」，吴、王、真意本作「逶」，徐本作「遞」。文選吴質答東阿王書：「夫登東嶽者，然後知衆山之邐迤也。」注：「邐迤，小而相連貌。」爾雅釋丘：「邐迤，沙丘。」注：「旁行連延。」延，亦作「迤」，今改。

〔一八〕後書班固傳：「金石崢嶸。」注：「崢嶸，高峻也。」

〔一九〕魏書七九成淹傳：「淹子霄，好爲文詠，但詞采不倫，率多鄙俗。與河東姜質等朋游相好，詩賦閒起，知音之士，所共嗤笑。閭巷淺識，頌諷成群，乃至大行於世。」觀所載姜賦，誠多鄙俗，實爲成霄之友矣。唯史所載河東與天水有異。王利器顏氏家訓校注序：「文章篇言并州有一士族，好爲可笑詩賦。這個人就是姜質。」

〔二〇〕庭，各本作「亭」，河南志作「庭」。今按賦云：「庭起半丘半壑，聽以目達心想。」又云：「庭爲仁智之田，故能種此石山。」此宜作「庭」爲是也。

〔二一〕夫，各本作「今」。嚴可均全後魏文、續古文苑二皆作「夫」。今改。

〔二二〕「之」下，如、吴本有「重」字，今依全後魏文、續古文苑删。

〔二三〕梁津，如本作「津勉」。集證云：「『勉』字當從各本作『梁』。按『津梁』當作『梁津』，協韻。」全後魏文、續古文苑即作「梁津」。造化，天地自然之理也。淮南子精神訓：「偉哉造化者。」注：「謂天也。」又覽冥訓：「懷萬物而友造化。」注：「陰陽也。」又本經訓：「與造化者雌雄。」注：「天地也。」

〔二四〕莊子秋水：「莊子與惠子遊於濠梁之上。」濠，水名。

〔二五〕柱下，如本空格；史，如本作「吏」。今皆依各本。柱下，即老聃也。史記老子列傳：「老子者，周守藏室之史也。」索隱曰：「按藏室史，乃周藏書室之史也。」又張湯傳：「老子爲柱下史。即藏室之柱下，因以爲官名。」

〔二六〕悟，如本作「卧」，今依各本。集證云：「當從各本作悟。」今按全後魏文、續古文苑亦作「悟」。

〔二七〕禮記儒行：「孔子長居宋，冠章甫之冠。」釋文：「章甫，殷冠也。」論語先進：「宗廟之事，如會同，端章甫，願爲小相焉。」注：「章甫，禮冠也。」後亦稱儒冠，即緇布冠也。此指仕也。

〔二八〕老子曰：「道之出口，淡乎其無味。」揚雄解嘲：「大味必淡，大音必希。」

〔二九〕踵，如本作「鍾」，今依吴、王、緑、真意本改。按全後魏文亦作「踵」。

〔三〇〕焕，如本作「接」，今依他本。按全後魏文、續古文苑皆作「焕」。

〔三一〕文選江賦：「撫凌波而鳧躍，吸翠霞而夭矯。」李善注：「夭矯，自得之貌。」又思玄賦：「偃蹇夭矯，婉以連卷兮。」注：「偃蹇，驕傲之貌也；夭矯，自縱恣貌也。」夭矯疊韻，亦作夭蟜。

〔三二〕栖，如本作「捿」，今依他本。

〔三三〕魏書逸士傳：「冥心物表，介然離俗，望古獨適，求友千齡。」即此意也。

〔三四〕蕩，他本作「宕」，古通用。説文：「宕，過也。」流宕者，放誕也。

〔三五〕尚，如本作「上」，古通用。今依各本。華尚，風俗崇尚華靡也。

〔三六〕入聲，吴、王、真意本作「爲身」。聲榮，聲色榮華也。後書張讓傳論曰：「聲榮無暉於門閥。」

〔三七〕論語微子：「隱居放言。」

〔三八〕巖，吴、王本作「簷」。

〔三九〕並，如本作「曲」，今依吴、王、緑、真意本。按後魏文亦作「並」。

〔四〇〕天津，即天漢。楚辭離騷：「朝發軔於天津兮。」晉書天文志：「天津九星，横河中，一曰天漢，一曰天江，主四瀆津梁。」

〔四一〕如一，如本作「一如」，今依吴、王本。按全後魏文、續古文苑亦作「如一」；「如一古」與下文「似千年」對文。

〔四二〕文選海賦：「或乃蹭蹬窮波。」注：「蹭蹬，失勢貌。」廣雅：「蹉跎，失足也。」此言山勢陵峻，難以登陟也。蹭蹬，疊韻。

〔四三〕「水」上，吴、王、緑、真意本有「泉」字，今據補。按全後魏文、續古文苑亦有「泉」字。紆，原作「紓」，集證本、張本作「紆」，今據正。

〔四四〕「石」字，如本空缺，今依各本。

〔四五〕過，讀平聲，與上坡、跎、多協韻。過，轉折也。百拔千過，言極其曲折也。

〔四六〕水經江水注：「江水歷峽東逕新崩灘，其下十餘里有大巫山，非惟三峽所無，乃當抗峰岷峨，偕嶺衡疑。」地在今四川巫山縣，有十二峰，以高深盤鬱著稱。

〔四七〕「未審」二字，如本空格。今依全後魏文、續古文苑補。史記封禪書：「自威、宣、燕昭使人入海求蓬萊、方丈、瀛洲。此三神山者，其傳在勃海中。」

〔四八〕霧，如本作「露」，今依吴、王本。

〔四九〕然，如本作「燃」，今依吴、王、真意本。然，明也；綺，光色也。此言花色之明麗炫目也。

〔五〇〕文選宋玉對楚王問：「客有歌於郢中者，其始曰下里巴人，國中屬而和者數千人；其爲陽阿薤露，國中屬而和者數百人；其爲陽春白雪，國中屬而和者不過數十人。是其曲彌高，其和彌寡。」

〔五一〕名，各本作「中」，今依全後魏文、續古文苑。名、精、青，協韻。謂珍木奇卉，秉自然之化，曄曄猗猗，芬芳馥郁，而種類殊特，非人之所能名也。

〔五二〕左思蜀都賦：「毛群陸離，羽族紛泊。」劉逵注：「毛群，獸也；羽族，鳥也。陸離，分散也；紛泊，飛薄也。」羽徒，即羽族。紛泊、陸離皆雙聲連語。

〔五三〕鶄，王本、全後魏文作「鶴」。廣韻十五青有「鶄」字，云鶄鳥，鶴別名也。按鶄、鶄一字。

〔五四〕高陽，漢置。以在高河之北，故名。故城在今河北清苑東南。

〔五五〕何，各本作「伺」，今依續古文苑。候鳥者，隨時而南北者也。張衡西京賦：「上春候來，季秋就温，南翔衡陽，北棲雁門。」

〔五六〕實，各本作「入」，今依續古文苑。趣，如本空格，今依吴、王、真意本增。按全後魏文亦作「趣」。

〔五七〕菊，如本作「氣」，續古文苑校云：「氣字乃菊字之訛。上當脱一字，今無以補之。」全後魏文亦作「菊」。

〔五八〕「秋」字，各本無，續古文苑云：「春下當脱一秋字。」今據補。

〔五九〕佩，佩玉也。蔡邕讓高陽侯印綬符策表：「非臣容體所當服佩。」

〔六〇〕預，吴、王、真意本作「務」。陲，如本作「垂」，同。今依吴、王、真意本。

〔六一〕子英，古仙人。劉向列仙傳：「子英者，舒鄉人也。善入水捕魚，得赤鯉，愛其色好，持歸著池中，數以米穀食之，一年長丈餘，遂生角，有翅翼。子英怪異，拜謝之。魚言：我來迎汝，汝上我背，與汝俱升天。即大雨，子英上其背，騰升而去。」

〔六二〕文選天台山賦：「王喬控鶴以沖天。」李注：「列仙傳曰：王子喬者，周靈王太子晉也。好吹笙，作鳳凰鳴，遊伊洛之間。道人浮丘公接以上嵩高山。三十餘年後，求之於山上，見桓良曰：告我家：七月七日待我於緱氏山巔。至時，果乘白鶴駐山頭，望之不得到，舉手謝時人，數日而去。」按鶴、鵠古通用。

〔六三〕此處疑有誤，或「妙」下脱一字。吴、王、真意本下句「歌」字在「方丈」上，非是。方丈、蓬萊、瀛洲皆神山，已見。

〔六四〕嗣宗，阮籍也。晉尉氏人，竹林七賢之一。登山玩水，樂以忘返，好老莊，玄默自守。晉書四九有傳。

〔六五〕叔夜，嵇康也。魏銍人，亦竹林七賢之一。善導氣養生。晉書四九有傳。阮嵇二人皆精音律，知仙人之歌詠。其音之要妙，二人聞之，必爲之動容也。

〔六六〕山門，古寺廟多建深山，外以山爲門，故云。李華雲母泉詩：「山門開古寺，石竇含純精。」

〔六七〕遯遁，隱退逃避也。後書八二謝夷吾傳：「念存遯遁，演志箕山。」

〔六八〕庭，如本空格，今依各本。

〔六九〕羅，吴、王、真意本作「列」。

〔七〇〕其，全後魏文、續古文苑作「共」。

〔七一〕「寸」下，如本有「心」字，吴、王本無「心兮」二字，真意本無「心」字，今依真意本。

平等寺

平等寺，廣平武穆王懷捨宅所立也〔一〕。在青陽門外二里御道北，所謂孝敬里也。堂宇宏美，林木蕭森，平臺複道〔二〕，獨顯當世〔三〕。寺門外金像一軀，高二丈八尺〔四〕，相好端嚴，常有神驗，國之吉凶，先炳祥異〔五〕。孝昌三年十二月中，此像面有悲容，兩目垂淚，遍體皆濕，時人號曰「佛汗」。京師士女空市里往而觀之。有比丘以淨綿拭其淚，須臾之間，綿濕都盡；再換以它綿，俄然復濕。如此三日乃止。明年四月，爾朱榮入洛陽，誅戮百官〔六〕，死亡塗地。永安二年三月，此像復汗，士庶復往觀之。五月，北海王入洛，莊帝北巡。七月，北海大敗，所將江淮子弟五千，盡被俘虜，無一得還〔七〕。永安三年七月，此像悲泣如初。每經神驗，朝野惶懼〔八〕，禁人不聽觀之。至十二月，爾朱兆入洛陽擒莊帝，崩於晉陽〔九〕。在京宮殿空虛，百日無主，唯尚書令司州牧樂平王爾朱世隆鎮京師，商旅四通，盜賊不作〔一〇〕。建明二年，長廣王從晉陽赴京師，至郭外，世隆以長廣本枝疎遠〔一一〕，政行無聞，逼禪與廣陵王恭。恭是莊帝從父兄也〔一二〕。正光中爲黄門侍郎〔一三〕，見元乂秉權，政歸近習〔一四〕，遂佯啞不語，不預世事〔一五〕。永安中遁於上洛山中〔一六〕，州刺史泉企執而送之〔一七〕。莊帝疑恭姦詐，夜遣人盜掠衣物，復拔刀劍欲煞之〔一八〕；恭張口以手指舌，竟乃不言。莊帝信其真患，放令歸第〔一九〕。恭常住龍華寺〔二〇〕，至時世隆等廢長廣而立焉〔二一〕。禪文曰：「皇帝咨廣陵王恭：自我皇魏之有天下也，累聖開輔，重基衍業〔二二〕，奄有萬邦〔二三〕，光宅四海〔二四〕；故道溢百王〔二五〕，德漸無外〔二六〕。而孝明晏駕〔二七〕，人神乏主〔二八〕，故柱國大將軍、大丞相、太原王榮，地實封陝〔二九〕，任惟外相，乃心王室〔三〇〕，大懼崩淪；故推立長樂王子攸以續絶業〔三一〕。庶九鼎之命日隆，七百之祚唯永〔三二〕。然群飛未寧〔三三〕，横流且及〔三四〕，皆狼顧鴟張〔三五〕，岳立棊峙〔三六〕。丞相一麾，大定海内。而子攸不顧宗社，讎忌勳德，招聚輕俠，左右壬人〔三七〕。遂虐甚剖心〔三八〕，痛齊鉗齒〔三九〕，豈直金版告怨〔四〇〕，大鳥感德而已〔四一〕！於是天下之望，俄然已移。竊以宸極不可久曠〔四二〕，神器豈容無主。故權從衆議，暫馭兆民。今六軍南邁，已次河浦〔四三〕，瞻望帝京，赧然興愧。自惟薄寡〔四四〕，本枝疎遠，豈宜仰異天情，俯乖民望？惟王德表生民〔四五〕，聲高萬古，往以運屬殷憂，時遭多難〔四六〕，卷懷積載，括囊有年〔四七〕。今天眷明德，民懷奥主〔四八〕，曆數允集〔四九〕，歌訟同臻〔五〇〕。乃徐發樞機〔五一〕，副兹竚屬，便敬奉璽綬，歸於别邸。王其寅踐成業，允執其中〔五二〕；雖休勿休〔五三〕，日慎一日，敬之哉〔五四〕！」恭讓曰：「天命至重，曆數匪輕，自非德協三才〔五五〕，功濟四海，無以入選帝圖，允當師錫〔五六〕。臣既寡昧，識無光遠〔五七〕，景命雖降，不敢仰承。乞收成旨，以允愚衷。」又曰：「王既德膺圖籙〔五八〕，僉屬攸歸，便可允執其中，入光大麓〔五九〕；不勞揮遜〔六〇〕，致爽人神。」凡恭讓者三〔六一〕。於是即皇帝位，改號曰普泰。黄門侍郎邢子才爲赦文〔六二〕，叙述莊帝枉煞太原王之狀。廣陵王曰：「永安手翦强臣〔六三〕，非爲失德；直以天未厭亂，故逢成濟之禍〔六四〕。」謂左右：「將筆來〔六五〕，朕自作之。」直言門下〔六六〕：「朕以寡德，運屬樂推，思與億兆，同兹大慶。肆眚之科〔六七〕，一依恒式。」廣陵杜口八載，至是始言。海内庶士，咸稱聖君。於是封長廣爲東海王，世隆加儀同三司、尚書令、樂平王，餘官如故。贈太原王相國、晉王，加九錫〔六八〕，立廟於芒嶺首陽〔六九〕。上舊有周公廟，世隆欲以太原王功比周公，故立此廟。廟成，爲火所災。有一柱焚之不盡，後三日雷雨，震雷霹靂，擊爲數段〔七〇〕。柱下石及廟瓦皆碎於山下。復命百官議太原王配饗〔七一〕。司直劉季明議云不合。世隆問其故，季明曰：「若配世宗〔七二〕，於宣武無功；若配孝明，親害其母〔七三〕；若配莊帝，爲臣不終〔七四〕，爲莊帝所戮。以此論之，無所配也。」世隆怒曰：「卿亦合死！」季明曰：「下官既爲議臣，依禮而言；不合聖心，俘翦惟命〔七五〕。」議者咸歎季明不避强禦，莫不歎伏焉。世隆既有忿言，季明終得無患。初，世隆北叛，莊帝遣安東將軍史仵龍〔七六〕、平北將軍楊文義各領兵三千守太行嶺〔七七〕，侍中源子恭鎮河内。及爾朱兆馬首南向，仵龍、文義等率衆先降〔七八〕。子恭見仵龍、文義等降，亦望風潰散。兆遂乘勝逐北，直入京師；兵及闕下，矢流王室。至是論功：仵龍、文義各封一千户。廣陵王曰：「仵龍、文義，於王有勳，於國無功。」竟不許。時人稱帝剛直。彭城王爾朱仲遠〔七九〕，世隆之兄也，鎮滑臺〔八〇〕，表用其下都督乙瑗爲西兗州刺史〔八一〕，先用後表。廣陵答曰：「已能近補，何勞遠聞！」世隆侍宴，帝每言：「太原王貪天之功〔八二〕，以爲己力，罪有合死〔八三〕。」世隆等愕然。自是已後，不敢復入朝。輒專擅國權，兇慝滋甚。坐持臺省，家總萬機，事無大小，先至隆第，然後施行〔八四〕。天子拱己南面〔八五〕，無所干預。永熙元年，平陽王入纂大業〔八六〕，始造五層塔一所。平陽王，武穆王少子。詔中書侍郎魏收等爲寺碑文〔八七〕。至二年二月五日〔八八〕，土木畢工〔八九〕，帝率百僚作萬僧會〔九〇〕。其日，寺門外有石象，無故自動，低頭復舉，竟日乃止。帝躬來禮拜，怪其詭異。中書舍人盧景宣曰〔九一〕：「石立社移〔九二〕，上古有此，陛下何怪也？」帝乃還宫。明年七月中〔九三〕，帝爲侍中斛斯椿所使，奔於長安。至十月終，而京師遷鄴焉〔九四〕。

【校箋】

本篇當與卷一永寧寺合讀，藉知北魏政事之遞變。大抵北魏之衰，始自胡太后，此後國勢崩危，急劇而下，此篇所載，其概略也。衒之反覆書之，有深意焉。

〔一〕吴、王本無「王懷」二字。廣平武穆王元懷，孝文第四子，太和十一年封。河南金石圖志有廣平王元懷墓誌，云「懷字宣義，河南洛陽乘軒里人，顯祖文皇帝孫，高祖孝文皇帝第四子，世宗宣武皇帝之母弟，皇上之叔父也。春秋三十，以熙平二年三月二十六日丁亥薨，謚曰武穆。」

〔二〕平臺，高臺也；複道，閣道也。史記始皇本紀：「殿屋複道，周閣相屬。」集解：「如淳曰：上下有道，故謂之複道。韋昭曰：複道即閣道。」又梁孝王世家：「大治宫室，爲複道，自宫連屬於平臺三十餘里。」

〔三〕金石萃編載齊武平三年馮翊王高潤修平等寺碑云：「背負崇邙，面臨清洛，右依城雉，左帶洪陂。嵩岳擁其前，靈河行其後。」

〔四〕平等寺碑文云：「永安中，造定光銅像一軀，高二丈八尺。永熙年，金塗訖功，像在寺外，未得移入。」

〔五〕魏書靈徵志：「永安、普泰、永熙中，京師平等寺定光金像每流汗，國有事變，時咸畏異之。」

〔六〕即河陰之役，見卷一永寧寺。

〔七〕永寧寺云：「所將江淮子弟五千人，莫不解甲相泣，握手成列。」梁書陳慶之傳：「洛陽陷，慶之馬步數千，結陣東反，榮親自來追，值嵩高山水洪溢，軍人死散。」

〔八〕野，各本作「夕」，今依珠林五二改。按金石録跋尾引亦作「野」。

〔九〕莊帝擒崩事，亦見永寧寺。

〔一〇〕通鑑一五五：「魏自敬宗被囚，宫室空近百日，爾朱世隆鎮洛陽，商旅流通，盗賊不作。」魏書七五爾朱世隆傳：「永安三年十月，與爾朱度律共推長廣王元曄爲主，號建明。曄乃以世隆爲開府儀同三司、尚書令、樂平郡王，加太傅，行司州牧。」

〔一一〕曄爲南安王楨孫，景穆帝曾孫，故云疎遠。

〔一二〕吴、王、真意本重「恭」字，今據補。恭，節閔帝也，即前廢帝廣陵惠王羽之子。魏書本紀：「字修業，正始中襲爵，建明二年春二月，曄進至邙南，世隆等奉王東郊之外，行禪讓之禮。」

〔一三〕正光，肅宗第三年號。

〔一四〕近習，諂佞之人。禮月令：「雖有貴戚近習，毋有不禁。」注：「近習，天子所親幸者。」

〔一五〕吴、王本無「不語」二字，則當連下句讀。魏書前廢帝紀：「正光二年，正常侍，領給事黄門侍郎，帝以元乂擅權，遂稱疾不起。久之，因托瘖病。」

〔一六〕上洛，在今陝西商縣。

〔一七〕周書四四泉企傳：「泉企，字思道，上洛豐陽人也。世雄商洛。孝昌初，除上洛郡守。永安中，除東雍州刺史，進爵爲侯。及齊神武專政，魏帝有西顧之志，欲委以山南之事，乃除洛州刺史，卒於鄴。」

〔一八〕煞，各本作「殺」，同。

〔一九〕魏書前廢帝紀：「王既絶言，垂將一紀，居於龍花寺，無所交通。永安末，有白莊帝者，言王不語，將有異圖。民間遊聲，又云有天子之氣。王懼禍，逃匿上洛。尋見追躡，執送京師，拘禁多日，以無狀獲免。」

〔二〇〕龍華寺，在洛陽城南，廣陵王羽所立，見卷三。

〔二一〕時，照本作「是」，吴、王、真意本無「時」字。

〔二二〕重基，重，讀平聲，重複堅固而厚其基業也。左傳哀公二十六年：「左師曰：縱之，使盈其罪。重而無基，能無敝乎？」

〔二三〕書大禹謨：「皇天眷命，奄有四海，爲天下君。」傳：「奄，同也。」

〔二四〕書堯典序：「昔在帝堯，聰明文思，光宅天下。」

〔二五〕荀子不苟：「百王之道，後王是也。」

〔二六〕管子版法解：「天覆而無外也，其德無所不在。」

〔二七〕孝明死事，見卷一永寧寺校箋〔七七〕。

〔二八〕乏，如本空格，今依吴、王、真意本增。主，如本作「王」，今依吴、王、真意本改。

〔二九〕封陜，猶同於周、召二公也。公羊隱公五年：「天子三公者何？天子之相也。天子之相則何以三？自陜而東者，周公主之；自陜而西者，召公主之；一相處乎内。」

〔三〇〕書康王之誥：「雖爾身在外，乃心罔不在王室。」

〔三一〕長樂王子攸，即孝莊帝。見永寧寺。

〔三二〕左傳宣公三年：「桀有昏德，鼎遷於商，載祀六百。商紂暴虐，鼎遷于周。成王定鼎於郟鄏，卜世三十，卜年七百，天所命也。」漢書郊祀志：「禹收九牧之金，鑄九鼎，象九州，皆嘗鬺亨上帝鬼神。」

〔三三〕揚雄劇秦美新：「神歇靈繹，海水群飛。」李善注：「海水，喻萬民；群飛，言亂。」

〔三四〕孟子滕文公：「洪水横流，氾濫于天下。」

〔三五〕馬融長笛賦：「鴟視狼顧，拊譟踊躍。」魏收加齊王九錫册文：「狼顧鴟張，罔不彈射。」

〔三六〕基峙，如本作「基趾」，吴、王、真意本作「基址」。集證云：「『基趾』二字，疑是『棊峙』之誤。魏書李騫釋情賦亦有『既雲擾而海沸，亦岳立而棊峙』之語。」

〔三七〕壬，如本作「士」，非。今依緑、真意本改。爾雅釋詁：「壬，佞也。」漢書元帝紀：「是故壬人在位。」服虔曰：「壬人，佞人也。」

〔三八〕剖，吴、王本作「割」。比干，紂諸父。紂爲炮烙之刑，比干諫，紂曰：「吾聞聖人之心七竅。」因剖比干視其心。見韓詩外傳。

〔三九〕史記范睢列傳：「魏齊大怒，使舍人笞擊睢，折脇摺齒。」索隱：「打折其脅，而又拉折其齒也。」

〔四〇〕版，如本作「板」，同，今依吴、王、真意本。任彦昇百辟勸進今上牋：「金版出地，告龍逢之怨。」李善注引論語陰嬉讖：「庚子之旦，金版尅書，出地庭中，曰臣族虐王禽。」又引宋均曰：「謂殺關龍之後，庚子旦，庭中地有此版異也。」

〔四一〕後書楊震傳：「順帝即位，樊豐、周廣等誅死，震門生虞放、陳翼詣闕追訟震事，朝廷咸稱其忠。乃下詔除二子爲郎，贈錢百萬，以禮改葬於華陰潼亭，遠近畢至。先葬十餘日，有大鳥高丈餘，集震喪前，俯仰悲鳴，淚下霑地。葬畢，乃飛去。」

〔四二〕久，如本作「以」，今依各本改。宸極，天帝居，喻天子也。晉書律曆志：「聖人擬宸極以運璿璣。」

〔四三〕河浦，黄河之浦也。浦者，小流也。

〔四四〕薄寡，各本作「寡薄」。

〔四五〕詩大雅生民篇。詩序云：「生民，尊祖也。后稷生於姜嫄，文武之功起於后稷，故推以配天焉。」

〔四六〕如本無「遭」字。「多」下如本空格，今依各本。劉琨勸進表曰：「或多難以固邦國，或殷憂以啓聖明。」

〔四七〕易坤：「六四，括囊無咎無譽。」象曰：「括囊無咎，慎不害也。」疏：「括，結也。囊，所以貯物，以譬心藏知也。閉其知而不用，故曰括囊。」按括囊，寡言也。此喻佯瘖不言也。

〔四八〕左傳昭公十三年：「共有寵子，國有奥主。」孔疏：「奥主，國内之主。」以上四句意雖重，而文氣則反轉。

〔四九〕論語堯曰：「咨爾舜，天之曆數在爾躬，允執厥中。」集解：「曆數，謂列次也。」

〔五〇〕孟子萬章：「堯崩，三年之喪畢，舜避堯之子於南河之南。天下諸侯朝覲者不之堯之子而之舜，訟獄者不之堯之子而之舜，謳歌者不謳歌堯之子而謳歌舜，故曰天也。夫然後之中國，踐天下位焉。」

〔五一〕易繫辭傳：「言行，君子之樞機；樞機之發，榮辱之主也。言行，君子之所以動天地也，可不慎乎？」韓伯注：「樞機，制動之主。」

〔五二〕其，吴、王、真意本作「厥」。按大禹謨、論語均有此語。

〔五三〕書呂刑：「雖畏勿畏，雖休勿休。」

〔五四〕吴、王、緑、真意本重「敬之哉」三字。

〔五五〕易繫辭傳：「易之爲書也，廣大悉備，有天道焉，有人道焉，有地道焉，兼三才而兩之。」三才，天、地、人也。兩，六畫而成卦。又見説卦。

〔五六〕書堯典：「師錫帝曰：有鰥在下，曰虞舜。」孔傳：「師，衆；錫，與也。」意衆所共推之也。

〔五七〕光，各本作「先」，今改。國語楚語：「其聖能光遠宣朗。」

〔五八〕張衡東京賦：「高祖膺籙受圖，順天行誅，杖朱旗而建大號。」圖籙，猶言圖讖，即天帝所與之符信也。已見序校箋〔一〇〕。

〔五九〕尚書舜典：「納于大麓，烈風雷雨弗迷。」孔傳：「麓，録也。納舜使大録萬機之政，陰陽和，風雨時，各以其節，不有迷錯愆伏，明舜之德合於天。」大麓，領録天子事也。

〔六〇〕易謙云：「無不利，撝謙。」王弼注：「指撝皆謙，不違則也。」揮、撝同。揮遜，揮謙也。

〔六一〕三，如本作「二」，非。今依各本。三者，多數之詞也。

〔六二〕邢劭字子才，河間人。文章典麗，名動衣冠。與温子昇齊名。北齊書三六、北史四三均有傳。

〔六三〕永安，莊帝第三年號，故以代之。手翦，即俘翦，猶囚殺也。見校箋〔七五〕。

〔六四〕如本無「故」字，今依各本增。成濟，司馬昭黨羽也，弑魏高貴鄉公曹髦者。見卷一永寧寺校箋〔一六三〕。

〔六五〕筆，如本作「詔」，今依吴、王、真意本。按通鑑一五五亦作「筆」。

〔六六〕通鑑一五五胡注：「魏晉以來，出命皆由門下省，故其發端必曰勅門下。」

〔六七〕樂推，群臣樂而共推之也。老子：「是以聖人處上而民不重，處前而民不爲害，是以天下樂推而不厭。」梁書武帝紀：「樂推之心，幽顯共積。」並見卷一永寧寺校箋〔一七〕。肆眚，赦有罪者也。眚，過也。春秋莊公二十二年：「春王正月，肆大眚。」注：「赦有罪也。放赦罪人，盪滌衆故，以新其心。」左傳襄公九年：「肆眚圍鄭。」注：「肆，緩也；眚，過也。」謂緩縱過失之人。

〔六八〕公羊莊公元年：「王使榮叔來，錫桓公命。」何注：「禮有九錫：一曰車馬，二曰衣服，三曰樂則，四曰朱户，五曰納陛，六曰虎賁，七曰弓矢，八曰鈇鉞，九曰秬鬯。皆所以勸善扶不能。」魏書七四爾朱榮傳：「前廢帝初，世隆等得志，詔曰：故假黄鉞、持節、侍中、相國、録尚書、都督中外諸軍事、天柱大將軍、司州牧、大原王榮，宜循舊典，可追號爲晉王，加九錫。」

〔六九〕首陽，山名，在今河南省偃師縣西北，芒山之高處也；日光先照，故名。水經河水注：「河水南對首陽山，春秋所謂首戴也。上有夷齊之廟。」

〔七〇〕段，如本作「叚」，今依緑本、真意本改。

〔七一〕配饗，臣有功於國，得配饗於先帝廟。書盤庚：「兹予大享于先王，爾祖其從與享之。」

〔七二〕司直，後魏置，隸廷尉，掌覆理御史檢劾事。世宗，宣武帝元恪廟號。

〔七三〕謂殺孝明帝母胡太后也。

〔七四〕終，吴、王、真意本作「忠」。

〔七五〕俘翦，囚殺也。左傳成公十三年：「俘我王官，翦我羈馬。我是以有河曲之戰。」並見前校箋〔六三〕。

〔七六〕史仵龍，魏書爾朱兆傳、源子恭傳同，通鑑作「仵龍」。又楊文義，魏書莊帝紀及源子恭傳作「羊文義」，與史仵龍同爲督都。

〔七七〕嶺，如本作「領」，今依各本。

〔七八〕魏書爾朱榮傳：「兆與世隆等定謀攻洛，兆遂率衆南出，進達太行。大都督源子恭，下都督史仵龍開壘降兆。子恭退走。兆輕兵倍道，從河梁西涉渡，掩襲京邑。」

〔七九〕仲遠，爾朱榮從弟，頗知書計，封彭城王，性最貪縱，後爲高歡所敗，奔梁。事見魏書七五爾朱彥伯傳。

〔八〇〕滑臺，今河南滑縣治。

〔八一〕「乙」字，如本空格。集證云：「按魏書列傳有竇瑗、裴瑗二人，未知孰是，未敢臆補。」范本云：「按通鑑逕作『表用其下都督爲西兗州刺史』，不著姓名，是此上缺文，北宋時已然。」周本云：「按此稱西兗州刺史，蓋乙瑗也。魏書卷四十四乙瓌曾孫瑗，字雅珍，尚高祖淮陽公主，累遷西兗州刺史。」今依周說。

〔八二〕「帝」字，如本無，今依吴、王本補。天功，謂天職也。左傳僖公二十四年：「竊人之財，猶謂之盜，況貪天之功，以爲己力乎？」

〔八三〕有，吴、王、緑、真意本作「亦」。

〔八四〕魏書七五爾朱世隆傳：「常使尚書郎宋道游、邢昕在其宅廳視事，東西别坐，受納訴訟，稱命施行，其專恣如此。」

〔八五〕論語衛靈公：「無爲而治者，其舜也與！夫何爲哉？恭己正南面而已矣。」漢書高帝紀贊：「惠帝拱己。」師古注：「垂拱而治。」

〔八六〕平陽王元脩，即孝武帝，出帝也。廣平武穆王懷第三子。通鑑：「高歡入洛陽，時諸王多逃匿，尚書左僕射平陽王脩，懷之子也，匿於田舍。歡欲立之，使斛斯椿求之。椿從王思政見脩；脩變色，謂思政曰：得無賣我邪？曰：不也。曰：敢保之乎？曰：變態百端，何可保也！椿馳報歡；歡以四百騎迎脩入氈帳，陳誠，泣下霑襟，使斛斯椿奉勸進表。脩令思政取表視之，曰：便不得不稱朕矣。乃爲安定王作詔策而禪位焉。」並見卷一永寧寺校箋〔二〇六〕及卷四大覺寺校箋〔六〕。

〔八七〕魏收字伯起，鉅鹿下曲陽人。官魏中書侍郎，入齊，爲右僕射。有魏書百十四卷，世稱穢史。北齊書三七、北史五六皆有傳。

〔八八〕魏書八四李同軌傳：「永熙二年，出帝幸平等寺，僧徒講法，勑同軌論難，音韻閑朗，往復可觀。出帝善之。」北史三〇盧辯傳：「永熙二年，平等浮圖成，孝武會萬僧於寺。」

〔八九〕工，吴、王、真意本作「功」，古通用。

〔九〇〕萬僧會，説郛四作「萬人會」，蓋佛事之盛大者也，與西土之般遮越師相似。法顯行傳：「到竭叉國，值其王作般遮越師。般遮越師，漢言五年大會也，時請四方沙門，皆來雲集，發願布施衆僧。」按胡太后追念父國珍恩德，亦設萬人齋，風氣所被，由來已漸矣。見魏書外戚傳。

〔九一〕盧景宣即盧辯，景裕弟也。普泰初爲中書舍人。見北史三〇盧辯傳。

〔九二〕世説方正篇：「阮宣子伐社樹，有人止之。宣子曰：社而爲樹，伐樹則社亡；樹而爲社，伐樹則社移矣。」注引春秋傳：「共工氏有子曰勾龍，爲后土，后土爲社。」按禮疏：「后土，官。本爲共工氏子勾龍，後勾龍轉爲社，后土則黎兼之。」史記六國年表周顯王三十三年：「宋太丘社亡。」吕祖謙大事記解題云：「古者立社，植木以表之，因謂其木爲社。所謂『太丘社亡』者，震風凌雨，此社之樹摧損散落，不見蹤迹。」此社移之概也。至於石立事，未有定説，瑣語及春秋後傳云云，皆難見信於人，此不贅。

〔九三〕「明年」二字，各本脱，蓋沿上文而誤也。今按出帝奔長安，事在永熙三年七月，已詳永寧寺，魏書出帝紀同。而帝之幸平等寺，實在永熙二年，見魏書李同軌傳及北史盧辯傳。故此處當補「明年」二字。

〔九四〕出帝既入關，高歡乃立清河王亶世子善見爲帝，遷都於鄴，是爲東魏孝静帝。並見序校箋〔一七〕及卷一永寧寺校箋〔二〇六〕。

景寧寺 寶明寺、歸覺寺

景寧寺，太保司徒公楊椿所立也〔一〕。在青陽門外三里御道南，所謂景寧里也。高祖遷都洛邑，椿創居此里，遂分宅爲寺，因以名之。制飾甚美，綺柱珠簾〔二〕。椿弟慎〔三〕，冀州刺史；慎弟津〔四〕，司空。並立性寬雅，貴義輕財，四世同居，一門三從〔五〕，朝貴義居，未之有也〔六〕。普泰中，爲爾朱世隆所誅〔七〕，後捨宅爲建中寺〔八〕。出青陽門外三里御道北，有孝義里。里西北角有蘇秦冢〔九〕，冢傍有寶明寺。

衆僧常見秦出入此家，車馬羽儀，若今宰相也。孝義里東，即是洛陽小市〔一〇〕，北有車騎將軍張景仁宅。景仁，會稽山陰人也。景明年初〔一一〕，從蕭寶夤歸化，拜羽林監，賜宅城南歸正里〔一二〕；民間號爲吴人坊，南來投化者多居其内。近伊洛二水，任其習御。里三千餘家，自立巷市〔一三〕，所賣口味，多是水族，時人謂爲魚鱉市也〔一四〕。景仁住此以爲恥，遂徙居孝義里焉。時朝廷方欲招懷荒服〔一五〕，待吴兒甚厚〔一六〕，褰裳渡於江者〔一七〕，皆居不次之位。景仁無汗馬之勞，高官通顯。永安二年，蕭衍遣主書陳慶之送北海入洛陽僭帝位〔一八〕，慶之爲侍中。景仁在南之日，與慶之有舊，遂設酒引邀慶之過宅，司農卿蕭彪、尚書右丞張嵩並在其座。彪亦是南人，唯有中大夫楊元慎、給事中大夫王眴，是中原士族。慶之因醉謂蕭、張等曰：「魏朝甚盛，猶曰五胡〔一九〕；正朔相承〔二〇〕，當在江左；秦皇玉璽〔二一〕，今在梁朝。」元慎正色曰：「江左假息，僻居一隅，地多濕蟄〔二二〕，攢育蟲蟻，疆土瘴癘〔二三〕，蛙黽共穴〔二四〕，人鳥同群。短髮之君，無杼首之貌〔二五〕；文身之民，稟蕞陋之質〔二六〕。浮於三江，棹於五湖〔二七〕，禮樂所不沾〔二八〕，憲章弗能革。雖復秦餘漢罪〔二九〕，雜以華音，復閩楚難言，不可改變〔三〇〕。雖立君臣，上慢下暴。是以劉劭殺父於前〔三一〕，休龍淫母於後〔三二〕，見逆人倫，禽獸不異。加以山陰請壻賣夫〔三三〕，朋淫於家，不顧譏笑。卿沐其遺風，未沾禮化〔三四〕，所謂陽翟之民，不知瘿之爲醜〔三五〕。我魏膺籙受圖，定鼎嵩洛〔三六〕，五山爲鎮〔三七〕，四海爲家。移風易俗之典，與五帝而並跡〔三八〕；禮樂憲章之盛，淩百王而獨高。豈卿魚鱉之徒〔三九〕，慕義來朝，飲我池水，啄我稻粱，何爲不遜，以至於此〔四〇〕？」慶之等見元慎清詞雅句，縱橫奔發，杜口流汗，合聲不言。於後數日，慶之遇病，心上急痛，訪人解治。元慎自云能解。慶之遂憑元慎。元慎即口含水噀慶之曰〔四一〕：「吴人之鬼，住居建康。小作冠帽，短製衣裳。自呼阿儂，語則阿傍〔四二〕。菰稗爲飰〔四三〕，茗飲作漿〔四四〕。呷啜蓴羹〔四五〕，唼嗍蟹黄〔四六〕。手把荳蔻〔四七〕，口嚼檳榔〔四八〕。乍至中土，思憶本鄉。急手速去〔四九〕，還爾丹陽〔五〇〕。若其寒門之鬼，□頭猶脩〔五一〕。網魚漉鼈，在河之洲。咀嚼菱藕，捃拾雞頭〔五二〕。蛙羹蚌臛〔五三〕，以爲膳羞。布袍芒履〔五四〕，倒騎水牛。沅湘江漢〔五五〕，鼓棹遨遊。隨波遡浪，噞喁沉浮〔五六〕。

白苧起舞〔五七〕，揚波發謳〔五八〕。急手速去，還爾揚州〔五九〕。」慶之伏枕曰：「楊君，見辱深矣。」自此後，吳兒更不敢解語。北海尋伏誅。其慶之還奔蕭衍，用爲司州刺史〔六〇〕，欽重北人，特異於常。朱异怪，復問之〔六一〕。曰：「自晉宋以來〔六二〕，號洛陽爲荒土，此中謂長江以北，盡是夷狄。昨至洛陽，始知衣冠士族，並在中原；禮儀富盛，人物殷阜，目所不識〔六三〕，口不能傳。所謂帝京翼翼〔六四〕，四方之則。始登泰山者卑培塿〔六五〕，涉江海者小湘沅。北人安可不重？」慶之因此羽儀服式，悉如魏法。江表士庶，競相模楷，褒衣博帶〔六六〕，被及秣陵〔六七〕。元慎，弘農人，晉冀州刺史嶠六世孫。曾祖泰，從宋武入關〔六八〕，爲上洛太守七年〔六九〕，背僞來朝，明元帝賜爵臨晉侯〔七〇〕、廣武郡、陳郡太守，贈涼州刺史，謚烈侯。祖撫，明經〔七一〕，爲中博士。父辭，自得丘壑，不事王侯。叔父許，河南令、蜀郡太守。世以學行著聞，名高州里。元慎清尚卓逸〔七二〕，少有高操，任心自放〔七三〕，不爲時羈。樂山愛水，好游林澤。博識文淵，清言入神，造次應對〔七四〕，莫有稱者〔七五〕。讀老莊，善言玄理。性嗜酒，飲至一石，神不亂。常慷慨嘆，不得與阮籍同時生。不願仕宦，爲中散〔七六〕，常辭疾退閑，未嘗修敬諸貴〔七七〕，亦不慶弔親知。貴爲交友，故時人弗識也。或有人慕其高義〔七八〕，投刺在門，元慎稱疾高卧。加以意思深長，善於解夢。孝昌年〔七九〕，廣陽王元淵初除儀同三司〔八〇〕，總衆十萬，討葛榮，夜夢著衮衣，倚槐樹而立，以爲吉徵，問於元慎。曰：「三公之祥。」淵甚悦之。元慎退還，告人曰：「廣陽死矣！槐字是木傍鬼，死後當得三公。」廣陽果爲葛榮所煞，追贈司徒公〔八一〕。終如其言。建義初〔八二〕，陽城太守薛令伯聞太原王誅百官〔八三〕，立莊帝，棄郡東走，忽夢射得雁，以問元慎。元慎曰：「卿執羔，大夫執雁〔八四〕。君當得大夫之職。」俄然令伯除爲諫議大夫。京兆許超夢盜羊入獄，問於元慎。曰：「君當得陽城令。」其後有功，封陽城侯〔八五〕。元慎解夢，義出萬途〔八六〕，隨意會情，皆有神驗。雖令與侯小乖，按令今百里，即是古諸侯。以此論之，亦爲妙著。時人譬之周宣〔八七〕。及爾朱兆入洛陽，即棄官。與華陰隱士王騰周游上洛山〔八八〕。

孝義里東市北殖貨里，里有太常民劉胡，兄弟四人，以屠爲業。永安年中，胡煞猪，猪忽唱乞命，聲及四隣，隣人謂胡兄弟相毆鬬，而來觀之，乃猪也。即捨宅爲歸覺寺，合家人入道焉。普泰元年，此寺金像生毛，眉髮悉皆具足。尚書左丞魏季景謂人曰〔八九〕：「張天錫有此事〔九〇〕，其國遂滅，此亦不祥之徵。」至明年，而廣陵被廢死〔九一〕。

【校箋】

本篇中陳慶之、楊元慎對話，此南北正統之爭也，其詆毁南人，卑視吴兒，尤見刻切，亦北人意向之實。亦可與卷三高陽王寺下荀子文並讀。

〔一〕楊椿字延壽，弘農華陰人，楊播之弟也。自高祖至肅宗時，累爲州牧，都督軍事。建義元年爲司徒公，永安初進位太保、侍中。普泰元年爲爾朱天光所害，年七十七。魏書五八有傳。

〔二〕珠，如本作「朱」，今依各本。

〔三〕慎，魏書五八本傳及通鑑一五五作「順」，避唐諱。下同。楊順字延和，莊帝初爲平北將軍，冀州刺史。

〔四〕楊津字羅漢，莊帝時爲司空，普泰元年卒，年六十三。魏書五八有傳。

〔五〕三從者，即從祖祖父，從祖父，從父以下之同輩兄弟也。爾雅釋親：「父之世父、叔父爲從祖祖父，父之從父昆弟爲從祖父，兄之子、弟之子相謂爲從父昆弟。」儀禮喪服賈疏：「族昆弟者，己之三從兄弟，皆名爲族。」

〔六〕魏書五八楊播傳：「播家世純厚，並敦義讓，昆季相事，有如父子。播剛毅，椿、津恭謙。一家之内，男女百口，緦服同爨，庭無閒言。魏世以來，唯有盧淵兄弟及播昆季，當世莫逮焉。」

〔七〕永安末，椿子昱曾率衆拒爾朱仲遠，普泰元年，爾朱世隆誣椿等爲逆，椿家無少長皆遇害。見魏書五八楊播傳。

〔八〕城内亦有建中寺，亦普泰中爾朱世隆所立，此寺殆即彼寺也。

〔九〕蘇秦，洛陽人。寰宇記三載其家在北芒山後。卷三大統寺利民里，又有蘇秦舊宅。

〔一〇〕市，如本作「寺」，今依吴、王本改。河南志三亦作「市」。

〔一一〕景明，各本作「正光」，今依范本。云：「按蕭寶夤降魏，本書卷三宣陽門内條云景明初，史載在景明二年，考是年梁武帝廢齊和帝而自立，故寶夤奔魏，封會稽公，賜宅歸正里。景仁隨來，當在同年。此『正光』二字必是景明之譌。」

〔一二〕歸正里，在宣陽門外四里，見卷三龍華寺及宣陽門外條。

〔一三〕「巷」下，如本有「寺」字，今依吴、王、真意本删。按河南志亦無「寺」字。

〔一四〕市，如本作「寺」，今依吴、王、真意本改。按河南志亦作「市」。

〔一五〕荒服，遠方也。周書王會篇：「方三千里之内爲荒服。」

〔一六〕兒，吴、王、真意本作「人」。晉書夏統傳：賈充稱統「此吴兒是木人石心也。」

〔一七〕褰，如本作「蹇」，今依各本。褰裳，詩鄭風：「褰裳涉溱。」箋：「揭衣渡溱水。」

〔一八〕北海王顥，莊帝從兄。入洛事，又見卷一永寧寺。梁書三二陳慶之傳：「慶之字子雲，義興國山人。高祖東下，平建鄴，稍爲主書。大通初，魏北海王元顥來降，求立爲魏主。高祖納之，以慶之爲假節颸勇將軍，送顥還北。」

〔一九〕五胡謂匈奴、羯、鮮卑、氐、羌也。魏爲鮮卑族，故云。

〔二〇〕相，吳、王、真意本作「之」。

〔二一〕玉璽，天子印也。王佐新增格古要論玉璽考引衛宏曰：「秦之前以金銀爲方寸璽。秦始皇得楚和氏璧，乃以玉爲之，螭獸紐，在六璽之外。李斯書之，其文曰：受命于天，既壽永昌。秦王子嬰以獻于漢高祖，謂之傳國璽。」

〔二二〕墊，各本作「蟄」，今依周、徐本改。釋名釋地云：「下濕曰隰；隰，墊也。墊，濕意也。」

〔二三〕疆，如本作「壃」，今依吳、王、真意本。左思魏都賦：「宅土熇暑，封疆瘴癘。」張載注：「吳蜀皆暑濕，其南皆有瘴氣。」

〔二四〕魏都賦：「句吳與鼃黽同穴。」説文：「黽，鼃黽也。」爾雅釋魚：「在水者黽。」注：「耿黽也，似青蛙，大腹，一名土鴨。」俗名田鷄是也。

〔二五〕短髮，即斷髮。斷，讀音短，與文身對文。杼首，長首也，杼音佇。魏都賦：「巷無杼首，里罕者耋。」張注引方言：「燕記曰：豐人杼首。杼首，長首也。」

〔二六〕蕞，如本作「叢」，非。魏都賦：「宵貌蕞陋，禀質遳脆。」李善注：「左氏傳曰：蕞爾小國。杜預曰：蕞爾，小貌。廣雅：質，軀也。」蕞音罪。

〔二七〕三江五湖，説者殊多。周禮職方：「東南曰揚州，其川三江，其浸五湖。」史記河渠書：「於吳則通渠三江五湖。」吳地記云：「松江東北行七十里得三江口，東北入海爲婁江，東南入海爲東江，並松江爲三江。」後書馮衍傳注引虞翻云：「太湖南五湖，滆湖、洮湖、射湖、貴湖及太湖爲五湖。並太湖之小支俱連太湖，故太湖兼得五湖之名。」

〔二八〕沾，如本作「沽」，今依吴、王、緑、真意本。

〔二九〕魏都賦：「漢罪流禦，秦餘徙帑。」劉注引貨殖傳：「秦破趙，遷卓氏於蜀。漢時日南、比景、合浦、九真亦皆有徙者，息夫躬、孫寵之屬焉。」

〔三〇〕改變，吴、王、真意本作「變改」。

〔三一〕劉劭，宋文帝劉義隆太子，元嘉六年立。元嘉三十年文帝欲廢劭，爲劭所弒。見宋書九九元凶劭傳。

〔三二〕休龍，宋孝武帝劉駿字，文帝第三子，誅劭即位。魏書九十七謂：「駿淫亂無度，烝其母路氏，穢汙之聲，布於甌越。」宋書四一后妃路淑媛傳：「民間諠然，咸有醜聲；宫掖事秘，莫能辨也。」

〔三三〕山陰公主，宋廢帝子業之姊，名楚玉，孝武后王氏所生。宋書七前廢帝紀：「山陰公主淫恣過度，謂帝曰：妾與陛下雖男女有殊，俱託體先帝。陛下六宫萬數，而妾唯駙馬一人，事不均平，一何至此？帝乃爲主置面首左右三十人。」

〔三四〕沾，各本作「沽」，今正。

〔三五〕陽翟，魏陽翟郡，今河南禹縣治。南近汝水，西與汝州相接，人多生癭，故不以爲醜也。韻語陽秋：「汝人多苦癭。」説文：「癭，頸瘤也。」桂馥義證：「吕氏春秋盡數篇：輕水之所，多秃與癭人。」

〔三六〕圖籙、嵩洛，見序校箋〔一〇〕及平等寺校箋〔五八〕。

〔三七〕爾雅釋山：「河南華，河西嶽，河東岱，河北恒，江南衡。」又云：「泰山爲東嶽，華山爲西嶽，衡山爲南嶽，恒山爲北嶽，嵩高爲中嶽。」此當是後者，其地在魏境。

〔三八〕五帝，如本作「五常」，今依緑本、真意本。

〔三九〕豈，吴、王本作「宜」。

〔四〇〕如本重「以」字，今依各本。

〔四一〕噀，音巽，噴也。

〔四二〕顧炎武日知録三二：「隸釋漢殽阬碑陰云：其間四十人，皆字其名而繫以阿字。如劉興阿興、潘京阿京之類，必編户民未嘗表其德，書石者欲其整齊，而强加之，猶今閭巷之婦，以阿挈其姓也。成陽靈臺碑陰有主吏仲東阿東。又云：惟仲阿東年在元冠，幼有中質。又可見其年少而未有字。抱朴子：禰衡游許下，自公卿國士以下，衡初不稱其官，皆名之云阿某，或以姓呼之爲某兒。三國志吕蒙傳注：魯肅拊蒙背曰：非復吴下阿蒙。世説注：阮籍謂王渾曰：與卿語，不如與阿戎語。皆其小時之稱。婦人以阿挈姓，則隋獨孤后謂雲昭訓爲阿雲，唐蕭淑妃謂武后爲阿武，韋后降爲庶人稱阿韋，劉從諫妻裴氏稱阿裴，吴湘娶顔悦女，其母焦氏稱阿顔、阿焦是也。亦可以自稱其親。焦仲卿妻詩：堂上啓阿母，阿母謂阿女是也。亦可爲不定何人之辭。古詩：道逢鄉里人，家中有阿誰？三國志龐統傳：先主謂曰：向者之論，阿誰爲失？晉書沈充傳：敦作色曰：『小人阿誰？』是也。阿者，助語之辭，古人以爲慢應聲。老子：唯之與阿，相去幾何。今南人讀爲入聲，非。（原注：魏志東夷傳：東方人名我爲阿。）」今按：阿者，六朝人稱人習語，用於近者親昵之發聲語助詞，顧炎武所謂古人慢應聲者是也。詳拙著世説新語校箋德行篇33。

〔四三〕菰菜，俗稱茭白，結實如米，謂之菰米，六穀之一。稗，細米。段玉裁説文注引杜預云：「稗，草之似穀者。如淳云：細米爲稗。」餅，飯俗字。卷子原本玉篇：「餅，字書：飦也。野王案：今並爲飯字也。」

〔四四〕茗，茶芽也。一説晚取者爲茗。陸羽茶經：「一曰茶，二曰檟，三曰蔎，四曰茗，五曰荈。」蓋以早晚采之而異其名也。六朝人又以茗爲茶之通稱，故云。

〔四五〕陸璣毛詩草木鳥獸蟲魚疏：「茆與荇葉相似，葉大如手，赤圓，有肥者，著手中滑不得停。莖大如匕柄。葉可以生食，又可鬻滑羹，南人謂之蓴菜。」通鑑八四胡注：「蓴生水中，葉似鳧茨，春夏細長肥滑，三月至八月爲絲蓴，九月至十月爲豬蓴。」晉書張翰傳：「見秋風起，乃思吳中菰菜、蓴羹、鱸魚膾。」並見拙著世説校箋識鑒篇10。呷者，吸也。啜者，茹也。廣韻：「呷，呼甲切；啜，殊雪切。」

〔四六〕嗍，集韻入聲覺韻爲「欶」之或字，音朔。説文：「欶，吮也。」唼，色甲切，與啑同，啖也。唼嗍，雙聲。此處乃狀吮吸蟹黄之聲也。蟹黄，蟹之膏，味奇美，大香，色黄，故名。

〔四七〕荳蔻，草實，生越南，皮殼小厚，核似石榴，氣味辛香。詳南方草木狀。

〔四八〕檳，如本作「梹」，今依吳、王、真意本。檳榔樹，高十餘丈，實大如桃李，味苦澀，可下氣消穀。見南方草木狀。

〔四九〕急手，時人習語，急速著手也。卷三菩提寺，崔暢拒崔涵回家，有「急手速去」，卷四白馬寺，寶公謂趙法和，有「急手作」等語，皆急速著手之意。急速著手者，猶今語快點動手也。

〔五〇〕丹陽，南朝郡，屬揚州。今江蘇江寧縣東南五里。

〔五一〕如本「頭」上空格，吳、王、真意本並缺「頭」字。寒門，寒族也。

〔五二〕雞頭，芡也，見卷一瑶光寺校箋〔一七〕。

〔五三〕臛，羹也。廣韻：「火酷切。」

〔五四〕後書東夷傳：「大率皆魁頭、露紒、布袍、草履。」

〔五五〕沅，如本作「洗」，今依各本。

〔五六〕左思吴都賦：「噞喁沉浮。」注：「噞喁，魚在水中，群出動口貌。」

〔五七〕苧，吴、王、真意本作「紵」，同。紵，葛布也。樂府詩集有晉白紵舞歌。宋書樂志：「白紵舞，按舞辭有巾袍之言，紵本吴地所出，宜是吴舞也。」

〔五八〕楚辭九歌東君：「與女遊兮九河，衝風起兮横波。」

〔五九〕揚，如本作「楊」，今依吴、王、真意本。揚州，梁武帝普通年後治臺城西，領郡八：丹陽、淮南、宣城、吴、吴興、歷陽、信義、南陵。見徐文范東晉南北朝輿地表七。

〔六〇〕梁書三二陳慶之傳：「中大通二年，除都督南、北司、西豫、豫四州諸軍事，南、北司二州刺史。」按時南司州治安陸界南義陽，領郡十七；北司州治義陽，領郡六。並見徐文范東晉南北朝輿地表七。

〔六一〕復，緑本、真意本作「而」，通鑑一五三同。朱异，錢塘人。以薦爲通事舍人，至侍中，勸納侯景，遂以亡梁。梁書三八、南史六二有傳。

〔六二〕來，如本作「求」，今依各本。

〔六三〕吴、王本作「耳目所識」，真意本作「耳目所不識」。

〔六四〕詩大雅緜：「作廟翼翼」。孔疏：「翼翼然嚴正。」又殷武：「商邑翼翼，四方之極。」

〔六五〕培塿，即部婁。左傳襄公二十四年：「部婁無松柏。」杜注：「部婁，小阜。」

〔六六〕漢書雋不疑傳：「不疑褒衣博帶，盛服至門上謁。」顔注：「褒，大裾也。言著褒大之衣，廣博之帶也。」

〔六七〕秣陵，即建康，今江蘇南京。已見卷一永寧寺。

〔六八〕宋武帝劉裕北伐姚泓入關，事在晉安帝義熙十三年八月。

〔六九〕七年，北魏明元帝泰常七年（公元四二二），是年宋武帝劉裕卒。

〔七〇〕「元」字，各本無，今補。按晉義熙十三年，即北魏明元帝泰常二年（公元四一七）。

〔七一〕漢以明經射策取人，武帝詔郡國以四科試士。漢書平當傳：「以明經爲博士。」

〔七二〕清，如本作「情」，今依吴、王、真意本。

〔七三〕任，如本作「仁」，今依吴、王、真意本。

〔七四〕造次，急遽之貌。造，讀如草，平聲。論語里仁：「造次必於是。」

〔七五〕稱，相稱也。莫有稱也，無可與之比擬也。

〔七六〕中散，即中散大夫。宋書百官志：「中散大夫，王莽所置，後漢因之，掌論議。」省稱中散者，如晉嵇康，世稱嵇中散是也。中散，魏列四品。

〔七七〕嘗，如本作「常」，古通用。今依各本。

〔七八〕義，吴、王本作「儀」。

〔七九〕徐本作「孝昌二年」，並云：「案此句元淵事在二年，詳魏書肅宗紀。今補『二』字。」

〔八〇〕陽，如本作「陵」，今依魏書改。下同。按元湛墓誌：「父諱淵，侍中、吏部尚書、司徒公、雍州刺史、廣陽忠武王。」魏書肅宗紀：「孝昌二年五月，以廣陽王淵爲驃騎大將軍，儀同三司。八月，爲賊黨葛榮所殺。」葛榮，五原降户鮮于修禮之黨也。修禮反于定州後，榮有其衆，屢敗官軍，自稱天子。

〔八一〕徒，各本作「空」，今依魏書本傳及元湛墓誌。

〔八二〕「初」字，如本無，今依各本增。

〔八三〕太原王誅百官事，已見卷一永寧寺。

〔八四〕周禮春官大宗伯：「以禽作六摯，以等諸臣。卿執羔，大夫執雁。」鄭注：「羔，小羊，取其群而不失其類；雁，取其候時而行。」

〔八五〕陽城，如本作「城陽」，今依各本。

〔八六〕萬，如本作「方」，今依各本。

〔八七〕周宣字孔和，樂安人也。叙夢十中八九，世以比建平之相，明帝末卒。三國魏志二九有傳。隋志有占夢書一卷，周宣等撰。

〔八八〕通鑑一五五胡注：「上洛山在洛州上洛郡上洛縣界。」

〔八九〕魏季景，鉅鹿下曲陽人。有文才，與邢子良、邢子才及兄子魏收齊名，洛中號爲兩邢二魏。歷大司農卿、魏郡尹。北史五六有傳。唯左丞，北史本傳作「右丞」。

〔九〇〕張天錫，涼州牧寔孫，繼祖業，擁有西土。湯球十六國春秋輯補前涼録：「天錫三年，姑臧北山楊樹生松葉，西苑牝鹿生角，東苑銅佛生毛。」後十年，天錫爲苻堅所滅；堅敗，奔建康。晉書八六有傳。

〔九一〕廣陵，節閔帝也。北史節閔帝紀：「普泰二年夏四月辛巳，高歡與廢帝（元朗）至芒山，使魏蘭根慰喻洛邑，且觀帝之爲人。蘭根忌帝雅德，還致毀謗，竟從崔㥄議，廢帝於崇訓寺，而立平陽王脩，是爲孝武帝。五月丙申，帝遇弒，時年三十五。」

洛陽伽藍記校箋卷三　城南

景明寺

景明寺，宣武皇帝所立也〔一〕。景明年中立，因以爲名。在宣陽門外一里御道東。其寺東西南北方五百步。前望嵩山、少室，却負帝城〔二〕。青林垂影，緑水爲文，形勝之地，爽塏獨美〔三〕。山懸堂觀，一千餘間〔四〕。複殿重房〔五〕，交疏對霤〔六〕，青臺紫閣，浮道相通〔七〕。雖外有四時，而内無寒暑。房簷之外，皆是山池。竹松蘭芷，垂列堦墀，含風團露，流香吐馥。至正光年中〔八〕，太后始造七層浮圖一所，去地百仞。是以邢子才碑文云：「俯聞激電，旁屬奔星」是也〔九〕。妝飾華麗，侔於永寧〔一〇〕。金盤寶鐸〔一一〕，焕爛霞表。寺有三池，萑蒲菱藕〔一二〕，水物生焉。或黄甲紫鱗〔一三〕，出没於蘩藻〔一四〕；或青鳧白雁〔一五〕，浮沉於緑水。礱磑舂簸〔一六〕，皆用水功。伽藍之妙，最得稱首。時世好崇福，四月七日，京師諸像，皆來此寺〔一七〕。尚書祠部曹録像凡有一千餘軀〔一八〕。至八日〔一九〕，以次入宣陽門，向閶闔宫前受皇帝散花〔二〇〕。於時金花映日，寶蓋浮雲，旛幢若林，香煙似霧。梵樂法音，聒動天地。百戲騰驤，所在駢比。名僧德衆，負錫爲群〔二一〕。信徒法侶，持花成藪。車騎填咽〔二二〕，繁衍相傾。時有西域胡沙門見此，唱言佛國。至永熙年中，始詔國子祭酒邢子才爲寺碑文〔二三〕。子才，河間人也〔二四〕。志性通敏，風情雅潤，下帷覃思，温故知新。文宗學府，騰班馬而孤上；英規勝範，凌許郭而獨高〔二五〕。是以衣冠之士，輻輳其門；懷道之賓，去來滿室。昇其堂者，若登孔氏之門〔二六〕；沾其賞者，猶聽東吴之句〔二七〕。籍甚當時，聲馳遐邇。正光末解褐〔二八〕，爲世宗挽郎、奉朝請〔二九〕，尋進中書侍郎、黄門〔三〇〕。子才洽聞博見，無所不通，軍國制度，罔不訪及〔三一〕。自王室不靖，虎門業廢〔三二〕，後還國子祭酒〔三三〕，謨訓上庠。子才罰惰賞勤，專心勸誘，青領之生〔三四〕，競懷雅術〔三五〕，洙泗之風〔三六〕，兹焉復盛。永熙年末，以母老辭，帝不許之。子才恪請懇至，涕淚俱下〔三七〕，帝乃許之。詔以光禄大夫歸養私庭。所在之處，給事力五人〔三八〕，歲一朝，以備顧問〔三九〕。王侯祖道，若漢朝之送二疏〔四〇〕。暨皇居徙鄴〔四一〕，民訟殷繁，前格後詔〔四二〕，自相與奪，法吏疑獄，簿領成山〔四三〕。乃勑子才與散騎常侍温子昇撰麟趾新制十五篇〔四四〕，省府以之決疑，州郡用爲治本。武定中，除驃騎大將軍、西兗州刺史。爲政清静，吏民安之〔四五〕。後徵爲中書令。時戎馬在郊，朝廷多事，國禮朝儀，咸自子才出。所製詩、賦、詔、策、章表、碑頌、讃記五百篇〔四六〕，皆傳於世。鄰國欽其模楷〔四七〕，朝野以爲美談也。

【校箋】

景明寺不僅妝飾華美，亦地勢絶佳。此篇當與永寧並誦，可參其作法也。

〔一〕宣武帝元恪，高祖孝文帝第二子，史稱世宗。景明爲其第一年號，凡四年。魏書釋老志：「世宗篤好佛理，每年常於禁中親講經論，廣集名僧，標明義旨，沙門條録爲内起居焉。上既崇之，下彌企尚，至延昌中，天下州郡僧尼寺積有一萬三千七百三十七所，徒侶逾盛。」

〔二〕嵩山，在洛陽東南；少室，爲嵩山之最西峯。元和志五：「河南道登封縣，嵩高山在縣北八里，亦名外方山。又云東曰太室，西曰少室，嵩高總名，即中岳也。山高二十里，周迴一百三十里。少室山在縣西十里，高十六里，周迴三十里，潁水源出焉。」却負，背負也；帝城，指洛陽城。

〔三〕左傳昭公三年：「子之宅近市，湫隘囂塵，不可以居，請更諸爽塏者。」杜注：「爽，明；塏，燥。」

〔四〕如本作「山懸堂光觀盛一千餘間」，他本「堂」作「臺」，光觀二字又倒。今按此句疑有誤，今依徐本。

〔五〕如本無「複殿重房」四字，疑脱，今依他本。按當有此句是，與下「交疏對霤」對文。

〔六〕疏者，文窗也。古詩曰：「交疏結綺牕，阿閣三重階。」霤者，承霤也，屋簷也。釋名釋宫室：「霤，流也；水從屋上流下也。」禮記檀弓上：「池視重霤。」鄭注：「承霤以木爲之，用行水，亦宫之飾也。」

〔七〕浮道，即複道，見卷二平等寺校箋〔二〕。

〔八〕宣武帝景明，正始、永平、延昌。孝明帝熙平、神龜、正光，經凡二十餘年。

〔九〕屬，通矚，望也。

〔一〇〕魏書釋老志：「永寧寺佛圖九層，景明寺佛圖亦其亞也。」

〔一一〕金盤，見卷一永寧寺校箋〔一七〕。

〔一二〕萑，荻也；蒲，草名。皆澤中草可以爲席者。左傳昭公二十年：「澤之萑蒲，舟鮫守之。」

〔一三〕黄甲，甲之黄者也，如蟹類是。蜀都賦：「觴以清醥，鮮以紫鱗。」

〔一四〕蘩，如本作「繁」，古通用。今依吴、王本。

〔一五〕如本無「或」字，今依吴、王、緑、真意本增。

〔一六〕礰，字書無此字，或是礲字之譌，猶磨也。與「磑舂簸」成文。説文段注：「今俗謂磨穀取米曰礱。」説文：「磑，礦也。」通鑑唐紀：「碾磑以溉田。」注：「磑，磨也。公輸班作磑，後人又激水爲之，不煩人力，引水激輪，使自旋轉，謂之水磨。史炤曰：『碾，磨也；磑，礦也。』」舂，擣粟也。簸，揚米去其糠也。並見説文。

〔一七〕見卷一長秋寺校箋〔八〕及昭儀尼寺校箋〔一〇〕。

〔一八〕如本無「部」字，今依吴、王、真意本增。按祠部曹，見魏書禮志神龜元年。

〔一九〕日，如本作「月節」，今依他本。玉燭寶典四：「後人每以二月八日巡城圍遶，四月八日行像供養，並其遺化，無廢兩存。」二月八日爲釋迦牟尼成佛之日，佛教亦定是日巡城圍遶以致慶，四月八日行像，實是主要節目。

〔二〇〕魏書釋老志：「世祖（拓跋燾）初即位，亦遵太祖（拓跋珪）、太宗（拓跋嗣）之業，於四月八日，輿諸佛像行於廣衢，帝親御門樓臨觀，散花以致禮敬。」則魏皇向佛散花，其有由來矣。

〔二一〕錫者，錫杖也。釋氏要覽中：「梵云隙棄羅，此云錫杖，由振時作錫聲故。」

〔二二〕填咽，即闐噎。左思吴都賦：「冠蓋雲蔭，閭閻闐噎。」劉逵注：「闐噎，人物遍滿之貌。」抱朴子疾謬：「車騎填咽於閭巷。」

〔二三〕藝文類聚七七節録景明寺碑文云：「九土殊方，四生舛類，昏識異受，脩短共時。德表生民，不救泰山之朽壞；義同列辟，豈濟欒水之淪胥。漂鹵倒戈之勢，浮江架海之力，孰不曠息相催，飛馳共盡？

泡沫不足成喻，風電詎可爲言。而皆遷延愛欲，馳逐生死，眷彼深塵，迷茲大夜。坐積薪於火宅，負沈石於苦海。結習靡倦，憂畏延長；身世其猶夢想，榮名譬諸幻化。未能照彼因緣，體茲空假，袪洗累惑，擯落塵埃。苦器易彫，危城難久。自發迹有生，會道無上，劫代緬邈，朕跡遐長。草木不能況，塵沙莫之比。日晷停流，星光輟運，香雨旁注，甘露上懸。降靈迦衛，擁迹忍土。智出須彌，德踰大地。道尊世上，義重天中。銘曰：大道何名，至功不器。理有罔適，法無殊致。能以託生，降體凡位。士覺如遠，一念斯至。德尊三界，神感四天。川流自斷，火室不燃。衣生寶樹，座踊芳蓮。智固有極，道暢無邊。」此銘無邢子才「俯聞激電，旁屬奔星」二句，或是節録之文。

〔二四〕子才名劭，後以字行，十歲能屬文，與時名彦專以山水遊宴爲娱，文章典麗，既贍且速，年未二十，名動衣冠。有書甚多，不甚讎校，嘗謂日思誤書，更是一適。内行修謹，反佛甚切。北齊書三六有傳。

〔二五〕許、郭，謂許劭、郭泰也。見卷二秦太上君寺校箋〔三七〕。

〔二六〕論語先進：「子曰：由之瑟奚爲於丘之門？門人不敬子路。子曰：由也升堂矣，未入於室也。」法言吾子：「詩人之賦麗以則，辭人之賦麗以淫。如孔氏之門用賦也，則賈誼升堂，相如入室矣。」

〔二七〕東吳之句待詳。左思詠史詩有「長嘯激清風，志若無東吳」。

〔二八〕末，如本作「中」，今依吳、王、真意本。北齊書邢子劭傳：「釋巾爲魏宣武挽郎，除奉朝請，遷著作佐郎，深爲領軍元乂所禮。乂新除遷尚書令，令劭作謝表，須臾便成。」元乂爲尚書令，時在孝明帝孝昌元年，是劭之奉朝請，在正光末也。褐，賤者之服，未仕前所服，猶今之短衣。

〔二九〕晉書禮志：「漢魏故事，大喪及大臣之喪，執紼者輓歌，新禮以爲輓歌出於漢武帝役人之勞歌，聲哀切，遂以爲送終之禮。」又：「成帝咸康七年，皇后杜氏崩，有司又奏依舊選公卿以下六品子弟六十人爲挽郎。」初學記：「干寶搜神記曰：挽歌者，喪家之樂，執紼者相和之聲也。挽歌辭有薤露、蒿里二章，出田横門人。横自殺，門人傷之悲歌。至李延年乃分爲二曲，薤露送王公、貴人，蒿里送士大夫、庶人，使挽者歌之。」奉朝請，見卷一建春門内校箋〔三六〕。

〔三〇〕北齊書邢劭傳：「永安初，累遷中書侍郎，普泰中，兼給事黄門侍郎。」黄門，即黄門侍郎，省文也。

〔三一〕北齊書邢劭傳：「博覽墳籍，無不通曉。晚年尤以五經章句爲意，窮其指要，吉凶禮儀，公私諮稟，質疑去惑，爲世指南。每公卿會議，事關典故，劭援筆立成，證引該洽。帝命朝章，取定俄頃。」

〔三二〕虎門，即虎觀也。後書章帝紀：「建初四年，詔下太常，將、大夫、博士、議郎、郎官及諸生、諸儒會白虎觀，講議五經同異。使五官中郎將魏應承制問，侍中淳于恭奏，帝親稱制臨決，如孝宣甘露石渠故事，作白虎議奏。」

〔三三〕北齊書邢劭傳：「孝武太昌初，敕令恒直内省，後除衛將軍、國子祭酒。」

〔三四〕青領，即青衿。詩鄭風子衿：「青青子衿。」毛傳：「青衿，青領也；學子之所服。」

〔三五〕競，如本作「竟」，今依他本改。

〔三六〕洙泗，魯之二水。禮記檀弓：「吾與女事夫子於洙泗之間。」史記孔子世家：「孔子設教於洙泗之上，修詩書禮樂，弟子彌至。」

〔三七〕涕，如本作「辭」，今依吴、王、緑、真意本改。

〔三八〕在，如本作「生」，今依吴、王、緑本改。北齊書邢劭傳：「詔所在特給兵力五人。」與此同。

〔三九〕北齊書邢劭傳：「並令歲一入朝，以備顧問。」

〔四〇〕漢書疏廣傳：「廣字仲翁，東海人也。明春秋，爲太子太傅。兄子受，字公子，亦以賢良舉爲太子家令。廣謂受曰：『吾聞「知足不辱，知止不殆」。今仕至二千石，宦成名立，如此不去，懼有後悔。豈如父子相隨出關，歸老故鄉，以壽命終，不亦善乎？』」祖道，祖餞於道也。詩烝民：「仲山甫出祖。」鄭注：「祖者，行犯軷之祭也。」

〔四一〕遷鄴事，見序校箋〔一七〕。

〔四二〕吴、王、真意本作「前革後沿」，魏書刑罰志：「天平後，遷移草創，百司多不奉法。」

〔四三〕文選劉楨雜詩：「沈迷簿領書，回回自昏亂。」李注：「簿領，謂文簿而記録之。司馬彪莊子注：領，録也。良曰：簿領書，謂文書也。」

〔四四〕昇，如本作「升」，今依他本。温子昇已見卷二秦太上君寺校箋〔三〕。通鑑：「梁武帝大同七年：東魏詔群官於麟趾閣議定法制，謂之麟趾格。冬十月甲寅，頒行之。」

〔四五〕北史邢劭傳：「後除驃騎、西兗州刺史，在州有善政，桴鼓不鳴。吏人姦伏，守令長短，無不知之。吏民爲立生祠，並勒碑頌德。及代，吏人父老及媪嫗皆遠相攀追，號泣不絶。」

〔四六〕北齊書邢劭傳：「有集三十卷，見行於世。」隋志作三十一卷。

〔四七〕北史邢劭傳：「于時與梁和，妙簡聘使，劭與魏收及從子子明被徵入朝，當時文人，皆劭之下。但以不持威儀，名高難副，朝廷不令出境。南人曾問賓司：『邢子才故應是北間第一才士，何爲不作聘使？』答云：『子才文辭實無所愧，但官位已高，恐非復行限。』南人曰：『鄭伯猷護軍猶得將令，國子祭酒何爲不可？』」

大統寺 招福寺、秦太上公二寺

大統寺，在景明寺西，即所謂利民里。寺南有三公令史高顯洛宅〔一〕。每夜見赤光行於堂前，如此者非一。向光明所掘地丈餘，得黄金百斤，銘云：「蘇秦家金，得者爲吾造功德。」顯洛遂造招福寺。人謂此地是蘇秦舊宅〔二〕。當時元乂秉政〔三〕，聞其得金，就洛索之，以二十斤與之。衒之按：蘇秦時未有佛法，功德者不必是寺，應是碑銘之類，頌其聲跡也。東有秦太上公二寺〔四〕，在景明南一里。西寺，太后所立；東寺，皇姨所建〔五〕。並爲父追福，因以名之。時人號爲「雙女寺」。並門鄰洛水，林木扶疎，布葉垂陰。各有五層浮圖一所，高五十丈。素綵畫工〔六〕，比於景明。至於六齋〔七〕，常有中黄門一人監護，僧舍襯施供具〔八〕，諸寺莫及焉。寺東有靈臺一所，基趾雖頽，猶高五丈餘，即是漢光武帝所立者〔九〕。靈臺東辟雍〔一〇〕，是魏武所立者。至我正光中，造明堂於辟雍之西南〔一一〕，上圓下方，八牕四闥。汝南王復造磚浮圖於靈臺之上〔一二〕。孝昌初，妖賊四侵，州郡失據〔一三〕，朝廷設募征格於堂之北〔一四〕，從戎者拜曠野將軍〔一五〕、偏將軍、裨將軍，當時甲胄之士，號明堂隊。時虎賁駱子淵者〔一六〕，自云洛陽人。昔孝昌年〔一七〕，戍在彭城，其同營人樊元寶得假還京〔一八〕，子淵附書一封，令達其家，云：「宅在靈臺南，近洛河〔一九〕，卿但至彼〔二〇〕，家人自出相看。」元寶如其言，至靈臺南，了無人家可問。徙倚欲去〔二一〕，忽見一老翁來，問：「從何而來，彷徨於此？」元寶具向道之。老翁云：「是吾兒也。」取書，引元寶入。遂見館閣崇寬，屋宇佳麗。既坐〔二二〕，命婢取酒。須臾，見婢抱一死小兒而過。元寶初甚怪之，俄而酒至，色甚紅，香美異常。兼設珍羞，海陸具備〔二三〕。飲訖辭還〔二四〕，老翁送元寶出，云：「後會難期。」以爲悽恨，別甚殷勤。老翁還入，元寶不復見其門巷。但見高岸對水，淥波東傾〔二五〕。唯見一童子，可年十五〔二六〕，新溺死，鼻中出血。方知所飲酒是其血也。及還彭城，子淵已失矣。元寶與子淵同戍三年，不知是洛水之神也。

【校箋】

范本序云：「駱子淵者，其亦飲人血之鬼物乎？」余以楊書未必條條皆有意，間中添置靈異者，使文境生動，亦左氏之意也。蓋亦時風如此。

〔一〕洛，如本作「略」，今依廣記三九一改。下文「就洛索之」，尚見其跡。通典二二：「令史，漢官也。後漢尚書令史十八人，曹有三人主書，後增劇曹三人，合二十一人，皆選於蘭臺符節簡練有吏能者爲之。晉宋蘭臺寺正書令史雖行文書，皆有品秩。朱衣執板，給書僮。梁陳與晉宋同，後魏令史亦朱衣執笏，然謂之流外勳品。」

〔二〕蘇秦冢在孝義里西北角，見卷二景寧寺校箋〔九〕。

〔三〕元乂秉政事，見卷一建中寺校箋〔一三〕。

〔四〕秦太上公，如本作「秦太師公」，今依集證、范、周、徐本改。並見卷二秦太上君寺，號父爲秦太上公。

〔五〕皇姨是元乂妻，胡太后妹，封新平郡君，後遷馮翊郡君，拜女侍中。詳魏書元乂傳。

〔六〕畫，如本作「布」，今依吴、王、真意本。

〔七〕六齋，即六日齋。每月之八、十四、十五、二十三、二十九、三十日皆戒齋沐浴，嚴事奉佛。見卷一景樂寺校箋〔九〕。

〔八〕䞋施，猶布施也。䞋亦作嚫。釋氏要覽上：「嚫錢，梵語達嚫拏，此云財施。今略達、拏，但云嚫。五分律云：食後施衣物，名達嚫。」

〔九〕如本無「光」字，今依吴、王本增。靈臺，望氣之臺也。詩大雅靈臺：「經始靈臺，經之營之。」鄭箋：「天子有靈臺者，所以觀祲象，察氣之妖祥也。」水經穀水注：「穀水又逕靈臺北，望雲物也。漢光武所築，高六丈，方二十步。世祖嘗宴於此臺。」據實地鑽探，靈臺遺址範圍約四萬多平方米，周圍有牆，中心有高八米土臺，南北約長四十一米，東西約長三十一米。見文物一九八一年九月期漢魏洛陽故城。

〔一〇〕辟雍，天子所設之太學也。形圓而四面環以水。禮王制：「大學在郊，天子曰辟雍，諸侯曰頖宫。」注：「辟，明也；雍，和也。所以明和天下也。」白虎通：「天子立辟雍何？辟雍所以行禮樂，宣德化也。辟者，璧也；象璧圓，以法天也。雍者，雍之以水，象教化流行也。」陸機洛陽記：「靈臺在洛陽南，去城三里。辟雍在靈臺東，相去一里，俱魏所徙。」

〔一一〕明堂，宣明政教之堂也。五室九階，四户八窗。封軌明堂辟雍議：「明堂者，布政之宫，在國之陽，所以嚴父配天，聽朔設教。」又：「四户者，達四時；八窗者，通八風。若其上圓下方，以則天地；通水環宫，以節觀者。」詳魏書三二封軌傳。

〔一二〕汝南王悦，見卷一景樂寺校箋〔一三〕。

〔三〕魏書肅宗紀：「孝昌元年春正月庚申，徐州刺史元法僧據城反，自稱宋王。二月，齊州郡民房伯和聚衆反。三月，齊州清河民崔畜殺太守董遵，廣川民傅堆執太守劉莽反。八月，柔玄鎮人杜洛周率衆反於上谷，號年真王。十二月，山胡劉蠡升反，自稱天子。二年春正月，五原降户鮮于脩禮反於定州，號魯興元年。三月，西部敕勒斛律洛陽反於桑乾。四月，朔州人鮮于阿胡、庫狄豐樂據城反。六月，絳蜀陳雙熾聚衆反，自號始建王。八月，賊帥元洪業斬鮮于脩禮，請降，爲賊黨葛榮所殺。九月，榮自稱天子，國號齊。閏月，齊州平原民劉樹、劉蒼生聚衆反。」此皆妖賊四侵之實也。

〔四〕魏書肅宗紀：「孝昌元年十二月壬午詔曰：其有失律亡軍，兵戍逃叛，盜賊劫掠，伏竄山澤者，免其往咎，録其後効，別立募格，聽其自新。」北史魏敬宗紀：「班募格，收集忠勇。」通鑑：「梁武帝中大同元年，乃射募格於城中。」注：「募格者，立賞格以募人。」

〔五〕野，吴、王本作「夜」，如本作「掖」，今依集證本。集證云：「按魏書官氏志第九品有曠野將軍，從第九品有偏將軍、裨將軍。此『曠掖』二字，疑是『曠野』之譌也。」

〔六〕駱，珠林一一三、寰宇記三、廣記二九二作「洛」。

〔七〕珠林、廣記無「昔」字，「年」作「中」。

〔八〕「京」下，吴、王本有「師」字。珠林、廣記同。

〔九〕河，吴、王本作「水」，珠林、廣記同。

〔一〇〕如本「但」下有「是」字，今依珠林、廣記。

〔一一〕楚辭哀時命：「然隱憫而不達兮，獨徙倚而彷徉。」注：「徙倚，猶低徊也。」

〔二二〕各本無「坐」上「既」字，今依珠林、廣記增。

〔二三〕具備，吳、王、真意本作「備具」。陸機齊謳行：「海物錯萬類，陸産尚千名。」

〔二四〕辭還，珠林、廣記作「告退」。

〔二五〕東傾，吳、王、真意本作「漣漪」。

〔二六〕「五」上，廣記有「四」字。

報德寺 文覺寺、三寶寺、寧遠寺、正覺寺

報德寺，高祖孝文皇帝所立也。爲馮太后追福〔一〕。在開陽門外三里。開陽門御道東，有漢國子學堂〔二〕。堂前有三種字石經二十五碑〔三〕，表裏刻之；寫春秋、尚書二部，作篆、科斗、隸三種字，漢右中郎將蔡邕筆之遺跡也。猶有十八碑，餘皆殘毁。復有石碑四十八枚，亦表裏隸書，寫周易、尚書、公羊、禮記四部〔四〕。又讚學碑一所〔五〕，並在堂前。魏文帝作典論六碑〔六〕，至太和十七年，猶有四存〔七〕。高祖題爲勸學里。里有文覺〔八〕、三寶、寧遠三寺。武定四年，大將軍遷石經於鄴〔九〕。周迴有園，珍果出焉。有大谷含消梨〔一〇〕，重六斤，從樹著地，盡化爲水〔一一〕。世人云：「報德之梨〔一二〕，承光之柰。」承光寺亦多果木，柰味甚美，冠於京師。勸學里東有延賢里，里內有正覺寺，尚書令王肅所立也〔一三〕。肅字恭懿〔一四〕，琅琊人也，僞齊雍州刺史奂之子也〔一五〕。贍學多通，才辭美茂，爲齊秘書丞。太和十八年，背逆歸順〔一六〕。時高祖新營洛邑，多所造制〔一七〕，肅博識舊事，大有裨益〔一八〕，高祖甚重之，常呼王生〔一九〕。延賢之名，因肅立之。肅在江南之日，聘謝氏女爲

妻〔二〇〕，及至京師，復尚公主〔二一〕。其後謝氏入道爲尼，亦來奔肅。見肅尚主〔二二〕，謝作五言詩以贈之。其詩曰：「本爲箔上蠶〔二三〕，今作機上絲。得路逐勝去〔二四〕，頗憶纏綿時。」公主代肅答謝云：「針是貫綫物，目中恒任絲。得帛縫新去，何能納故時〔二五〕？」肅甚有愧謝之色〔二六〕，遂造正覺寺以憩之〔二七〕。肅憶父非理受禍，常有子胥報楚之意〔二八〕，卑身素服，不聽音樂〔二九〕，時人以此稱之。肅初入國，不食羊肉及酪漿等物〔三〇〕，常飯鯽魚羹，渴飲茗汁。京師士子，見肅一飲一斗〔三一〕，號爲「漏卮」〔三二〕。經數年以後，肅與高祖殿會，食羊肉酪粥甚多。高祖怪之，謂肅曰：「卿中國之味也。羊肉何如魚羹？茗飲何如酪漿〔三三〕？」肅對曰：「羊者是陸産之最，魚者乃水族之長。所好不同，並各稱珍。以味言之，甚是優劣〔三四〕。羊比齊魯大邦，魚比邾莒小國〔三五〕。唯茗不中，與酪作奴〔三六〕。」高祖大笑，因舉酒曰：「三三横，兩兩縱〔三七〕，誰能辨之賜金鍾。」御史中尉李彪曰〔三八〕：「沽酒老嫗瓮注瓨〔三九〕，屠兒割肉與秤同。」尚書右丞甄琛曰〔四〇〕：「吴人浮水自云工，妓兒擲繩在虚空〔四一〕。」彭城王勰曰〔四二〕：「臣始解此是習字〔四三〕。」高祖即以金鍾賜彪〔四四〕。朝廷服彪聰明有智，甄琛和之亦速。彭城王謂肅曰：「卿不重齊魯大邦，而愛邾莒小國？」肅對曰：「鄉曲所美，不得不好。」彭城王重謂曰：「卿明日顧我，爲卿設邾莒之食〔四五〕，亦有酪奴。」因此復號茗飲爲酪奴。時給事中劉縞慕肅之風〔四六〕，專習茗飲。彭城王謂縞曰：「卿不慕王侯八珍〔四七〕，好蒼頭水厄〔四八〕。海上有逐臭之夫〔四九〕，里内有學顰之婦〔五〇〕。以卿言之，即是也。」其彭城王家有吴奴，以此言戲之。自是朝貴讌會，雖設茗飲，皆恥不復食，唯江表殘民遠來降者好之。後蕭衍子西豐侯蕭正德歸降〔五一〕，時元乂欲爲之設茗，先問：「卿於水厄多少？」正德不曉乂意，答曰：「下官雖生於水鄉〔五二〕，而立身以來，未遭陽侯之難〔五三〕。」元乂與舉坐之客皆笑焉。

【校箋】

本篇中高祖殿會，與朝臣對言，反映北人偏見之實。唯高祖熱心漢化，暗示習慣與風俗，可由時間培養醖釀而成，故以「習」字爲戲，其附和者皆加賞賜，可謂妙喻。

〔一〕馮太后，即高宗文成文明皇后，馮朗女，孝文帝祖母，長樂信都人。臨朝專政，先後凡二十年。魏書一三本傳曰：「高祖詔曰：朕以虚寡，幼纂寶歷，仰恃慈明，緝寧四海，欲報之德，正覺是憑。諸鷙鳥傷生之類，宜放之山林，其以此地爲太皇太后經始靈塔。於是罷鷹師曹，以其地爲報德佛寺。」又釋老志：「太和四年春，詔以鷹師爲報德寺。」

〔二〕文選閒居賦注引郭緣生述征記：「國學在辟雍東北五里，太學在國學東二百步。」河南志二：「太學，光武建武五年起。陸機洛陽記曰：在開陽門外，去宫八里。講堂長十丈，廣三丈。靈帝召諸儒正定五經，刊石於是。」

〔三〕水經穀水注：「穀水又東逕國子太學石經北，東漢靈帝光和六年（一八三），刻石鏤碑載五經，立于太學講堂前，悉在東側。蔡邕以熹平四年（一七五），與五官中郎將堂谿典、光禄大夫楊賜、諫議大夫馬日磾、議郎張馴、韓説、太史令單颺等，奏求正定六經文字，靈帝許之。邕乃自書丹于碑，使工鐫刻，立于太學門外。于是後儒晚學，咸取正焉。魏正始中，又立古、篆、隸三字石經，樹之於堂西。石長八尺，廣四尺，列石於其下，碑石四十八枚，廣三十丈。魏明帝又刊典論六碑，附于其次。陸機言：太學贊，别一碑，在講堂西，下列石龜碑，載蔡邕、韓説、堂谿典等名。太學弟子贊，復一碑，在外門中。今二碑並無。石經東有一碑，是漢順帝陽嘉元年立，碑文云：建武二十七年造太學，年積毁壞。永建六年九月，詔書修太學，刻石記年，用作工徒十一萬二千人，陽嘉元年八月作畢。碑南面刻頌，表裏鏤字，猶存不破。石經淪缺，存半毁幾，駕言永久，諒用憮焉。」御覽五八九引西征記：「國子堂前有列碑，南北行，三十五枚，刻之表裏，書春秋經、尚書二部，大篆、隸、科斗三種字。碑長八尺，今有十八枚存，餘皆崩。太學堂前石碑四十枚，亦表裏隸書尚書、周易、公羊傳、禮記四部，本石塘相連，多崩敗。又太學贊碑一所，漢建武中立。時草創未備，永建六年，詔下三府繕治。有魏文帝典論六碑，今四存二敗。」各書所列碑數雖或不同，而一字石經及三字石經則分別了然。三字石經者，先列古文（科斗），次列篆文，再次列隸書，魏正始中立，書石者不可考，其與一字石經不同。一字石經者，僅爲隸書，書石者爲漢熹平中蔡邕等人，世或稱熹平石經。前者或稱魏石經。今衒之以魏三字石經爲蔡邕遺墨，殆其記憶有誤；或此「漢右中郎將蔡邕筆之遺跡也」句，在下「禮記四部」句下。刻者誤入，亦未可知也。

〔四〕按此爲漢熹平一字石經，漢靈帝熹平四年奏定，至光和六年刻成。有周易、尚書、魯詩、儀禮、春秋及公羊傳、論語等書，今所見殘碑中，禮記碑有馬日磾、蔡邕等名，則一字石經爲蔡邕等書無疑。別詳張國淦歷代石經考。

〔五〕讚學碑，如本作「讀書碑」，今依吴、王、真意本。按河南志三、説郛四亦作「讚學碑」。

〔六〕六，如本作「云」，今依吴、王本改。按水經注、河南志、説郛亦作「六」。三國魏志明帝紀：「太和四年二月戊子，以文帝典論刻石立於廟門之外。」

〔七〕「存」字，如本空格，今依緑本、真意本增。

〔八〕「文」，他本作「大」。按大覺寺見卷四，不當重複，此作「文」是。

〔九〕鄰，如本作「潁」，今依他本改。按河南志、説郛亦作「鄰」。魏書孝靜帝紀：「武定四年八月，移洛陽漢魏石經於鄴。」隋志：「後魏之末，齊神武（高歡）執政，自洛陽徙于鄴都。行至河陽，值岸崩，遂没於水，其得至鄴者，不盈大半。」又此二句殆在上「猶有四存」句下，亦刻者誤入邪？大將軍即高澄也。

〔一〇〕緑本、真意本有「含消」二字，今據補。按御覽九六九、説郛亦有。潘岳閒居賦：「張公大谷之梨」。李注：「廣志曰：洛陽北芒山有張公夏梨，甚甘，海内惟有一樹。大谷，未詳。」張衡東京賦：「盟津達其後，太谷通其前。」李善注：「太谷在輔氏北，洛陽西也。洛陽記曰：太谷，洛城南五十里，舊名通谷。」

〔一一〕「重六」以下十一字，據緑本、真意本補。按説郛亦有。御覽作「重六斤，禁苑所無也，從樹投地，盡散爲水焉。」酉陽雜俎十：「洛陽報德寺梨重六斤。」

〔一二〕「世人云」以下七字，據御覽補，徐本同。按以上三條，各本皆有脱略，故文義晦澀難明，獨御覽所引爲備，今據補。

〔一三〕王肅，魏書六三、北史四二皆有傳。

〔一四〕恭，如本作「公」，今依吴、王、真意本及魏書本傳改，御覽四九三同。

〔一五〕王奂，南齊書四九、南史二三皆有傳。

〔一六〕魏書六三王肅傳：「父奂及兄弟並爲蕭賾所殺，肅自建業來奔，是歲，太和十七年也。」南史二三王奂傳：「出爲雍州刺史。司馬黄瑶起、寧蠻長史裴叔業於城内起兵攻奂。奂聞兵入，禮佛，未及起，軍人斬之。子彪及弟爽、弼，殷叡皆伏誅。長子融及弟琛棄市，琛弟肅、秉並奔魏。」

〔一七〕「制」下，如本有「論」字，今依吴、王、緑本、真意本删。按廣記、河南志亦無「論」字。

〔一八〕北史四二王肅傳：「自晉氏喪亂，禮樂崩亡，孝文雖釐革制度，變更風俗，其間朴略，未能淳也。肅明練舊事，虚心受委，朝儀國典，咸自肅出。」南齊書魏虜傳：「王肅爲虜制官品，百司皆如中國，凡九品，品各有二。」

〔一九〕魏書王肅傳：「高祖器重禮遇，日有加焉。親貴舊臣，莫能間也。或屏左右，相對談説，至夜分不罷。肅亦盡忠輸誠，無所隱避，自謂君臣之際，猶玄德之遇孔明也。」

〔二〇〕按王肅子王紹墓誌稱肅妻「陳郡謝氏，父莊，右光禄大夫，憲侯。」肅女世宗貴華王普賢墓誌同。

〔二一〕魏書王肅傳：「詔肅尚陳留長公主，本劉昶子婦彭城公主也。」南齊書魏虜傳：「肅初奔虜，自説其家被誅事狀，（元）宏爲之垂涕，以第六妹僞彭城公主妻之，封肅平原郡公，爲宅舍，以香塗壁，遂見信用。」

〔二二〕「其後謝氏」以下十六字，各本無，今據廣記四九三增。

〔二三〕箔，養蠶之具也。齊民要術種桑柘：「比至再眠，常須三箔，中箔上安蠶。」注：「下箔障土氣，上箔防塵埃。」

〔二四〕勝，婦女首飾也。釋名釋首飾：「華勝：華，象草木華也；勝，言人形容正等，一人著之則勝，蔽髮前爲飾也。」荆楚歲時記：「正月七日，鏤金箔爲人，以貼屏風，亦戴之頭鬢。」此言肅得意於魏也。丁福保輯北魏詩，路作「絡」，周本云：「絡爲繞絲者，勝爲機上之持經者。勝或呼爲甑。説文字從木作榺。絡、勝皆機上絲而言，但語意雙關。」亦備一説。明焦竑筆乘續集三「次韻非始唐人」曰：次韻爲詩，以此爲始，初不待元白而後然也。

〔二五〕納，如本作「衲」，古通用，今依吴、王、真意本。按廣記亦作「納」。納，補綴也。新方言釋器：「今淮南吴越謂刺繡爲納繡，直隸謂粗縫曰納。」

〔二六〕「有」字，如本無，今依吴、王、真意本增。

〔二七〕魏書王肅傳：「子紹，肅前妻謝生也。肅臨薨，謝始携二女及紹至壽春。」蓋其時肅之任所在壽春也。肅女王普賢墓誌：「考昔鍾家恥，投誠象魏。夫人痛皋魚之晚悟，感樹靜之莫因，遂乘險就夷，庶恬方寸。惟道冥昧，仍罹極罰，茹荼泣血，哀深乎禮。」子王紹墓誌：「考司空深侔伍氏之概，必誓異天之節，乃鵠立象魏，志雪寃恥。君年裁數歲，便慨違晨省。念闕温清，提誠出嶮，用申膝慶。天道茫茫，俄鍾極罰，嬰號茹血，哀瘠過禮。」

〔二八〕子胥，即伍員也。父奢、兄尚皆爲楚平王所殺。員後奔吴，佐吴伐楚，以報宿仇。見左傳及史記伍子胥傳。

〔二九〕「音」字，如本無，今依吴、王、真意本增。

〔三〇〕漢書西域傳：「以肉爲食兮酪爲漿。」李陵答蘇武書：「羶肉酪漿，以充飢渴。」

〔三一〕見，如本作「道」，今依他本。斗，酒器也。俗言大斗小斗，猶今大杯小杯也。詩大雅行葦：「酌以大斗」是也。

〔三二〕漏巵，漏酒器也。淮南子氾論訓：「今夫霤水足以溢壺榼，而江河不能實漏巵，故人心猶是也。」

〔三三〕吴、王本作「羊肉何如？魚羹何如？茗飲酪漿何如？」

〔三四〕甚是，吴、王本作「是有」，真意本作「甚有」。

〔三五〕邾、莒，皆春秋時近齊魯之小國，後爲楚所滅。

〔三六〕謂茗汁遠不如酪漿之貴重也。不中，不合時地也。與酪作奴，與酪食之人作奴屬也。此隱語也。

〔三七〕此設字謎也。橫即橫畫，縱即豎畫，三三橫兩兩豎，「習」字也。趙翼陔餘叢考二二：「謎者古之隱語，始自左傳。劉歆七略有隱書十八篇，今不傳。或謂謎者始自曹魏，則引此文爲證。」

〔三八〕尉，各本作「丞」，今依魏書李彪傳及廣記一七四、類説六改。按通典二四：「御史中丞，後魏時爲御史中尉。秩爲三品。」並見魏書官氏志。彪字道固，頓丘衛國人。孝文以有史才，故賜名。官秘書丞，參著作。見本傳及卷二正始寺。

〔三九〕瓮，吴、王、真意本作「甕」，古通用。瓨，如本從土作「坬」，非。集證本云：「坬當是瓨字之誤。説文：瓨，似罌，長頸，受十升；讀若洪，從瓦，工聲。此與上下句協韻也。」瓮，大酒罌也；瓨，細頸罌也。上句言老嫗以大罌注酒入細瓨，而涓滴不遺。下句言屠兒割肉，銖兩不差，與秤相似。皆以技精術熟，自成習慣，影射「習」字也。

〔四〇〕右丞，廣記作「左丞」。魏書六八甄琛傳：「琛字思伯，中山毋極人，頗學經史，稱有刀筆。太和初，拜中書博士，遷諫議大夫。世宗時，曾隨高肇伐蜀。正光間，爲車騎將軍。死贈尚書左僕射。」

〔四一〕繩，如本作「絶」，非，今依他本。二句亦以技熟自成習慣也。亦「習」字之意。

〔四二〕元勰事，見卷一永寧寺校箋〔五四〕。

〔四三〕「此」下，如本有「字」字，今依吴、王本删。

〔四四〕通鑑一四〇：「魏高祖好賢樂善，情如飢渴。所與遊接，常寄以布素之意，如李沖、李彪、高閭、王肅、郭祚、宋弁、劉芳、崔光、邢巒之徒，皆以文雅見親，貴顯用事。」金鍾，金製酒器也。

〔四五〕食，御覽八六七、錦繡萬花谷三五作「飱」。

〔四六〕縞，吳、王、真意本作「鎬」，御覽則作「縞」。

〔四七〕周禮天官膳夫：「凡王之饋，食用六穀，膳用六牲，飲用六清，羞用百有二十品，珍用八物。」鄭注：「珍謂淳熬、淳毋、炮豚、炮牂、擣珍、漬、熬、肝膋也。」輟耕録：「所謂迤北八珍，則醍醐、麆吭、野駝蹄、鹿唇、駝乳糜、天鵝炙、紫玉漿、玄玉漿也。」後又以龍肝、鳳髓、豹胎、鯉尾、鶚炙、猩唇、熊掌、酥酪蟬爲八珍。

〔四八〕蒼頭，謂奴僕也。見卷一永寧寺校箋〔八六〕。水厄，飲茶過多之爲患也。紺珠集：「濛好飲茶，人過輒飲之，士大夫甚以爲苦，每欲候濛，必云今日有水厄。」

〔四九〕吕覽遇合篇：「人有大臭者，其親戚兄弟妻妾知識無能與居者，自苦而居海上。海上人有説其臭者，晝夜隨之而弗能去。」曹植與楊德祖書：「蘭茝荃蕙之芳，衆人之所好，而海畔有逐臭之夫。」

〔五〇〕莊子天運篇：「西施病心而矉其里，其里之醜人見而美之，歸亦捧心而矉其里，其里之富人見之，堅閉門而不出。貧人見之，挈妻子而去之走。」矉、顰字通用。

〔五一〕蕭正德，梁臨川王蕭宏第三子。梁書、南史並有傳。通鑑一四九：「梁武帝普通三年，太子統之未生也，上養臨川王宏之子正德爲子。及太子統生，正德還本，賜爵西豐侯。正德怏怏不滿意，常蓄異謀。頃之，奔魏，自稱廢太子，避禍而來。後又自魏逃歸，上泣而誨之，復其封爵。」

〔五二〕下官，見卷二龍華寺校箋〔一五〕。水鄉，指江南而言。陸機答張士然詩：「余固水鄉士。」「雖」字，如本無，今依吴、王本增。

〔五三〕陽侯，水神。國策韓策：「塞漏舟而輕陽侯之波。」漢書揚雄傳注引應劭曰：「陽侯，古之諸侯也。有罪自投江，其神爲大波。」淮南子覽冥訓：「武王伐紂，渡于孟津，陽侯之波，逆流而擊。」注：「陽侯，陵陽國侯也。其國近水，溺水而死，其神能爲大波，有所傷害，因謂之陽侯之波也。」

龍華寺 追聖寺

龍華寺，廣陵王所立也〔一〕。追聖寺，北海王所立也〔二〕。並在報德寺之東〔三〕。法事僧房，比秦太上公。京師寺皆種雜果，而此三寺，園林茂盛，莫之與爭。

【校箋】

〔一〕此廣陵王當是元羽。魏書二一有傳。羽子恭，永安中佯啞遁住此寺以避禍，見卷二平等寺。鈎沈以爲是廣陵王元欣，非也。按欣爲恭兄，初封沛郡王，改封淮陽王，出帝元脩時復封廣陵王，其時恭已被弒。是欣之封廣陵爲時殊晚。且恭在永安中已佯啞住此寺，則此寺非元欣所立明矣。元羽及北海王元詳皆高祖弟，獻文帝子。

〔二〕北海王當是元詳。魏書二一有傳。元詳，獻文帝子，元顥父。金石萃編二七有比丘法生爲北海王母子造像記，云：「爲孝文皇帝並北海王母子造。」又龍門古陽洞有北海王太妃高氏造像及北海王元詳造像，見日人永野清一、長生敏雄著龍門石窟之研究。皆證元詳信佛之篤也。

〔三〕德，如本作「恩」，今依他本。

宣陽門 歸正寺

宣陽門外四里至洛水〔一〕，上作浮橋，所謂永橋也〔二〕。神龜中〔三〕，常景爲汭頌〔四〕，其辭曰：「浩浩大川，泱泱清洛〔五〕，導源熊耳〔六〕，控流巨壑。納穀吐伊〔七〕，貫周淹亳〔八〕。近達河宗〔九〕，遠朝海若〔一〇〕。兆唯洛食〔一一〕，實曰土中〔一二〕。上應張柳〔一三〕，下據河嵩〔一四〕。寒暑攸叶，日月載融〔一五〕。帝世光宅〔一六〕，函夏同風〔一七〕。前臨少室，却負太行〔一八〕。制巖東邑〔一九〕，峭峘西疆〔二〇〕。四險之地，六達之莊〔二一〕。恃德則固，失道則亡。詳觀古列〔二二〕，考見丘墳〔二三〕。乃禪乃革〔二四〕，或質或文〔二五〕。周餘九裂〔二六〕，漢季三分〔二七〕。魏風衰晚，晉景彫曛〔二八〕。天地發輝〔二九〕，圖書受命〔三〇〕。皇建有極〔三一〕，神功無競。魏籙仰天〔三二〕，玄符握鏡〔三三〕。璽運會昌〔三四〕，龍圖受命〔三五〕。乃睠書軌〔三六〕，永懷寶定〔三七〕。敷茲景跡，流美洪謨〔三八〕。襲我冠冕，正我神樞〔三九〕。水陸兼會，周鄭交衢〔四〇〕。爰勒洛汭，敢告中區〔四一〕。」南北兩岸有華表〔四二〕，舉高二十丈。華表上作鳳凰似欲沖天勢。永橋以南，圜丘以北〔四三〕，伊洛之間，夾御道：東有四夷館〔四四〕，一曰金陵，二曰燕然，三曰扶桑，四曰崦嵫。道西有四夷里〔四五〕，一曰歸正，二曰歸德，三曰慕化，四曰慕義。吳人投國者，處金陵館，三年已後，賜宅歸正里。景明初〔四六〕，僞齊建安王蕭寶夤來降〔四七〕，封會稽公，爲築宅於歸正里，後進爵爲齊王〔四八〕，尚南陽長公主〔四九〕。寶夤恥與夷人同列〔五〇〕，令公主啓世宗，求入城内。世宗從之，賜宅永安里。正光四年中，蕭衍子西豐侯蕭正德來降〔五一〕，處金陵館，爲築宅歸正里。正德捨宅爲歸正寺。北夷來附者，處燕然館，三年已後，賜宅歸德里。正光元年〔五二〕，蠕蠕主郁久閭阿那肱來朝〔五三〕，執事者莫知所處。中書舍人常景議云：「咸寧中〔五四〕，單于來朝，晉世處之王公、特進之下，可班那肱蕃王、儀同之間。」朝廷從其議。又處之燕然館，賜宅歸德里。北夷酋長遣子入侍者，常秋來春去，避中國之熱，時人謂之雁臣〔五五〕。東夷來附者，處扶桑館，賜宅慕化里。西夷來附者，處崦嵫館，賜宅慕義里。自葱嶺已西〔五六〕，至於大秦〔五七〕，百國千城，莫不歡附〔五八〕。商胡販客，日奔塞下〔五九〕，所謂盡天地之區已〔六〇〕。樂中國土風，因而宅者，不可勝數。是以附化之民，萬有餘家。門巷修整，閭闔填列，青槐蔭陌，緑柳垂庭〔六一〕，天下難得之貨，咸悉在焉。別立市於洛水南〔六二〕，號曰四通市，民間謂永橋市。伊洛之魚，多於此賣，士庶須膾，皆詣取之。魚味甚美。京師語曰：「洛鯉伊魴〔六三〕，貴於牛羊。」永橋南道東有白象、獅子二坊。白象者，永平二年乾陀羅國胡王所獻〔六四〕。背設五綵屏風〔六五〕，七寶坐床，容數人，真是異物。常養象於乘黃曹〔六六〕，象常壞屋敗牆，走出於外，逢樹即拔，遇牆亦倒〔六七〕。百姓驚怖，奔走交馳。太后遂徙象於此坊。獅子者，波斯國胡王所獻也〔六八〕。爲逆賊万俟醜奴所獲〔六九〕，留於寇中。永安末，醜奴破，始達京師〔七〇〕。莊帝謂侍中李彧曰〔七一〕：「朕聞虎見獅子必伏，可覓試之〔七二〕。」於是詔近山郡縣捕虎以送。鞏縣、山陽並送二虎一豹〔七三〕，帝在華林園觀之。於是虎豹見獅子，悉皆瞑目，不敢仰視。園中素有一盲熊〔七四〕，性甚馴，帝令取試之。虞人牽盲熊至〔七五〕，聞獅子氣，驚怖跳踉，曳鎖而走。帝大笑。普泰元年，廣陵王即位，詔曰：「禽獸囚之則違其性，宜放還山林。」獅子亦令送歸本國。送獅子胡以波斯道遠，不可送達，遂在路殺獅子而返。有司糾劾，罪以違旨論。

廣陵王曰：「豈以獅子而罪人也？」遂赦之〔七六〕。

【校箋】

此條文注分明，筆法謹嚴，可見作書體例之實矣。

〔一〕閒居賦注引楊佺期洛陽記曰：「城南七里，名曰洛水。」

〔二〕水經穀水注：「穀水又東逕宣陽門南，故苑門也。皇都遷洛，移置於此。對閶闔門南，直洛水浮桁。故東京賦曰：泝洛背河，左伊右瀍者也。」河南郡縣境界簿：「城南五里洛水浮橋。」魏書成淹傳：「于時宮殿初構，經始務廣，兵民運材，日有萬計……淹遂啓求，敕都水造浮航，高祖賞納之。」則此橋爲魏高祖遷都初所建也。

〔三〕魏書八二常景傳：「既而蕭綜降附，徐州清復，遣景兼尚書，持節馳與行臺、都督觀機部分。景經洛汭，乃作銘焉。」按蕭綜降魏，時在孝昌元年，前後相隔七八年，此云神龜，殆是衒之憶誤。景事跡並見卷一永寧寺及校箋〔四八〕。

〔四〕汭頌，吳、王本作「勒銘」，真意本作「勒頌」。

〔五〕泱泱，如本作「決決」，非，今依集證改。詩小雅瞻彼洛矣：「瞻彼洛矣，惟水泱泱。」毛傳：「泱泱，深廣貌。」

〔六〕熊耳，山名。書禹貢：「導洛自熊耳。」孔傳：「在宜陽之西。」水經洛水注：「洛水又東逕熊耳山北，禹貢所謂導洛自熊耳。博物志曰：洛出熊耳。蓋開其源者是也。」按熊耳山在河南省宜陽縣西南，盧氏縣東南，陝西育縣西，唯盧氏爲導洛所自，洛水在其北也。

〔七〕水經洛水注：「又東過洛陽縣南，伊水從西來，注之。」又伊水注：「又東北至洛陽縣南，北入于洛。」穀水源於澠池穀陽谷，伊水源於盧氏熊耳山。皆入洛水。

〔八〕周，周公所營之洛邑也。亳，商舊都西亳，在今河南省偃師縣西。二地皆洛水之所經過。

〔九〕水經洛水注：「洛水又東，濁水注之，即古黃水也。」河宗，洛水以河爲宗。

〔一〇〕莊子秋水：「於是焉河伯始旋其面目，望洋向若而歎。」釋文引司馬云：「若，海神。」

〔一一〕書洛誥：「我乃卜澗水東，瀍水西，惟洛食。」

〔一二〕曰，如本作「同」，今依吳、王本。書召誥：「王來紹上帝，自服于土中。」蔡傳：「洛邑，天地之中，故謂之土中。」漢書地理志：「昔周公營洛邑，以爲在于土中，諸侯蕃屏四方，故立京師。」

〔一三〕應，吳、王、真意本作「映」。張、柳，二星名。漢書地理志：「周地，柳、七星、張之分野也。今之河南雒陽、穀城、平陰、偃師、鞏、緱氏，是其分也。」

〔一四〕河，黃河；嵩，嵩山。

〔一五〕叶，協之俗字，和也。載，則也。融，明也。

〔一六〕光宅，見序校箋〔一〇〕。

〔一七〕函夏同風，如本作「口函下風」。今依唐、張本。按全後魏文亦作「函夏同風」。漢書揚雄傳：「以函夏之大漢兮，彼曾何足與比功。」注：「服虔曰：函夏，函諸夏也。師古曰：函，包容也；函，讀與含同。」晉書左貴嬪傳：「函夏同慶。」

〔一八〕少室山，在嵩高，已見景明寺校箋〔二〕。太行山，起河南省濟源縣，北入山西省，在洛陽之北，故云「却負」。

〔一九〕左傳隱公元年：「制，巖邑也；虢叔死焉。」爾雅釋山：「巖，巉巖；山貌也。」成皋四面皆山，故曰巖邑。左傳隱公五年：「而不虞制人。」杜注：「北制，鄭邑；今河南成皋縣也。一名虎牢。」今河南汜水縣西是也。

〔二〇〕崤，各本作「峭」。范本云：「峭字義不合，疑崤字之誤。崤山在洛陽之西，與上制邑正相對。崤字爲峭，蓋形近而譌。」今從之。爾雅釋山：「峘，小山岌大山。」疏：「小山與大山相並，而小山高過于大山者名峘。」

〔二一〕爾雅釋宮：「六達謂之莊。」郝疏：「按莊之言壯，壯亦大也。」玉篇：「六達曰莊。」

〔二二〕列，各本作「昔」，古列，即列古。

〔二三〕丘、墳，謂三墳、五典、八索、九丘，古書也。見左傳昭公十二年，並卷首序校箋〔一〕。

〔二四〕禪，讓也；革，除也。此指堯舜禪讓，湯武革命也。

〔二五〕夏尚質，周尚文。上二句乃謂時代當如此轉變也。

〔二六〕裂，如本作「列」，古通用。今從吴、王、真意本。九裂，分九州也。

〔二七〕季，末葉也。諸葛亮出師表：「天下三分。」魏、蜀、吴也。

〔二八〕景，同影，日影也。曛，日晚餘光也。集韻文韻：「日入餘光。」此喻西晉之凋殘也。

〔二九〕輝，如本作「揮」，今從吴、王、真意本改。

〔三〇〕圖書，河圖洛書也。易繫辭：「河出圖，洛出書，聖人則之。」張衡東京賦：「龍圖授羲，龜書畀姒。」薛綜注：「尚書傳曰：伏羲氏王天下，龍馬出河，遂則其文，以畫八卦，謂之河圖。」書洪範孔傳：「洛出書，謂神龜負文而出，列于背，有數至九。」

〔三一〕書洪範：「五，皇極，皇建其有極。」孔傳：「皇，大也；極，中也。凡立事當用大中之道。大立其有中，謂行九疇之義。」

〔三二〕籙，圖籙也。見卷首序校箋〔一〇〕。

〔三三〕符，符命也。揚雄劇秦美新：「玄符靈契。」李注：「玄符，天符也。」鏡，猶光明也。後書班固傳：「榮鏡宇宙。」注：「鏡，猶光明也。」梁元帝玄覽賦：「粤我皇之握鏡，實乃神而乃聖。」

〔三四〕會昌，會慶也。左思蜀都賦：「天帝運期而會昌。」李注：「昌，慶也。」

〔三五〕孫星衍以爲上既言「圖書當命」，此又見「龍圖受命」，殆衍文也。勇按，此重文也，重複而加强其語意也。孫說非是。

〔三六〕禮記中庸：「今天下車同軌，書同文，行同倫。」睠同眷，顧也。

〔三七〕寶，吴、王、真意本作「保」，古通用。詩小雅天保：「天保定爾，亦孔之固。」

〔三八〕謨，吴、王、真意本作「模」。

〔三九〕樞，杻也，即治國之中樞也。

〔四〇〕洛陽，春秋時東周都城，與鄭國毗近，故云「交衢」。

〔四一〕中區，中國也。後漢書蔡邕傳：「納玄策於聖德，宣太平於中區。」

〔四二〕華表，柱識也。古今注：「程雅問曰：堯設誹謗之木，何也？答曰：今之華表木也。以橫木交柱頭，狀若花也。形似桔槔。大路交衢悉施焉。或謂之表木，以表王者納諫也。亦以表識衢路。秦乃除之，漢始復修焉。今西京謂之交午木。」

〔四三〕圜，吴、王本作「圓」，古通。圜丘，冬日祭天之所也。後世所謂天壇是也。周禮春官大司樂：「冬日至，於地上之圜丘奏之。」疏：「土之高者曰丘。圜者，象天圜也。因高以事天，故於地上。」魏書世宗紀：「景明二年十一月壬寅，改築圜丘於伊水之陽。」

〔四四〕如本此上亂。作「夾御道有四夷館，道東有四館」，今依文例改。周本同。並見下高陽王寺下「城南有四夷館」句。通鑑一四九：「時魏方彊盛，於洛水橋南御道東作四館，道西立四里。有自江南來降者，處之金陵館，三年之後，賜宅歸正里。自北燕降者，處燕然館，賜宅於歸德里。自東夷降者，處扶桑館，賜宅於慕化里。自西夷降者，處崦嵫館，賜宅於慕義里。」胡注：「四館皆因四方之地爲名。金陵在江南；燕然在漢北；扶桑在東，日所出；崦嵫在西，日所入。」

〔四五〕「一曰金陵」以下廿字，如本脱，今依吴、王、緑、真意本補。唯吴、王等本「曰」字作「名」，今依下文及河南志三改。

〔四六〕景明，宣武帝元恪年號。已見景明寺校箋〔一〕。

〔四七〕夤，如本作「寅」，今依吴、王本。寶夤，字智亮，齊明帝蕭鸞第六子，廢主寶卷之母弟也。封建安王。蕭衍克建業，寶夤於景明二年逃歸北魏。後入關征万俟醜奴，連年不勝，慮見猜責，遂反。永安三年爾朱光天破醜奴，並擒寶夤，賜死。見魏書五九、北史二九、南史四四本傳。

〔四八〕景明四年寶夤爲揚州刺史，晉爲齊王。見北史本傳。

〔四九〕魏書蕭寶夤傳：「尋尚南陽公主，賜帛一千匹，并給禮具。公主有婦德，事寶夤盡肅雍之禮。」

〔五〇〕「列」字如本空缺，今依吴、王、緑、真意本補。按河南志亦作「列」。

〔五一〕蕭正德歸降事，見報德寺校箋〔五二〕。

〔五二〕河南志作「正光中」。

〔五三〕蠕蠕，如本空格。主郁，如本作「至郁」，今依緑本、真意本改。那肱，如本作「郍舷」，今依吴、王本改。集證云：「案蠕蠕，國名也。『郁久閭』三字姓也。『阿那肱』三字名也。當作蠕蠕主郁久閭阿那肱來朝。」按蠕蠕，古北方蠻族，初號柔然，宋齊時稱芮芮，後魏世祖改爲蠕蠕。魏書蠕蠕傳：「蠕蠕，東胡之苗裔也。姓郁久閭氏。世祖以其無知，狀類於蟲，故改其號爲蠕蠕。」魏書肅宗紀：正光元年九月壬辰，蠕蠕主阿那瓌來奔。十一月，封朔方郡開國公。十二月，詔送北歸。

〔五四〕魏書常景傳：「正光元年九月，蠕蠕主阿那瓌歸闕，朝廷疑其位次。高陽王雍訪景，景曰：昔咸寧中，南單于來朝，晉世處之王公、特進之下。今日爲班，宜在蕃王、儀同三司之間，雍從之。」咸寧，晉武帝年號。其五年，匈奴都督率部落歸化。見晉書武帝紀。

〔五五〕北史五四斛律金傳：「魏除爲第二領人酋長，秋朝京師，春還部落，號曰雁臣。」

〔五六〕葱嶺，即今帕米爾高原，在敦煌西八千里，山高大，上生葱，是通西域之要道也。魏書西域傳：「西域本有二道，後更爲四出。從莎車西行一百里至葱嶺，葱嶺西一千三百里至伽倍爲一道。自莎車西南五百里至葱嶺，葱嶺西南一千三百里至波路爲一道焉。」

〔五七〕大秦，即古東羅馬帝國。魏書西域傳：「大秦國，一名黎軒，都安都城，地方六千里，居兩海之間，其地平正，其人端正長大，衣服車旗，擬儀中國，故外域謂之大秦。其土宜五穀桑麻，人務蠶田。」

〔五八〕歡，吴、王、真意本作「欵」。

〔五九〕後書西域傳：「馳命走驛，不絶於時月，商胡販客，日欵於塞下。」

〔六〇〕已，吴、王本作「矣。」

〔六一〕柳，如本作「樹」，今依吴、王、緑、真意本。

〔六二〕洛，如本作「樂」，今依他本。按河南志亦作「洛」。

〔六三〕吴、王、真意本作「伊洛鯉魴」，河南志、御覽九三六同。

〔六四〕「陀」字各本無，今據廣記四四一、河南志增。按卷五宋雲行記亦作「乾陀羅國」。魏書世宗紀：「永平二年正月壬辰，嚈噠、薄知國遣使來朝，貢白象一。」卷五宋雲行記云：乾陀羅國爲嚈噠所滅。故本書仍從舊記。乾陀羅在天竺，大唐西域記作「健馱羅」，云其國東西千餘里，南北八百餘里，東臨信渡河。

〔六五〕背設，各本作「皆施」，今依廣記、河南志改。綵，吴、王、真意本作「彩」，古通用。

〔六六〕常、嘗，古通用。下「常」字同。乘黄曹，見卷一建中寺校箋〔六〕。

〔六七〕亦，吴、王、真意本作「則」。

〔六八〕魏書西域傳：「波斯國，都宿利城，在忸密西，古條支國也。去代二萬四千二百二十八里。城方十里，户十餘萬。出名馬、大驢及駝，又出白象、獅子。神龜中，其國遣使上書貢物。」又云：「嚈噠國於正光末（五二四）遣使貢獅子一，至高平，遇万俟醜奴反，因留之。醜奴平，送京師。」按嚈噠國爲大月氏種，在于闐西，去長安一萬一百里，都拔底延。其時國勢正强，波斯乃其附庸，魏書西域傳名異而實同，唯通鑑載此事於梁大通二年（五二八），時間稍有不同耳。

〔六九〕俟，如本作「侯」，今依他本。

〔七〇〕魏書孝莊紀：「永安三年四月丁卯，雍州刺史爾朱天光討醜奴、蕭寶夤於安定，破擒之，囚送京師。」

〔七一〕彧，如本作「或」，非，今依河南志、魏書、集證本改。按李彧字子文，隴西李延寔子，尚莊帝姊豐亭公主，封東平郡公，位侍中、左光禄大夫、中書監。見魏書八三李延寔傳。

〔七二〕試，如本作「誠」，非，今依他本。

〔七三〕鞏縣，魏屬北豫州成皋郡，即今河南鞏縣。山陽，魏屬司州汲郡，在今河南脩武西北。

〔七四〕有，吴、王本作「育」。

〔七五〕虞人，掌獸者。禮王制：「獺祭魚，然後虞人入澤梁。」孟子滕文公：「招虞人以旌，不至，將殺之。」朱子注：「虞人，守苑囿之吏也。」

〔七六〕通鑑一五五亦記殺獅赦人事。

菩提寺

菩提寺，西域胡人所立也。在慕義里。沙門達多發塚取甎，得一人以進。時太后與明帝在華林都堂〔一〕，以爲妖異，謂黄門侍郎徐紇曰〔二〕：「上古以來，頗有此事否？」紇曰：「昔魏時發塚，得霍光女壻范明友家奴〔三〕，説漢朝廢立，與史書相符。此不足爲異也。」后令紇問其姓名，死來幾年，何所飲食？死者曰：「臣姓崔名涵，字子洪，博陵安平人也。父名暢，母姓魏，家在城西阜財里〔四〕。死時年十五，今滿二十七，在地下十有二年〔五〕，常似醉卧，無所食也。時復遊行，或遇飯食，如似夢中，不甚辨了。」后即遣門下録事張秀攜詣阜財里訪涵父母〔六〕。果得崔暢，其妻魏氏。秀攜問暢曰：「卿有兒死否？」暢曰：「有息子涵〔七〕，年十五而死。」秀攜曰：「爲人所發，今日蘇活，在華林園中，主上故遣我來相問〔八〕。」暢聞驚怖曰：「實無此兒，向者謬言。」秀攜還，具以實陳聞。后遣攜送涵回家。暢聞涵至，門前起火，手持刀，魏氏把桃枝〔九〕，謂曰：「汝不須來，吾非汝父，汝非吾子，急手速去〔一〇〕，可得無殃。」涵遂捨去。遊於京師，常宿寺門下。汝南王賜黄衣一具〔一一〕。涵性畏日，不敢仰視，又畏水火及兵刃之屬〔一二〕。常走於逵路，遇疲則止〔一三〕，不徐行也。時人猶謂是鬼。洛陽大市北奉終里〔一四〕，里内之人，多賣送死人之具及諸棺槨。涵謂曰：「作栢木棺〔一五〕，勿以桑木爲欀〔一六〕。」人問其故，涵曰：「吾在地下，見人發鬼兵，有一鬼訴稱是栢棺，應免。主兵吏曰：『爾雖栢棺，桑木爲欀。』遂不免〔一七〕。」京師聞此，栢木踊貴。人疑賣棺者貨涵發此等之言也〔一八〕。

【校箋】

〔一〕華林都堂，即華林園都堂。都堂，見卷一建春門内條校箋〔三八〕。

〔二〕徐紇，見卷一永寧寺校箋〔八九〕。

〔三〕博物志二：「漢末發范明友家，奴猶活。明友，霍光女壻。説光家事，廢立之際，多與漢書相似。此奴常遊走於民間，無止住處，今不知所在。或云尚在。余聞之於人，可信，而目不可見也。」

〔四〕阜，吴、王、緑、真意本作「準」，卷四法雲寺同。珠林作「埠」。按「準」疑爲「埠」之誤，字當作「阜」，仍依如本。

〔五〕「下」字，如本脱，今依吴、王、真意本增。按下文亦有「地下」字。

〔六〕張秀攜，珠林二六、廣記三七五無「秀」字，「攜」作「儁」，或「雋」。

〔七〕「有」下，吴、王、真意本有「一」字。「息」下，吴、王本有「字」字。涵，珠林作「洪」。

〔八〕上，各本作「人」，今依珠林、廣記改。

〔九〕古以桃枝祓除災異也。周禮夏官戎右：「贊牛耳，桃茢。」鄭注：「尸盟者割牛耳取血，助爲之。及血在敦中，以桃茢拂之，又助之也。桃，鬼所畏也。茢，苕帚，所以埽不祥。」左傳昭公四年：「桃弧棘矢，以除其災。」杜注：「桃弓棘箭，所以禳除凶邪。」事類賦引典術：「桃者，五木之精，其精生鬼門，制百鬼，故今作桃人著門以壓邪。」

〔一〇〕急手，猶粤人言快手也。並見卷二景寧寺校箋〔四九〕。

〔一一〕汝南王，元悦也。魏書二二元悦傳：「有崔延夏者以左道與悦遊，合服仙藥松术之屬，時輕與出採芝，宿於城外小人之所。」藉知此人亦好事怪誕之輩。

〔一二〕兵刃，如本作「刀兵」，今依吴、王、真意本改。按珠林、廣記亦作「兵刃」。

〔一三〕吴、王、真意本無「遇」字。

〔一四〕大，如本作「太」，今依吴、王、真意本改。按珠林、廣記亦作「大」。

〔一五〕西陽雜俎尸穸篇：「後魏俗競厚葬，棺厚高大，多用栢木，兩邊作大銅鐶鈕。不問公私貴賤，悉白油絡幰轜車，迾素稍仗，打虜鼓。」

〔一六〕周本云：「櫰，裹也。」不知何據。此謂内棺也。

〔一七〕「兔」下，吴、王本有「兵」字。上「見人發鬼兵」，珠林無「人」字。

〔一八〕「發此等之言也」，吴、王、真意本作「發此言也」。貨，賂也。左傳僖公二十八年：「曹伯之豎侯獳貨筮史。」

高陽王寺

高陽王寺，高陽王雍之宅也〔一〕。在津陽門外三里御道西。雍爲爾朱榮所害也〔二〕，捨宅以爲寺。正光中，雍爲丞相，給羽葆鼓吹、虎賁班劍百人〔三〕。貴極人臣，富兼山海，居止第宅，匹於帝宫。白殿丹檻〔四〕，窈窕連亘，飛簷反宇〔五〕，轇轕週通〔六〕。僮僕六千，妓女五百〔七〕，隋珠照日〔八〕，羅衣從風。自漢晉以來，諸王豪侈，未之有也。出則鳴騶御道〔九〕，文物成行〔一〇〕，鐃吹響發〔一一〕，笳聲哀轉；入則歌姬舞女，擊筑吹笙〔一二〕，絲管迭奏，連宵盡日。其竹林魚池，侔於禁苑，芳草如積，珍木連陰。雍嗜口味，厚自奉養，一食必以數萬錢爲限〔一三〕。海陸珍羞，方丈於前〔一四〕。陳留侯李崇謂人曰：「高陽一食〔一五〕，敵我千日。」崇爲尚書令，儀同三司，亦富傾天下，僮僕千人。而性多儉恡〔一六〕，惡衣麤食，亦常無肉〔一七〕，止有韮茹韮菹〔一八〕。崇客李元佑語人云〔一九〕：「李令公一食十八種〔二〇〕。」人問其故，元佑曰：「二九一十八。」聞者大笑，世人即以爲譏罵。雍薨後，諸妓悉令入道，或有嫁者。美人徐月華善彈箜篌，能爲明妃出塞之歌〔二一〕，聞者莫不動容。永安中，與衛將軍原士康爲側室〔二二〕，宅近青陽門。徐鼓箜篌而歌，哀聲入雲，行路聽者，俄而成市。徐常語士康曰：「王有二美姬〔二三〕，一名脩容，一名艷姿〔二四〕，並蛾眉皓齒，潔貌傾城。脩容亦能爲緑水歌〔二五〕，艷姿尤善火鳳舞〔二六〕，並愛傾後室，寵冠諸姬。」士康聞此〔二七〕，遂常令徐鼓緑水、火鳳之曲焉。高陽宅北有中甘里，里内潁川荀子文〔二八〕，年十三，幼而聰辨，神情卓異，雖黄琬、文舉〔二九〕，無以加之。正光初，廣宗潘崇和講服氏春秋於城東昭義里〔三〇〕，子文攝齊北面〔三一〕，就和受道。時趙郡李才問子文曰〔三二〕：「荀生住在何處？」子文對曰：「僕住在中甘里。」才曰：「何爲住城南〔三三〕？」城南有四夷館，才以此譏之。子文對曰：「國陽勝地〔三四〕，卿何怪也？若言川澗，伊洛崢嶸〔三五〕；語其舊事，靈臺石經；招提之美〔三六〕，報德、景明；當世富貴，高陽、廣平；四方風俗，萬國千城〔三七〕。若論人物，有我無卿。」才無以對之。崇和曰：「汝潁之士利如錐〔三八〕，燕趙之士鈍如錘〔三九〕。信非虚言也。」舉學皆笑焉。

【校箋】

本篇荀子文云云，可與卷二景寧寺下陳慶之、楊元慎對話並讀，知時人南北歧視之深矣。

〔一〕高陽王，已見卷一建中寺。謂孝昌二年太后以劉騰宅賜高陽王雍，建明元年，尚書令爾朱世隆爲榮追福，題以爲寺。在城内西陽門内。與此雍已有之宅不同。

〔二〕爾朱榮害朝士河陰，見卷一永寧寺校箋〔一〇〕。

〔三〕「給」下，如本有「輿」字。今依吴、王、真意本删。按廣記二三六亦無「輿」字。魏書肅宗紀：「正光元年九月戊戌，以太師、高陽王雍爲丞相，加後部羽葆、鼓吹、班劍四十人。」又雍傳：「總攝内外，與元乂同決庶政，歲禄萬餘，粟至四方，伎侍盈房，諸子瑠冕，榮貴之盛，昆弟莫及焉。」羽葆，儀仗中之華蓋，以鳥羽連綴爲飾也。禮雜記：「匠人執羽葆御柩。」疏：「羽葆者，以鳥羽注於柄頭如蓋，謂之羽葆。葆謂蓋也。」漢書韓延壽傳注：「羽葆，聚翟尾爲之，亦今之纛之類也。」鼓吹，原爲漢宮樂之一，上食及宴群臣時用之，大駕出遊，用短簫鐃歌；軍中行部，用横吹。統謂之鼓吹。後漢書百官志：「又賜官騎三十人，及鼓吹。」虎賁，勇士也。書牧誓序：「武王戎車三百輛，虎賁三千人。」疏：「若虎之賁走逐獸，言其猛也。」班劍，衛士也。開元禮儀纂：「漢制，朝服帶劍，晉代之以木，謂之班劍。」王儉褚淵碑：「兼授尚書令、中軍將軍，給班劍二十人。」注引良曰：「班劍，謂執劍而從行者也。」

〔四〕殿，廣記作「壁」。檻，吴、王、真意本作「檻」。

〔五〕張衡西京賦：「反宇業業，飛檐轙轙。」薛綜注：「凡屋宇皆垂下向而好，大屋飛邊頭瓦皆更微使反上，其形業業然，檐板承落也。」「檐」與「簷」同。

〔六〕張衡東京賦：「闞戟轇轕。」薛綜注：「轇轕，雜亂貌。」王延壽魯靈光殿賦：「洞轇轕兮其無垠也。」李注：「曠遠深邃貌。」

〔七〕慧苑華嚴經音義上引切韻：「妓，女樂也。」又引埤蒼：「妓，美女也。」

〔八〕隋，吴、王本作「隨」，同。淮南子覽冥訓：「譬如隋侯之珠，和氏之璧，得之者富，失之者貧。」高誘注：「隋侯見大蛇傷斷，以藥傅之。後蛇於江中，銜大珠以報之，因曰隋侯之珠，蓋明月珠也。」

〔九〕鳴騶，謂顯貴者駕車出行儀仗之盛也。鳴，謂鼓吹，騶，謂車騎也。南史到溉傳：「鳴騶枉道，以相存問。」

〔一〇〕文物，指儀仗也。

〔一二〕響發，吳、王本作「發響」。

〔一三〕筑似瑟，安絃，以細竹枝擊之。

〔一四〕食，如本作「日」，今依吳、王本。按廣記一六五、類説六亦作「食」。

〔一五〕孟子盡心：「食前方丈，侍妾數百人。」趙注：「極五味之饌食，列於前，方一丈。」

〔一六〕食，如本作「日」，今依吳、王本。按廣記、通鑑一四九均作「食」。李崇見卷二正始寺校箋〔八〕。

〔一七〕魏書六六李崇傳：「性好財貨，販肆聚斂，家資巨萬，營求不息，子世哲爲相州刺史，亦無清白狀。爲時論所鄙。」

〔一八〕他本作「常無肉味」。

〔一九〕各本皆脱「韭茹」二字。今依御覽九七六、廣記、類説六增。按下文「二九一十八」意，亦當有此二字爲安。茹，枚乘七發李注：「茹，菜之總名也。」菹，周禮天官醢人鄭注：「七菹，韭、菁、茆、葵、芹、箈、筍菹。凡醯醬所和，細切爲齏，全物若牒爲菹。」南齊書庾杲之傳：「食唯有韭葅、瀹韭、生韭、雜菜。或（任昉）戲之曰：『誰謂庾郎貧，食鮭常有二十七種。』」

〔二〇〕佑，吳、王、真意本作「祐」，廣記同。

〔二一〕令公，時人習語，遍見世説新語，但爲近尊者用之。如王公、謝公、郗公、裴令公等。上云「崇客」，御覽作「崇家客」。

〔二二〕「歌」上，如本有「曲」字。今依吳、王、真意本删。按廣記亦無「曲」字。箜篌，樂器名。釋名謂師延所作，空國侯所存也。故亦作空侯。或謂漢武帝使樂人侯暉爲之，其聲坎坎，故又作坎侯。其器今已失傳，舊説謂似琴而小，用木撥彈之。今日本所稱箜篌，謂得自百濟者，故亦謂之百濟琴。樂府詩集：「王明君，一曰王昭君。古今樂録曰：明君歌舞者，晉太康中，季倫所作也。王明君本名昭君，以觸文帝諱，故晉人謂之明君。匈奴盛，請婚於漢，元帝以後宫良家子明君配焉。初，武帝以江都王建女細君爲公主，嫁烏孫王昆莫，命琵琶馬上作樂，以慰其道路之思，送明君亦然也。其新造之曲，多哀怨之聲。晉宋以來，明君止以弦隷，少許爲上舞而已。梁天監中，斯宣達爲樂府，令與諸樂工以清商兩相間弦爲明君上舞，傳之至今。」

〔二二〕原，緑本、真意本作「源」。

〔二三〕吳、王、真意本無「美」字。魏書雍傳：「延昌已後，多幸妓侍，近百許人。而疎棄崔氏，別房幽禁，不得關豫內政，僅給衣食而已。」

〔二四〕一，各本作「二」，今依廣記。周本亦作「一」。

〔二五〕樂府詩集：「蔡氏五弄：遊春、淥水、幽居、坐愁、秋思，並宫調，蔡邕所作也。琴書曰：邕性沈厚，雅好琴道。嘉平初，入青溪訪鬼谷先生。所居山有五曲，一曲製一弄。南曲有澗，冬夏常淥，故作淥水。」

〔二六〕「善」上，如本無「尤」字，今依緑本、真意本增。「善」下「火」字，吳、王、緑、真意本作「么」，下同，廣記作「逐」。樂苑：「火鳳，羽調曲也。」

〔二七〕康，如本作「原」，誤，今依他本。

〔二八〕潁川荀子文，如本作「荀潁子文」，今依吳、王、緑、真意本增。按下文「汝潁之士利如錐」言，此當依吳本是。

〔二九〕後書九一黄琬傳:「琬字子琰,少失父,早而辯慧。祖父瓊,初爲魏郡太守,建和元年正月日食,京師不見,而瓊以狀聞。太后詔問所食多少,瓊思其對,而未知所況。琬年七歲,在傍曰:『何不言日食之餘,如月之初。』瓊大驚。光和末,爲青州刺史。董卓秉政,徵爲司徒。後與王允同謀誅卓,下獄死。」又一〇〇孔融傳:「融字文舉,魯國人,孔子二十世孫也。幼有異才,年十歲,隨父詣京師。時河南尹李膺以簡重自居,不妄接士賓客,勑外自非當世名人及與通家,皆不得白。融欲觀其人,故造膺門。語門者曰:『我是李君通家子弟。』門者言之,膺請融,問曰:『高明祖父,嘗與僕有恩舊乎?』融曰:『然。先君孔子與君先人李老君同德比義,而相師友,則融與君累世通家。』衆坐莫不歎息。」

〔三〇〕廣宗郡,魏書地形志屬司州。潘崇和,北史儒林傳於服氏春秋有潘叔度,當是崇和之字。服虔字子慎,東漢滎陽人,鄭玄欲注春秋,聞虔注傳,意多與己同,盡以所注與之,遂爲服氏注。見後漢書。

〔三一〕攝齊,摳衣也。齊,讀如齋。論語鄉黨:「攝齊升堂,鞠躬如也。」集解:「衣下曰齊,攝齊者,摳衣也。」

〔三二〕才,吴、王本作「予」,下同。

〔三三〕何爲住城南,如本作「何往日往城南」,非。今依吴、王、真意本改。按下文義,吴本是。

〔三四〕國陽,國都之南也。荀子文自亦將「南」字改爲「陽」字矣。

〔三五〕崢嶸,高峻貌。漢書西域傳:「臨崢嶸不測之淵。」

〔三六〕招提,寺廟也。見卷首序校箋〔二〕。

〔三七〕城南有四夷館、四夷里以處遠人之來自四方者,四方之民,風俗各異,故云。見前宣陽門外條。

〔三八〕穎,如本作「潁」,今依他本。

〔三九〕御覽四六六引裴啓語林：「祖士言與鍾雅相調，鍾語祖曰：我汝潁之士利如錐，卿燕代之士鈍如槌。」

崇虛寺

崇虛寺，在城西〔一〕，即漢之濯龍園也〔二〕。延熹九年，桓帝祠老子於濯龍園〔三〕，設華蓋之坐〔四〕，用郊天之樂〔五〕，此其地也。高祖遷京之始，以地給民，憩者多見妖怪，是以人皆去之，遂立寺焉。

【校箋】

〔一〕崇虛寺在城西，諸本皆然，而其文則編入城南之末，是以范、周、徐本皆以爲「城西」二字必有誤。又考漢之濯龍園在城内西北隅，遂以「城西」或是「城内」之譌。今按諸刻及文字皆不誤，衒之云在城西者，蓋繼城南之後，先作提引，令全書前後連貫，而有綫索可循也。此地理爲書之義例，讀者可勿疑。至於濯龍園究在城内何處，或是衒之記憶有誤，或是實在其地，則又當别論也。然則，崇虛寺之在城西，當是無疑，不可强詞。魏書釋老志：「太和十五年秋詔曰：自有漢以後，置立壇祠，先朝以其至順可歸，用立寺宇。昔京城之内，居舍尚希。今者里宅櫛比，人神猥湊，非所以祗崇至法，清敬神道。可移於都南桑乾之陰，岳山之陽，永置其所，仍名爲崇虛寺。」

〔二〕濯，如本作「躍」。園，如本作「闍」，或作「池」。今依張衡東京賦、後書桓帝紀、明德馬皇后紀、河南志二改。

〔三〕後書桓帝紀：「延熹九年七月庚午，祠黄老於濯龍宫。」續漢書祭祀志同。

〔四〕設，如本作「室」，今依吴、王、緑、真意本改。坐，如本作「座」，同。今依吴、王、真意本。古今注：「輿服篇云：華蓋，黄帝所作也，與蚩尤戰於涿鹿之野，常有五色雲氣，金枝玉葉，止於帝上，有花葩之象，故因而作華蓋也。」

〔五〕禮記郊特牲：「郊之祭也，大報天而主日也。」鄭注：「大，猶徧也。天之神，日爲尊。」周禮春官大司樂：「乃奏黄鍾，歌大吕，舞雲門，以祀天神。」漢書禮樂志：「至武帝定郊祀之禮，祠太一於甘泉，祭后土於汾陰。乃立樂府，采詩夜誦，有趙、代、秦、楚之謳，以李延年爲協律都尉，多舉司馬相如等數十人造爲詩賦，略論律吕，以合八音之調，作十九章之歌。」後書祭祀志：「桓帝即位十八年，好神僊事，延熹八年初，使中常侍之陳國苦縣祠老子。九年，親祠老子於濯龍，文罽爲壇，飾淳金釦器，設華蓋之坐，用郊天樂也。」

洛陽伽藍記校箋卷四　城西

沖覺寺

沖覺寺，太傅清河王懌捨宅所立也〔一〕。在西明門外一里御道北。

懌，親王之中，最有名行，世宗愛之，特隆諸弟。延昌四年，世宗崩，懌與高陽王雍、廣平王懷〔二〕，並受遺詔，輔翼孝明〔三〕。時帝始年六歲，太后代總萬機，以懌名德茂親，體道居正，事無大小，多諮詢之〔四〕。是以熙平、神龜之際，勢傾人主，第宅豐大，踰於高陽〔五〕。西北有樓，出凌雲臺〔六〕，俯臨朝市，目極京師，古詩所謂「西北有高樓，上與浮雲齊」者也〔七〕。樓下有儒林館、延賓堂〔八〕，形製並如清暑殿〔九〕。土山釣臺〔一〇〕，冠於當世。斜峰入牖，曲沼環堂。樹響飛嚶〔一一〕，堦叢花藥。懌愛賓客，重文藻，海内才子，莫不輻輳〔一二〕，府僚臣佐，並選雋民〔一三〕。至於清晨明景〔一四〕，騁望南臺〔一五〕，珍羞具設，琴笙並奏，芳醴盈罍，嘉賓滿席〔一六〕。使梁王愧兔園之遊〔一七〕，陳思慚雀臺之燕〔一八〕。正光初，元乂秉權，閉太后於後宮，薨懌於下省〔一九〕。孝昌元年，太后還總萬機〔二〇〕，追贈懌太子太師、大將軍〔二一〕、都督中外諸軍事、假黄鉞〔二二〕、給九旒鸞輅〔二三〕、黄屋左纛〔二四〕、轀輬車〔二五〕、前後部羽葆鼓吹〔二六〕、虎賁班劍百人、輓歌二部〔二七〕、葬禮依晉安平王孚故事〔二八〕，謚曰文獻。圖懌像於建始殿，拔清河國郎中令韓子熙爲黄門侍郎〔二九〕，徙王國三卿爲執戟者〔三〇〕，近代所無也。爲

文獻追福，建五層浮圖一所，工作與瑶光寺相似也〔三一〕。

【校箋】

〔一〕清河王懌，已見卷一景樂寺及校箋〔一〕。

〔二〕廣平王懷，已見卷二平等寺及校箋〔一〕。

〔三〕魏書肅宗紀：「延昌四年春正月丁巳夜，即皇帝位。二月癸未，太保、高陽王雍進位太傅，領太尉。司空、清河王懌爲司徒、驃騎大將軍。廣平王懷爲司空。」

〔四〕魏書二二元懌傳：「靈太后以懌肅宗懿叔，德先具瞻，委以朝政，事擬周、霍。懌竭力匡輔，以天下爲己任。」

〔五〕高陽王雍宅，見卷三高陽王寺。

〔六〕凌雲臺，在閶闔城千秋門内西遊園中，詳卷一永寧寺校箋〔二〇一〕。

〔七〕二句見古詩十九首。四庫提要誤解衒之之意，云「高陽王雍之樓，爲即古詩所謂『西北有高樓，上與浮雲齊』者，即未免固於説詩，爲是書之瑕纇耳。」實是錯覺。一則此非高陽之樓，二則衒之所謂古詩云云者，以元懌之樓，正如古詩所云相似，非謂古詩中之高樓，即元懌之高樓也。

〔八〕延，各本作「退」，今依河南志三改。

〔九〕清暑殿，見卷一建春門内校箋〔二三〕。

〔一〇〕臺，吴、王、真意本作「池」。卷一建春門内有釣臺殿，懌之土山釣臺，殆本諸華林園形制也。

〔一一〕詩小雅伐木：「鳥鳴嚶嚶。」鄭箋：「嚶嚶，兩鳥聲也。」

〔一二〕通鑑一四九：「懌好文學，禮敬士人，時望甚重。」

〔一三〕雋，如本作「俊」，今依吴、王、真意本改。按雋、俊一字，下法雲寺即作「俊民」。雋民，才德優秀之士。書洪範：「俊民用章。」

〔一四〕明，吴、王本作「美」。

〔一五〕南臺，吴、王本作「祖臺」。按南臺，南面之臺也，泛辭也。大典一三八二三作「高臺」。

〔一六〕嘉，如本作「佳」，今依吴、王、真意本改。詩鹿鳴：「我有嘉賓，鼓瑟吹笙。」

〔一七〕園，吴、王、真意本作「苑」。史記梁孝王世家：「梁孝王築東苑，方三百餘里。」西京雜記：「梁孝王好營宫室苑囿之樂，作曜華之宫，築兔園。園中有百靈山，山有膚寸石、落猿巖、棲龍岫。又有雁池，池間有鶴洲、鳧渚。其諸宫觀相連，延亘數十里，奇果異樹，瑰禽怪獸畢備，王日與宫人賓客戈釣其中。」兔園，在今河南商丘縣。漢枚乘有梁王兔園賦。

〔一八〕雀臺，銅雀臺也。漢建安十五年冬曹操建，在鄴城故址，今河北臨漳西南鄴城内西北隅。三國魏志陳思王傳：「時鄴銅爵臺新成，太祖悉將諸子登臺，使各爲賦。植援筆立成，可觀，太祖甚異之。」

〔一九〕下省，門下省。魏書元懌傳：「正光元年，乂與劉騰逼肅宗於顯陽殿，閉靈太后於後宫，囚懌於門下省。誣懌罪狀，遂害之，時年三十四。朝野貴賤，知與不知，含悲喪氣，驚振遠近。」

〔二〇〕后，如本作「子」，今依他本改。

〔二一〕大，如本作「太」，今依他本。

〔二二〕假，給也。黄鉞，金斧。古今注：「輿服篇：金斧，黄鉞也。黄鉞，乘輿建之，以鈍金爲飾。」

〔二三〕九旒，即九斿。周禮秋官大行人：「上公之禮，建常九斿。」鄭注：「常，旌旗也。斿，其屬幓垂者也。」

鸞輅，車飾。周禮春官冢人：「及葬，言鸞車象人。」鄭注：「鸞車，巾車所飾遣車也，亦設鸞旗。」賈疏：「亦設鸞旗者，以其遣車有鸞和之鈴，兼有旌旗。」

〔二四〕漢書高帝紀：「紀信乃乘王車，黄屋左纛。」注引李斐曰：「天子車以黄繒爲蓋裹。纛，毛羽幢也，在乘輿車衡左方上注之。蔡邕曰：以犛牛尾爲之，如斗，或在騑頭，或在衡。」

〔二五〕史記李斯傳：「始皇崩，置居轀輬車中。」集解引孟康曰：「如衣車，有牕牖，閉之則温，開之則涼，故名之轀輬車。如淳曰：轀輬車，其形廣大，有羽飾也。」

〔二六〕羽葆、鼓吹、虎賁、班劍，皆見卷三高陽王寺校箋〔三〕。

〔二七〕輓歌，即挽歌，見卷三景明寺校箋〔二九〕。每部六十四人，兩部合一百二十八人。

〔二八〕晉安平獻王司馬孚也。孚，晉宣帝司馬懿次弟，字叔達。嘗爲曹植文學掾，仕魏，官至尚書令，復遷司空。晉書孚傳：「泰始八年薨，時年九十三。帝於太極東堂舉哀三日，詔曰：其以東園温明秘器，朝服一具，衣一襲，緋練百匹，絹布各五百匹，錢百萬，穀千斛，以供喪事，諸所施行，皆依漢東平獻王蒼故事。帝再臨喪，親拜盡哀。及葬，又幸都亭，望柩而拜，哀動左右。給鑾輅輕車，介士武賁百人，吉凶導從二千餘人，前後鼓吹，配饗太廟。」

〔二九〕「郎中」二字，如本無，今依吳、王、真意本增。按魏書官氏志：「侯、伯國郎中令。」魏書韓子熙傳：「字元雍，昌黎棘城人，少自修整，頗有學識。侍中崔光舉爲清河王懌常侍，遷郎中令。及元乂害懌，久不得葬，乃與懌中大夫劉定興、學官令傅靈摽、賓客張子慎伏闕上書。書奏，太后義之，乃引子熙爲中書舍人。後遂剖騰棺，賜乂死。」

〔三〇〕 徙，如本作「從」，今依他本。又吴、王本無「三」字。

〔三一〕 瑶光寺五層浮圖，高五十丈，見卷一。

宣忠寺

宣忠寺，侍中司州牧城陽王徽所立也〔一〕。在西陽門外一里御道南。永安中〔二〕，北海入洛，莊帝北巡〔三〕，自餘諸王，各懷二望，唯徽獨從莊帝至長子城〔四〕。大兵阻河，雌雄未決，徽願入洛陽捨宅爲寺。及北海敗散，國道重暉，遂捨宅焉。永安末，莊帝謀煞爾朱榮，恐事不果，請計於徽〔五〕。徽曰：「以生太子爲辭，榮必入朝，因以斃之。」莊帝曰：「后懷孕未十月〔六〕，今始九月，可爾已不？」徽曰：「婦人産子〔七〕，有延月者，有少月者，不足爲怪。」帝納其謀。遂唱生太子。遣徽馳詔，至太原王第〔八〕，告云「皇儲誕育」。值榮與上黨王天穆博戲，徽脱榮帽，懽舞盤旋。徽素大度量，喜怒不形於色，兼内外懽叫〔九〕，榮遂信之。與穆並入朝。莊帝聞榮來，不覺失色。中書舍人温子昇曰〔一〇〕：「陛下色變！」帝連索酒飲之，然後行事。榮、穆既誅，拜徽太師司馬，餘官如故，典統禁兵，偏被委任。及爾朱兆擒莊帝，徽投前洛陽令寇祖仁〔一一〕。祖仁一門三刺史〔一二〕，皆是徽之將校〔一三〕，少有舊恩，故往投之。祖仁謂子弟等曰：「時聞爾朱兆募城陽王甚重，擒獲者千户侯。今日富貴至矣！」遂斬送之〔一四〕。徽初投祖仁家，齎金一百斤〔一五〕，馬五十疋。祖仁利其財貨，故行此事。所得金馬，緦親之内均分之〔一六〕。所謂「匹夫無罪，懷璧其罪〔一七〕」，信矣。兆得徽首，亦不勳賞祖仁。兆忽夢徽云：「我有黄金二百斤，馬一百疋，在祖仁家，卿可取之。」兆悟覺，即自思量：城陽禄位隆重，未聞清貧，常自入其家採掠，本無金銀，此夢或真〔一八〕。至曉，掩祖仁，徵其金馬。祖仁謂人密告，望風欵服，云：「實得金一百斤，馬五十疋。」兆疑其藏隱，依夢徵之。祖仁諸房素有三十斤，馬三十疋〔一九〕，盡送致兆，猶不充數〔二〇〕。兆乃發怒，捉祖仁，懸首高樹，大石墜足，鞭捶之，以及於死〔二一〕。時人以爲交報。楊衒之云：「崇善之家，必有餘慶；積禍之門，殃所畢集〔二二〕。祖仁負恩反噬，貪貨殺徽；徽即託夢增金馬，假手於兆，還以斃之。使祖仁備經楚撻，窮其塗炭〔二三〕，雖魏侯之笞田蚡〔二四〕，秦主之刺姚萇〔二五〕，以此論之，不能加也。」

【校箋】

〔一〕「徽」字如本無，今依吴、王、緑、真意本增。説郛四六有。城陽王徽，城陽王長壽孫。魏書一九徽傳曰：「字顯順，元鸞子。粗涉書史，頗有吏才，肅宗時爲尚書令。莊帝即位，以與謀之功，除侍中、領司州牧。」

〔二〕安，如本作「康」，非。今依吴、王、真意本改。河南志三亦作「安」。

〔三〕北海王元顥永安二年五月入洛，見卷一永寧寺。

〔四〕魏書一九徽傳：「元顥入洛，從莊帝北巡，及車駕還宫，以與謀之功，除侍中、大司馬、太尉公，加羽葆，鼓吹，增邑通前二萬户，餘官如故。」長子城，在今山西長子縣，見卷一永寧寺校箋〔一五二〕。

〔五〕魏書徽傳曰：「徽後妻莊帝舅女，侍中李彧，帝之姊壻。徽性佞媚，善自取容，挾内外之意，宗室親戚，莫與比焉。遂與彧等勸帝圖榮，莊帝亦先有意。」

〔六〕未，如本作「於」，今依王、唐、張本。

〔七〕人，如本作「生」，吴、王本作「婦人生産」，緑本、真意本作「婦人産子」。今依緑本等。

〔八〕馳詔，如本作「特」，今依吴、王、真意本。

〔九〕兼，如本作「遶殿」，今依吴、王、真意本改。通鑑一五四亦作「兼」。

〔一〇〕昇，如本作「升」，古通用。今依他本。子昇，已見卷二秦太上君寺校箋〔三〕。魏書八五温子昇傳：「及帝殺爾朱榮也，子昇預謀。當時赦詔，子昇詞也。榮入内，遇子昇把詔書，問是何文書？子昇顔色不變，曰：勑。榮不視之。」

〔一一〕寇祖仁，殆即寇禰。通鑑考異七曰：「按寇讚諸孫所字，皆連祖字，或者名禰，字祖仁。」寇禰，魏書四二作寇彌。云：「嘗爲城陽王徽所親待，永安末，徽避爾朱兆，脱身南走，歸命於彌；彌不納，遣人加害，時論深責之。後没關西。」

〔一二〕「三」字，各本無，今依通鑑增。珠林八四引作「祖仁父叔兄弟三人爲刺史」。彌父臻，郢州刺史。兄治爲東荆州刺史及河州刺史。長子朏之，東荆州刺史。皆見魏書四二寇讚傳。又臻長子軌，軌子遵貴，光州刺史。見寇胤哲墓誌。衒之所指三刺史，殆是寇治、朏之及胤哲三人；若寇臻，則年代較早，不及爲元徽之將校矣。

〔一三〕如本無「校」字，今依吴、王、緑、真意本增。

〔一四〕魏書徽傳：「及爾朱兆之入，禁衛奔散，莊帝步出雲龍門。徽乘馬奔度，帝頻呼之。徽不顧而去，遂走山南。至故吏寇彌宅。彌外雖容納，内不自安。乃怖徽云：官捕將至。令其避他所，使人於路邀害，送屍於爾朱兆。」

〔一五〕齎，如本作「賷」，今依他本。

〔一六〕緦親，緦麻之親也，爲五服中之最輕者，即遠親意。

〔一七〕左傳桓公十年：「匹夫無罪，懷璧其罪。」杜注：「人利其璧，以璧爲罪。」又襄公十五年：「小人懷璧，不可以越鄉。」

〔一八〕珠林怨苦篇曰：「及兆得徽首，亦不賞侯。兆乃夢徽曰：我金二百斤，馬百匹，在祖仁家，卿可取也。兆覺曰：城陽家本巨富，昨令收捕，全無金銀，此夢或實。」

〔一九〕「三十」，如本作「五十」，今依吴、王、真意本改。按通鑑、珠林八四均作「三十」。

〔二〇〕充，吴、王、真意本作「滿」。

〔二一〕鞭捶之以及於死，與魏書本傳稍異。本傳但謂其没關西。並見校箋〔二〕。

〔二二〕吴、王、真意本作「餘殃所集」，易坤文言：「積善之家，必有餘慶；積不善之家，必有餘殃。」

〔二三〕書仲虺之誥：「民墜塗炭。」孔傳：「民之危險，若陷泥墜火。」

〔二四〕魏侯，魏其侯竇嬰。田蚡，漢孝景后同母弟，封武安侯。嬰與灌夫善，而夫隙丞相蚡。蚡爲丞相，妻燕王女，嬰與夫往賀，飲酒不懽，夫罵坐。蚡縛夫，劾論以死罪。嬰力救之，又爲劾矯景帝詔，論棄市。而蚡亦病死。蚡疾篤，一身盡痛，若有擊者，謼服謝罪。上使視鬼者瞻之，曰：魏其侯與灌夫共守，笞欲殺之。詳史記魏其武安傳。

〔二五〕秦主，苻堅也。苻堅之刺姚萇，事見晉書載記一六。姚萇，羌人，後歸苻堅，累有戰功，及堅伐晉，敗于淮南，慕容泓叛堅，堅子叡討之，以萇爲司馬，竟爲泓所敗，叡死之。萇遣使詣堅謝罪，堅怒，殺萇使，萇懼，奔渭北，稱秦王。時堅爲慕仲沖所逼，走入五將山，萇遣將吴忠圍堅，忠執堅送萇，殺之。及萇稱帝，又掘堅屍，鞭撻無數，裸剥衣裳，荐之以棘，坎土而埋之。後萇遇疾，夢苻堅將天官使者鬼兵數百人，突入營中，萇懼，走入宮，宮人迎萇刺鬼，誤中萇陰。鬼相謂曰：正中死處。拔矛，出血石餘。寤而驚悸，遂患陰腫。醫刺之，出血如夢。萇遂狂言，以太元十八年卒。

王典御寺

宣忠寺東王典御寺，閹官王桃湯所立也〔一〕。時閹官伽藍皆爲尼寺，唯桃湯所建僧寺，世人稱之英雄〔二〕。門有三層浮屠一所，工踰昭儀〔三〕。宦者招提，最爲入室〔四〕。至於六齋〔五〕，常擊鼓歌舞也。

【校箋】

〔一〕「官」下，如本有「楊」字，衍。今依吳、王、緑、真意本删。按説郛四亦無「楊」字。魏書九四閹官傳：「王温字桃湯，趙郡欒城人。」

〔二〕所建，吳、王、真意本作「獨造」，説郛同。如本「之」字空格，今依吳、王、緑、真意本補。按説郛亦有「之」字。

〔三〕儀，如本作「義」，今改。昭儀尼寺見卷一。

〔四〕入室，吳、王本作「人寶」。論語先進：「子曰：由也升堂，未入於室也。」入室，精絶也。

〔五〕六齋，即六日齋，見卷三大統寺校箋〔七〕，及卷一景樂寺校箋〔九〕。

白馬寺

白馬寺，漢明帝所立也。佛入中國之始。寺在西陽門外三里御道南〔一〕。帝夢金神長丈六〔二〕，項背日月光明，胡人號曰佛〔三〕。遣使向西域求之，乃得經像焉。時白馬負經而來〔四〕，因以爲名。明帝崩，起祇洹於陵上〔五〕，自此以後〔六〕，百姓冢上，或作浮圖焉。寺上經函〔七〕，至今猶存，常燒香供養之。經函時放光明，耀於堂宇，是以道俗禮敬之，如仰真容。浮圖前柰林蒲萄〔八〕，異於餘處，枝葉繁衍，子實甚大。柰林實重七斤，蒲萄實偉於棗，味並殊美，冠於中京〔九〕。帝至熟時，常詣取之。或復賜宮人，宮人得之，轉餉親戚，以爲奇味。得者不敢輒食，乃歷數家。京師語曰：「白馬甜榴，一實直牛。」有沙門寶公者，不知何處人也〔一〇〕。形貌醜陋，心識通達〔一一〕，過去未來，預覩三世。發言似讖，不可得解〔一二〕，事過之後，始驗其實。胡太后聞之，問以世事。寶公曰：「把粟與雞呼朱朱〔一三〕。」時人莫之能解。建義元年，后爲爾朱榮所害〔一四〕，始驗其言。時亦有洛陽人趙法和，請占早晚當有爵否？寶公曰：「大竹箭，不須羽；東厢屋，急手作。」時不曉其意。經十餘日，法和父喪。大竹箭者，苴杖〔一五〕；東厢屋者，倚廬。造十二辰歌〔一六〕，終其言也。

【校箋】

白馬寺初建於東漢明帝永平十一年（公元六八），時帝夢金人項有日光，乃遣郎中蔡愔、博士弟子秦景出使西域天竺求經，還偕其高僧攝摩騰、竺法蘭前來中土，帝隆禮之，特造此寺以憩之。二僧圓寂，並葬寺側。見魏書釋老志。

〔一〕水經穀水注：「穀水又南逕白馬寺東，昔漢明帝夢見大人，金色，項佩白光，以問群臣。或對曰：西方有神名曰佛，形如陛下所夢，得無是乎？于是發使天竺，寫致經像，始以榆欓盛經，白馬負圖，表之中夏，故以白馬爲寺名。此榆欓後移在城内愍懷太子浮圖中，近世復遷此寺。然金光流照，法輪東轉，創自此矣。」又見高傳攝摩騰傳、魏書釋老志、南齊王琰冥祥記及牟子理惑論。湯用彤佛教史曰：「按白馬寺之名，始見於西晉竺法護譯經諸記中。太康十年四月，譯文殊師利淨律經，十二月，出魔逆經，均在洛陽白馬寺。永熙元年，譯正法華，亦在洛陽白馬寺，上距漢永平之世，已二百餘年。又竺法護譯經，常於長安青門内白馬寺。東晉時支道林常在建業白馬寺。則漢晉間寺名白馬，或實不少。」

〔二〕神，吴、王、真意本作「人」，御覽六五八同。金神，胡神也。漢金日磾，本休屠王太子，事武帝，作金人祭天，因賜姓金氏。後凡胡人入國，尊稱之曰金。見漢書霍光金日磾傳。

〔三〕胡人，如本作「金神」，吴、王、真意本作「胡神」。今依御覽。

〔四〕「經」字如本無，今依吴、王、真意本增。按御覽、説郛四皆有「經」字。

〔五〕牟子理惑論：「明帝存時，預修造壽陵，陵曰顯節。亦於其上作佛圖像。」祇洹，精舍也。見卷一景林寺校箋〔二〕。

〔六〕以，如本作「從」，今依吴、王、緑、真意本改。

〔七〕經函，用榆欓木製函以盛經者也。見校箋〔一〕。

〔八〕柰林，各本同，周本作「荼林」。云：「太平御覽九七二作『荼林』。案荼林，果名，即塗林。賈思勰齊民要術卷四云：陸機曰：張騫爲漢使外國十八年得塗林；塗林，安石榴也。鄴中記云：石虎苑中有安石榴，子大如盂椀，其味不酸。可證作『柰林』誤。下文云『實重七斤』，又云『白馬甜榴』，正合。」今按：初學記二八引埤蒼云：「石榴，柰屬也。」則塗林屬柰科，統名曰柰，此柰字不必改也。

〔九〕中京，即中原。京音原，見禮記檀弓釋文。南齊書明帝紀：「昔中京淪覆，鼎玉東遷。」

〔一〇〕珠林九一引侯君素旌異記録云：「高齊初沙門寶公者，嵩山高栖士也。」

〔一一〕讖，如本作「機」，今依他本改。按御覽、廣記亦作「讖」。

〔一二〕讖，説文：「讖，驗也。」釋名釋典藝：「讖，纖也。其義纖微而有效驗也。」一切經音義九引三蒼：「讖，秘密書也，出河洛。」

〔一三〕酉陽雜俎貝編篇：「後魏胡后嘗問沙門寶公（原誤作誌）國祚，且言『把粟（原誤作粟）與雞，唤朱朱』。蓋爾朱也。」朱朱，二朱也；隱射爾朱榮。二、爾諧音。

〔一四〕爾朱榮弑太后，見卷一永寧寺。

〔一五〕各本作「大竹者杖」，今依廣記增。

〔一六〕周本云：「十二辰歌，蓋如禪門十二時之類。敦煌零拾有禪門十二時，分十二時爲歌。即夜半子、雞鳴丑、平旦寅、日出卯、食時辰、隅中巳、正南午、日昃未、晡時申、日入酉、黄昏戌、人定亥。十二時，每段四句。如『雞鳴丑，擿木看窻牖，明來暗自知，佛性心中有。』寶公所作十二辰歌，或亦如是。」

寶光寺

寶光寺〔一〕，在西陽門外御道北。有三層浮圖一所，以石爲基，形製甚古，畫工雕刻。隱士趙逸見而嘆曰〔二〕：「晉朝石塔寺，今爲寶光寺也。」人問其故，逸曰：「晉朝四十二寺〔三〕，盡皆湮滅，唯此寺獨存。」指園中一處曰：「此是浴堂〔四〕，前五步應有一井。」衆僧掘之，果得屋及井焉。井雖填塞，磚口如初。浴堂下猶有石數十枚。當時園地平衍〔五〕，果菜葱青，莫不嘆息焉。園中有一海，號咸池。葭菼被岸〔六〕，菱荷覆水，青松翠竹，羅生其旁。京邑士子，至於良辰美日，休沐告歸〔七〕，徵友命朋，來遊此寺。雷車接軫〔八〕，羽蓋成陰。或置酒林泉，題詩花圃，折藕浮瓜〔九〕，以爲興適。普泰末，雍州刺史隴西王爾朱天光揔士馬於此寺〔一〇〕。寺門無何都崩，天光見而惡之。其年天光戰敗，斬於東市也。

【校箋】

〔一〕吴、王本作「光寶寺」，説郛四同。

〔二〕趙逸已見卷一昭儀尼寺、卷二魏昌尼寺及建陽里東條。

〔三〕四，如本作「三」，今依范本改。按序及魏書釋老志皆作「四十二」，今據改。

〔四〕堂，如本作「室」，今依吴、王、真意本改。按如本下文亦作「堂」。南海寄歸内法傳云：「那爛陀寺，有十餘所大池，每至晨時，寺鳴健椎，令僧徒洗浴。世尊教爲浴室，或作露地甎池，或作去病藥湯，或令油遍塗體。夜夜油恒揩足，朝朝頭上塗油。明目去風，深爲利益。」佛寺浴室，殆仿印土者也。

〔五〕地，如本作「池」，今依吴、王本改。

〔六〕詩衛風碩人：「葭菼揭揭，庶姜孽孽。」傳：「葭，蘆；菼，亂也。」集傳：「菼，亂也，亦謂之荻。」

〔七〕休浴，休假以沐浴也。通鑑二三曰：「霍光每休沐出。」胡注：「漢制：中朝官五日一下里舍休沐，三署諸郎亦然。」初學記：「漢律，吏五日得一休沐，言休息以洗沐也。」

〔八〕雷車，謂車聲如雷，喻車之盛多也。莊子達生：「其爲物也，惡聞雷車之聲。」班固東都賦：「千乘雷起。」左思蜀都賦：「車馬雷駭。」説文：「軫，車後横木也。」張衡西京賦：「方轅接軫。」

〔九〕曹丕與吴質書：「浮甘瓜於清泉，沈朱李於寒水。」

〔一〇〕「州」字，如本作「西」，今依他本改。爾朱天光，榮從祖兄子，少勇決，善弓馬，榮親愛之。及向京師，委以後事，封廣宗王，後爲高歡所殺。見魏書七五本傳。

法雲寺　靈仙寺、開善寺、河間寺

法雲寺，西域烏場國胡沙門曇摩羅所立也〔一〕。在寶光寺西〔二〕，隔牆並門。摩羅聰慧利根〔三〕，學窮釋氏，至中國，即曉魏言隸書，凡所聞見〔四〕，無不通解，是以道俗貴賤，同歸仰之。作祇洹一所〔五〕，工制甚精，佛殿僧房，皆爲胡飾。丹素炫彩〔六〕，金玉垂輝〔七〕。摹寫真容，似丈六之見鹿苑〔八〕；神光壯麗，若金剛之在雙林〔九〕。伽藍之内，花果蔚茂，芳草蔓合，嘉木被庭。京師沙門好胡法者，皆就摩羅受持之。戒行真苦，難可揄揚〔一〇〕。秘咒神驗，閻浮所無〔一一〕。咒枯樹能生枝葉，咒人變爲驢馬，見之莫不忻怖。西域所齎舍利及佛牙經像〔一二〕，皆在此寺。寺北有侍中尚書令臨淮王彧宅〔一三〕。彧博通典籍，辨慧清悟〔一四〕，風儀詳審，容止可觀〔一五〕。至三元肇慶〔一六〕，萬國齊珍〔一七〕，金蟬曜首〔一八〕，寶玉鳴腰，負荷執笏〔一九〕，逶迤複道〔二〇〕，觀者忘疲，莫不歎服。彧性愛林泉，又重賓客。至於春風扇揚，花樹如錦，晨食南館，夜遊後園，僚寀成群〔二一〕，俊民滿席。絲桐發響〔二二〕，羽觴流行〔二三〕，詩賦並陳，清言乍起，莫不領其玄奥，忘其褊郄焉〔二四〕。是以入彧室者，謂登僊也。荆州秀才張裴常爲五言〔二五〕，有清拔之句，云：「異林花共色〔二六〕，别樹鳥同聲。」彧以蛟龍錦賜之。亦有得緋紬緋綾者。唯河東裴子明爲詩不工，罰酒一石。子明八斗而醉眠〔二七〕，時人譬之山濤。及爾朱兆入京師，彧爲亂兵所害〔二八〕，朝野痛惜焉。出西陽門外四里御道南，有洛陽大市，周迴八里。市東南有皇女臺〔二九〕。漢大將軍梁冀所造〔三〇〕，猶高五丈餘。景明中，比丘道恒立靈僊寺於其上。臺西有河陽縣，臺東有侍中侯剛宅〔三一〕。市西北有土山魚池。亦冀所造，即漢書所謂「採土築山，十里九坂，以象二崤」者〔三二〕。市東有通商、達貨二里。里内之人，盡皆工巧，屠販爲生，資財巨萬。有劉寶者，最爲富室。州郡都會之處，皆立一宅。各養馬十疋〔三三〕，至於鹽粟貴賤，市價高下，所在一例。舟車所通，足跡所履，莫不商販焉。是以海内之貨，咸萃其庭，産匹銅山〔三四〕，家藏金穴〔三五〕。宅宇踰制，樓觀出雲，車馬服飾，擬於王者。市南有調音、樂律二里。里内之人，絲竹謳歌，天下妙伎出焉。有田僧超者，善吹笳，能爲壯士歌、項羽吟〔三六〕，征西將軍崔延伯甚愛之〔三七〕。正光末，高平失據〔三八〕，虐吏充斥，賊帥万俟醜奴寇暴涇岐之間〔三九〕，朝廷爲之旰食〔四〇〕。延伯總步騎五萬討之。延伯出師於洛陽城西張方橋〔四一〕，即漢之夕陽亭也〔四二〕。時公卿祖道〔四三〕，車騎成列。延伯危冠長劍，耀武於前，僧超吹壯士笛曲於後〔四四〕；聞之者懦夫成勇，劍客思奮。延伯膽略不群，威名早著〔四五〕，爲國展力，二十餘年〔四六〕，攻無全城〔四七〕，戰無横陣，是以朝廷傾心送之。延伯每臨陣〔四八〕，常令僧超爲壯士歌〔四九〕，甲冑之士，莫不踴躍。延伯單馬入陣〔五〇〕，旁若無人，勇冠三軍，威鎮戎豎〔五一〕，二年之間，獻捷相繼〔五二〕。醜奴募善射者射僧超，亡，延伯悲惜哀慟，左右謂「伯牙之失鍾子期〔五三〕，不能過也」。後延伯爲流矢所中，卒於軍中。於是五萬之師，一時潰散。市西有延酤、治觴二里。里内之人，多醞酒爲業。

河東人劉白墮善能釀酒〔五四〕，季夏六月，時暑赫晞〔五五〕，以甖貯酒，暴於日中〔五六〕，經一旬，其酒不動〔五七〕。飲之香美而醉〔五八〕，經月不醒。京師朝貴，多出郡登藩〔五九〕，遠相餉饋，踰于千里。以其遠至〔六〇〕，號曰「鶴觴」，亦名「騎驢酒」。永熙年中，南青州刺史毛鴻賓齎酒之藩〔六一〕，逢路賊〔六二〕，盜飲之即醉，皆被擒獲。因復命「擒奸酒」。遊俠語曰：「不畏張弓拔刀，唯畏白墮春醪。」市北慈孝、奉終二里。里内之人，以賣棺槨爲業，賃輀車爲事〔六三〕。有輓歌孫巖，娶妻三年，不脱衣而卧。巖因怪之〔六四〕，伺其睡，陰解其衣，有毛長三尺〔六五〕，似野狐尾。巖懼而出之。妻臨去，將刀截巖髮而走。鄰人逐之，變成一狐，追之不得。其後京邑被截髮者一百三十餘人。初變婦人，衣服靚妝〔六六〕，行於道路〔六七〕，人見而悦近之，皆被截髮。當時有婦人着綵衣者，人皆指爲狐魅。熙平二年四月有此，至秋乃止〔六八〕。別有阜財、金肆二里，富人在焉。凡此十里，多諸工商貨殖之民。千金比屋，層樓對出〔六九〕，重門啓扇，閣道交通，迭相臨望。金銀錦繡，奴婢緹衣〔七〇〕；五味八珍〔七一〕，僕隸畢口〔七二〕。神龜年中，以工商上僭〔七三〕，議不聽衣金銀錦繡〔七四〕。雖立此制，竟不施行。阜財里内有開善寺，京兆人韋英宅也。英早卒，其妻梁氏不治喪而嫁，更納河内人向子集爲夫〔七五〕。雖云改嫁，仍居英宅。英聞梁氏嫁，白日來歸，乘馬將數人至於庭前，呼曰：「阿梁，卿忘我也〔七六〕？」子集驚怖，張弓射之，應弦而倒〔七七〕，即變爲桃人。所騎之馬，亦變爲茅馬〔七八〕。

從者數人，盡化爲蒲人。梁氏惶懼，捨宅爲寺。南陽人侯慶，有銅像一軀，可高丈餘〔七九〕。慶有牛一頭，擬貨爲金色〔八〇〕，遇急事，遂以牛他用之。經二年，慶妻馬氏，忽夢此像謂之曰：「卿夫婦負我金色，久而不償，今取卿兒醜多以償金色焉〔八一〕。」悟覺，心不遑安。至曉，醜多得病而亡。慶年五十，唯有一子，悲哀之聲，感於行路。醜多亡日，像自然金色，光照四鄰，一里之內，咸聞香氣。僧俗長幼，皆來觀覩。尚書右僕射元稹聞里内頻有怪異〔八二〕，遂改阜財里爲齊諧里也〔八三〕。

自延酤以西，張方溝以東〔八四〕，南臨洛水，北達芒山，其間東西二里，南北十五里，並名爲壽丘里，皇宗所居也，民間號爲王子坊。當時四海晏清，八荒率職〔八五〕，縹囊紀慶〔八六〕，玉燭調辰〔八七〕，百姓殷阜，年登俗樂。鰥寡不聞犬豕之食，煢獨不見牛馬之衣〔八八〕。於是帝族王侯，外戚公主，擅山海之富，居川林之饒，爭修園宅，互相誇競。崇門豐室，洞户連房，飛館生風，重樓起霧。高臺芳榭〔八九〕，家家而築；花林曲池，園園而有。莫不桃李夏緑，竹柏冬青。而河間王琛最爲豪首〔九〇〕，常與高陽爭衡〔九一〕。造文柏堂，形如徽音殿。置玉井金罐，以五色績爲繩〔九二〕。妓女三百人，盡皆國色。有婢朝雲，善吹篪〔九三〕，能爲團扇歌〔九四〕、隴上聲〔九五〕。琛爲秦州刺史〔九六〕，諸羌外叛，屢討之不降。琛令朝雲假爲貧嫗吹篪而乞。諸羌聞之，悉皆流涕。迭相謂曰：「何爲棄墳井，在山谷爲寇也！」即相率歸降。秦民語曰：「快馬健兒〔九七〕，不如老嫗吹篪。」琛在秦州，多無政績，遣使向西域求名馬，遠至波斯國〔九八〕，得千里馬，號曰「追風赤驥〔九九〕」。次有七百里者十餘匹，皆有名字。以銀爲槽，金爲鎖環，諸王服其豪富。琛常語人云〔一〇〇〕：「晉室石崇〔一〇一〕，乃是庶姓，猶能雉頭狐腋〔一〇二〕，畫卵雕薪〔一〇三〕，況我大魏天王，不爲華侈！」造迎風館於後園，牕户之上，列錢青瑣〔一〇四〕，玉鳳銜鈴，金龍吐佩〔一〇五〕。素柰朱李，枝條入簷，伎女樓上，坐而摘食。琛常會宗室，陳諸寶器，金瓶銀甕百餘口〔一〇六〕，甌檠盤盒稱是〔一〇七〕。自餘酒器，有水精鉢、瑪瑙盃、琉璃碗、赤玉巵數十枚〔一〇八〕。作工奇妙，中土所無，皆從西域而來。又陳女樂及諸名馬。復引諸王按行府庫〔一〇九〕，錦罽珠璣〔一一〇〕，冰羅霧縠〔一一一〕，充積其内。綉纈、紬綾、絲綵、葛越、錢絹等〔一一二〕，不可數計。琛忽謂章武王融曰〔一一三〕：「不恨我不見石崇，恨石崇不見我！」融立性貪暴，志欲無限，見之惋歎，不覺生疾。還家臥三日不起。江陽王繼來省疾〔一四〕，謂曰：「卿之財產，應得抗衡；何爲嘆羨以至於此？」融曰：「常謂高陽一人，寶貨多融〔一五〕；誰知河間，瞻之在前〔一六〕！」繼笑曰：「卿欲作袁術之在淮南，不知世間復有劉備也〔一七〕！」融乃蹶起，置酒作樂。于時國家殷富，庫藏盈溢，錢絹露積於廊者，不可較數〔一八〕。及太后賜百官絹〔一九〕，任意自取，朝臣莫不稱力而去〔二〇〕。唯融與陳留侯李崇負絹過任〔二一〕，蹶倒傷踝。太后即不與之，令其空出，時人笑焉〔二二〕。侍中崔光止取兩疋，太后問曰〔二三〕：「侍中何少？」對曰：「臣有兩手，唯堪兩疋，所獲多矣。」朝貴服其清廉。經河陰之役〔二四〕，諸元殲盡，王侯第宅，多題爲寺〔二五〕。壽丘里閭，列刹相望，祇洹鬱起，寶塔高淩。四月初八日，京師士女，多至河間寺〔二六〕。觀其廊廡綺麗，無不歎息。以爲蓬萊僊室，亦不是過。入其後園，見溝瀆蹇產〔二七〕，石磴嶕嶢〔二八〕，朱荷出池〔二九〕，緑萍浮水，飛梁跨閣，高樹出雲〔三〇〕，咸皆唧唧〔三一〕；雖梁王兔苑〔三二〕，想之不如也。

【校箋】

本篇中韋英、侯慶云云，寓有懲戒之意，前者忘義，後者失信。其孫巖云云，則是傷風敗俗，皆有害於教化者也。

〔一〕曇，如本作「僧」，今依吳、王、真意本改。按御覽六五五、説郛四皆作「曇」。烏場，魏書西域傳作「烏萇」。水經河水注：「烏萇國，即北天竺。」詳卷五凝玄寺。

〔二〕寶光，吳、王、真意本作「光寶」。

〔三〕利根，佛家語，謂根性明利也。

〔四〕「所」字，如本無，今依吴、王、緑、真意本增。按御覽亦有。

〔五〕「祇洹」下，如本有「寺」字，今依吴、王、真意本删。

〔六〕炫，吴、王、真意本作「發」。

〔七〕玉，吴、王、真意本作「碧」。

〔八〕丈六，謂佛身。佛説十二遊經曰：「佛身長丈六尺。」鹿苑，即鹿野苑，佛成道處。四十二章經云：「世尊成道已，作是思惟，離欲寂靜，是最爲勝。住大禪定，降諸魔道於鹿野苑中，轉四諦法輪，度憍陳如等五人而證道果。」

〔九〕金剛，寶石名，此喻佛之法身。翻譯名義集三七寶篇：「西域記云：伐闍羅，此云金剛。起居注云：晉武帝十三年，燉煌有人獻金剛寶，生於金中，色如紫石英，狀如蓄麥，百鍊不消，可以切玉如泥。」雙林，即娑羅雙樹間，佛涅槃處。大般涅槃經一：「一時佛在拘施那城，力士生地，阿利羅跋提河邊，娑羅雙樹間。二月十五日，大覺世尊將欲涅槃。」

〔一〇〕班固兩都賦：「雍容揄揚，著於後嗣。」李注：「説文曰：揄，引也。孔安國尚書傳曰：揚，舉也。」

〔一一〕閻浮，即閻浮提，大林處也。亦曰閻浮提洲。見卷一永寧寺校箋〔六六〕。

〔一二〕齎，如本作「賫」，非，今改。並見前宣忠寺校箋〔一五〕。舍利，骨也。翻譯名義集五名句文法篇：「舍利，新云室利羅，或設利羅；此云骨身，又云靈骨，即所遺骨分，通名舍利。法苑明三種舍利：一是骨，其色白也；二是髮舍利，其色黑也；三是肉舍利，其色赤也。菩薩、羅漢皆有三種。若佛舍利，椎擊不破；弟子舍利，椎試即碎。」魏書釋老志：「佛既謝世，香木焚尸，靈骨分碎，大小如粒，擊之不壞，焚之不焦，或有光明神驗，胡言謂之舍利。弟子收奉，置之寶瓶，竭香花，致敬慕。」佛牙者，佛身火化時，全身悉爲細粒之舍利，其一分之牙不損，現形在灰燼中，是名佛牙舍利也。

〔一三〕元彧，字文若，臨淮王元譚玄孫。史稱少有才學，與從兄安豐王延明、中山王熙並以宗室博古文學齊名。肅宗時，累遷侍中、衛將軍、兼尚書左僕射，攝選。爾朱榮入洛，殺害元氏，彧奔蕭衍。莊帝立，彧以母老辭退。除尚書令、大司馬，兼録尚書。爾朱榮死，爾朱兆入洛，被害。魏書一八有傳。

〔一四〕悟，如本作「恬」，今依吴、王、緑、真意本改。

〔一五〕魏書彧傳：「彧美風韻，善進止，衣冠之下，雅有容則。」

〔一六〕通鑑齊明帝建武三年胡注引玉燭寶典：「正月爲端月，其一日爲上日，亦云三元，謂歲之元、月之元、時之元也。」肇，始也。見爾雅釋詁。

〔一七〕珍，吴、王、真意本作「臻」。班固東都賦：「春王三朝，會同漢京，是日也，天子受四海之圖籍，膺萬國之貢珍，内撫諸夏，外綏百蠻。」

〔一八〕金蟬，漢制侍中、中常侍之冠飾。漢官儀：「侍中金蟬左貂。金取堅剛，百鍊不耗；蟬居高食潔，目在腋下。」

〔一九〕周禮天官司書疏：「在君前以笏記事，後代用簿。簿，今手版。」事物紀原治理政體：「禮受命於君前以笏，三代之制也。古者貴賤通用，書君上政令，後代惟八座尚書執之，其餘公卿執手板主敬，示非記事官。至後周武帝保定四年，始令百官執笏。」

〔二〇〕透迤，行進貌。複道，閣道也。已見前。

〔二一〕宷，音采。寮，同僚。宷、寮，官屬也。爾雅釋詁：「宷、寮，官也。」郭注：「官地爲宷，同官爲寮。」

〔二二〕王粲七哀詩：「絲桐感人情，爲我發悲音。」李注：「史記曰：騶忌以鼓琴見齊威王，王曰：夫治國家，何爲絲桐之間也？」

〔二三〕漢書班倢伃傳：「酌羽觴兮銷憂。」注引孟康曰：「羽觴，爵也，作生爵形，有頭尾羽翼。」張衡西京賦：「羽觴行而無算。」注：「良曰：羽觴，杯上綴羽，以速飲也。」

〔二四〕廣雅釋詁：「褊，陿也。」集韻入聲陌部：郄爲郤之或字。按郤音隙，郄與隙通。褊郄，猶言狹陋也。

〔二五〕常，如本作「裳」，吴、王本「裳」下有「常」字。今按「裳」字於文不通，沿上「裴」字形誤，河南志三亦無「裳」字。常、嘗通用。

〔二六〕林，如本作「秋」，今依吴、王、緑、真意本改。按河南志亦作「林」。

〔二七〕斗，如本作「日」，今依吴、王、緑、真意本改。按河南志亦作「斗」。斗，酒器也。詩大雅行葦：「酌以大斗。」晉書山濤傳：「濤飲酒至八斗方醉。」

〔二八〕魏書或傳：「爾朱世隆率部北叛，詔或防河陰，及爾朱兆率衆奄至，或出東掖門，爲賊所獲，見兆，辭色不屈，爲群胡所毆，薨。」

〔二九〕「東」字，如本脱，今依吴、王、真意本增。按下文有「西北」語，當與此「東南」對文。更者下文有「市東、市南、市西、市北」等語，其文理清晰可知也。水經穀水注：「穀水又南逕平樂觀東，華嶠後漢書曰：靈帝于平樂觀下起大壇，上建十二重，五采華蓋高十丈，今于上西門外無他基觀，惟西明門外獨有此臺，巍然廣秀，疑即平樂觀也。又言皇女稚殤，埋于臺側，故復名之曰皇女臺。」

〔三〇〕後書六四梁冀傳：「冀字伯卓，安定烏氏人，曾祖統，父商，大將軍。冀爲人鳶肩豺目，洞精矘眄，好臂鷹走狗，順帝時爲執金吾，轉河南尹，後拜大將軍，順帝崩，沖帝、質帝、桓帝皆冀立。貪暴恣肆，無所不爲，爲桓帝所誅。」

〔三一〕東，他本作「中」。今依范、周、徐本改。剛，如本作「釗」，今依吴、王、真意本改。按魏書九三侯剛傳及河南志皆作「剛」。本傳曰：「剛字乾之，本出寒微，以善於鼎俎進。與元乂爲姻黨，進爲侍中，左衛將軍。」又侯剛墓誌銘：「以魏孝昌二年三月十一日寢疾，薨于洛陽中練里第。」

〔三二〕後書梁冀傳：「大起第舍，又廣開園囿，採土築山，十里九坂，以象二崤。深林絶澗，有若自然。奇禽馴獸，飛走其間。」崤山，在今河南洛寧縣北六十里。崤有二陵，故稱二崤。

〔三三〕十，如本作「一」，今依范、周、徐本改。按河南志亦作「十」。

〔三四〕史記一二五鄧通傳：「文帝賜鄧通蜀嚴道銅山，得自鑄錢。鄧氏錢布天下，其富如此。」

〔三五〕後書郭皇后紀：「后弟況遷大鴻臚，帝數幸其第，會公卿諸侯親家飲燕，賞賜金錢縑帛，豐盛莫比。京師號況家爲金穴。」

〔三六〕壯士歌，即是隴上歌也。樂府詩集隴上歌解題云：「晉書載記曰：劉曜圍陳安于隴城，安敗，南走陝中，曜使將平先、丘中伯率勁騎追安，安與壯士十餘騎於陝中格戰。平先亦壯健絶人，與安搏戰，三交，奪其蛇矛而退，遂追斬于澗曲。安善於撫接，及其死，隴上爲之歌。曜聞而嘉傷，命樂府歌之。其歌詞云：隴上壯士有陳安，軀幹雖小腹中寬；愛養將士同心肝，䮴驄父馬鐵鍛鞍。七尺大刀奮如湍，丈八蛇矛左右盤；十盪十決無當前，戰始三交失蛇矛。棄我驪驄竄巖幽，爲我外援而懸頭。西流之水東流河，一去不還奈子何！」項羽吟，即拔山歌。樂府詩集力拔山操解題云：「漢書曰：項羽壁垓下，軍少食盡，漢率諸侯兵圍之數重。夜聞漢軍四面皆楚歌，驚曰：漢已得楚乎？何楚人之多也！起飲帳中，有美人姓虞氏，常從，駿馬名騅，常騎。乃悲歌慷慨，自爲歌詩，云：力拔山兮氣蓋世，時不利兮騅不逝。騅不逝兮可奈何？虞兮虞兮奈若何！」

〔三七〕魏書七三崔延伯傳：「延伯，博陵人。有氣力，少以勇壯聞。膽氣絶人，兼有謀略，所在征討，咸立戰功。正光五年秋，莫折天生寇岐州，征西將軍元志被擒，朝廷以延伯爲使持節、征西將軍、西道都督，與蕭寶夤討天生，大破之。後又討万俟醜奴，戰死。」

〔三八〕通鑑一五〇曰：「梁武帝普通五年（即魏孝明正光五年）夏四月，高平鎮民赫連恩等反，推敕勒酋長胡琛爲高平王，攻高平鎮。十一月，高平人攻殺卜胡，共迎胡琛。」高平，後魏屬原州，在今甘肅省固原縣。

〔三九〕俟，如本作「侯」，今依吴、王本。通鑑曰：「梁武帝普通六年四月，胡琛據高平，遣其將万俟醜奴、宿勤明達等寇魏涇州。」時涇州在今甘肅省東部涇州一帶。岐，即岐山，今陝西岐山縣東北。

〔四〇〕「爲」下「之」字，如本無，今依吴、王本增。旰音幹，日晚也。後時而食曰旰食。以有憂勞不得依時而食也。左傳昭公二十年：「伍奢聞伍員不來，曰：楚君、大夫其旰食乎？」杜注：「將有吴憂，不得早食。」漢書張湯傳：「日旰，天子忘食。」

〔四一〕張方橋，見卷末永明寺。

〔四二〕河南志二：「後漢城闕古蹟云：夕陽亭，城西。又按晉賈充出鎮長安，百寮餞送於此，自旦及暮，故曰夕陽亭。疑因其舊名。」漢洛陽城門外有十二亭，此其一也。

〔四三〕祖道，餞行也。已見卷三景明寺校箋〔四〇〕。

〔四四〕河南志無「笛」字，吴、王、真意本「笛」下有「歌」字。

〔四五〕早，吴、王、真意本作「卓」。

〔四六〕二十，吴、王、真意本作「三十」。

〔四七〕全，吴、王、真意本作「牢」。

〔四八〕陣，如本作「場」，今依吴、王本改。按河南志亦作「陣」。

〔四九〕如本無「常」字，今依吴、王本增。按河南志亦有「常」字。

〔五〇〕如本無「莫不」二字，今依河南志補。又「延伯」二字，依吴、王、緑、真意本增。

〔五一〕鎮，吴、王、真意本作「振」。

〔五二〕魏書崔延伯傳：「寶夤謂官屬曰：崔公，古之關張也。秦賊勁彊，諸將所憚。朝廷初議遣將，咸云：非延伯無以定之。果能克敵。」

〔五三〕鐘，他本作「鍾」，古通用。子期、伯牙，皆春秋時楚人。吕氏春秋本味篇云：「伯牙鼓琴，鍾子期聽之。方鼓琴而志在泰山，鍾子期曰：善哉乎鼓琴！巍巍乎若泰山。少選之間，而志在流水，鍾子期又曰：善哉乎鼓琴，湯湯乎若流水。鍾子期死，伯牙破琴絶絃，終身不復鼓琴，以爲世無足復爲鼓琴者。」

〔五四〕上「延酤」，各本作「退酤」，今依河南志三改，周本同。水經河水注：「蒲坂，魏秦州刺史治，太和遷都，罷州置河東郡。郡多流雜，謂之徙民。民有姓劉名墮者，宿擅工釀。採挹河流，醖成芳酎，懸食同枯枝之年，排于桑落之辰，故酒得其名矣。然香醑之色，清白若滫漿焉。」

〔五五〕赫晞，炎盛也。吴、王、真意本作「赫羲」。潘岳在懷縣作云：「初伏啓新節，隆暑方赫羲。」

〔五六〕暴，吴、王、真意本作「曝」，同。

〔五七〕「其酒」二字，各本同，廣記二三一、河南志三均作「酒味」。齊民要術笨麴并酒篇曰：「河東頤白酒法，六月七月作。用笨麴，陳者彌佳，剗治、細剉，麴一斗，熟水三斗，黍米七斗，麴殺多少，各隨門法。」

〔五八〕而醉，吴、王、緑、真意本作「醉而」，屬下讀。

〔五九〕河南志及廣記無「多」字。

〔六〇〕廣記作「以其可至遠」。

〔六一〕藩，如本作「蕃」，今依上文改。南青州原爲東徐州，魏孝文帝太和二十二年改。在今山東省沂水縣一帶。毛鴻賓，北地人。蕭寶夤之叛，與其兄遐糾率鄉義討之；寶夤遣其大將軍盧祖遷等擊遐，爲遐所殺。後高歡平潼關，擒鴻賓。見北史四九毛遐傳，並見魏書蕭寶夤傳、賀拔勝傳。

〔六二〕吴、王本作「路逢劫賊」，真意本作「逢路劫賊」，廣記作「路中夜逢劫盜」。

〔六三〕輀音而，説文：「喪車也。」釋名釋喪制：「輿棺之車曰輀。」

〔六四〕因，廣記四四七作「私」。

〔六五〕毛，廣記作「尾」。

〔六六〕司馬相如上林賦云：「靚妝刻飾。」李注：「郭璞曰：靚妝，粉白黛黑也。」

〔六七〕如本作「行路」，今依吴、王、真意本。

〔六八〕魏書一一二靈徵志：「太和元年五月辛亥，有狐魅截人髮，時文明靈太后臨朝，行多不正之徵也。肅宗熙平二年，自春，京師有狐魅截人髮，人相驚恐。六月壬辰，靈太后召諸截髮者，使崇訓衛尉劉騰鞭之於千秋門外，事同太和也。」下「阜財」，見卷三菩提寺校箋〔四〕。

〔六九〕「層樓」下「對出」二字，如本空格，今依吴、王、緑、真意本補。

〔七〇〕緹，説文：「帛丹黄色。」史記滑稽列傳：「張緹降帷。」正義曰：「顧野王云：黄赤色也。又音啼，厚繒也。」

〔七一〕五味，禮記禮運：「五味六和十二食，還相爲質也。」注：「五味：酸、苦、辛、鹹、甘也。」八珍，見卷三報德寺校箋〔四七〕。

〔七二〕畢口，皆可口嚐之也，謂僕隸皆可食五味八珍之物也。禮記郊特牲：「唯爲社田，國人畢作。」

〔七三〕僭，越制也。

〔七四〕「議」字、「衣」字如本無，今依吴、王、緑、真意本增。按魏書高陽王雍傳亦云：「雍表諸王公以下賤妾，悉不聽用織成錦繡、金玉珠璣，違者以違旨論。奴婢悉不得衣綾綺纈，止於縵繒而已。奴則布服，並不得以金銀爲釵帶，犯者鞭一百。太后從之，而不能久行也。」

〔七五〕納，如本作「約」，今依吴、王、真意本改。按珠林、廣記均作「納」。

〔七六〕也，珠林及西陽雜俎作「耶」，意同。

〔七七〕弦，吳、王本作「箭」。珠林四三、説郛、廣記三七一同。

〔七八〕變，吳、王本作「化」，珠林、廣記同。

〔七九〕丈，珠林七一作「尺」，廣記七九同。

〔八〇〕「貨」字各本無，今依珠林及廣記增。蓋慶欲貨牛爲像添金色也。

〔八一〕醜，吳、王、真意本作「丑」，正俗字，下同。蓋合牛之生肖也。又吳、王、真意本無「金」字。

〔八二〕積，吳、王本同。緑本、真意本作「慎」，珠林同。魏書作「瑱」，河南志作「順」。周本云：「今本作元積者，蓋由唐人寫書，『順』每作『慎』，又譌爲『積』耳。」

〔八三〕「財」下「里」字，如本無，今依吳、王、真意本增。莊子逍遥遊曰：「齊諧者，志怪者也。」其名殆本此。

〔八四〕延酤，各本作「退酤」，今依河南志改，並見校箋〔五四〕。張方溝，即張方橋溝，見後永明寺。

〔八五〕説苑辨物篇：「八荒之内有四海，四海之内有九州，天子處中州而制八荒耳。」

〔八六〕蕭統文選序：「詞人才子，則名溢於縹囊。」向注：「縹，青白色。囊，有底袋也，用以盛書。」此指書籍。

〔八七〕爾雅釋天：「四氣和謂之玉燭。」邢昺疏引尸子仁意篇：「燭於玉燭，飲於醴泉，暢於永風。四時和，正光照，此之謂玉燭。」

〔八八〕漢書食貨志：「故貧民常衣牛馬之衣，而食犬彘之食。」又王章傳顔注曰：「牛衣，編亂麻爲之，今俗呼爲龍具者。」

〔八九〕樹，如本作「謝」，今依緑、照本改。

〔九〇〕魏書二〇河間王傳：「元琛字曇寶，幼而敏慧，高祖愛之。世宗時拜定州刺史。琛妃，世宗舅女，高皇后妹。琛憑恃内外，多所受納，貪惏之極。後出爲秦州刺史，聚斂無厭，百姓患害，有甚狼虎。進討氐羌，大敗。後討汾晉胡、蜀，卒於軍。」

〔九一〕高陽王雍豪侈，見卷三高陽王寺。

〔九二〕如本作「以金五色績爲繩」，今依河南志。按績者，絛組之屬，意正相合。

〔九三〕篪，如本作「箎」，通。下同。以竹爲之。篪，音馳，本作䶵，亦作竾，樂器也。爾雅釋樂：「大箎謂之沂。」注：「箎，以竹爲之，長尺四寸，圍三寸，一孔上出一寸三分，名翹，横吹之小者尺二寸。廣雅云八孔。」周禮春官笙師注：「箎，七孔。」

〔九四〕樂府詩集清商曲辭團扇歌解題云：「古今樂録曰：團扇郎歌者，晉中書令王珉，捉白團扇與嫂婢謝芳姿有愛，情好甚篤。嫂捶撻婢過苦，王東亭聞而止之。芳姿素善歌，嫂令歌一曲，當赦之，應聲歌曰：白團扇，辛苦五流連，是郎眼所見。珉聞，更問之：汝歌何遺？芳姿即改云：白團扇，顦顇非昔容，羞與郎相見。後人因而歌之。」

〔九五〕隴上聲，即壯士歌，見校箋〔三六〕。

〔九六〕魏書琛傳：「出爲秦州刺史，在州聚斂，百姓吁嗟。屬東益、南秦二州氐反，詔琛爲行臺，仍充都督，還攝州事。進討氐羌，大被摧破，士卒死者千數，率衆走還。」

〔九七〕樂府詩集折楊柳歌辭：「健兒須快馬，快馬須健兒，䟆跋黄塵下，然後别雄雌。」

〔九八〕波斯國，見卷三宣陽門外校箋〔六八〕。

〔九九〕「驥」字，吴、王本作「其」，屬下句讀。廣記及河南志亦無「驥」字。

〔一〇〇〕如本無「常」字，今依吴、王本增。廣記作「嘗」，同。河南志亦有「常」字。

〔一〇一〕吴、王、真意本無「晉室」二字。石崇已見卷一昭儀尼寺校箋〔二六〕。晉書三三石崇傳：「財産豐積，室宇宏麗，後房百數，皆曳紈繡，珥金翠。絲竹盡當時之選，庖膳窮水陸之珍。與貴戚王愷、羊琇之徒以奢靡相尚。愷以粭澳釜，崇以蠟代薪。愷作紫絲布步障四十里，崇作錦步障五十里以敵之。崇塗屋以椒，愷用赤石脂。崇、愷爭豪如此。」

〔一〇二〕掖，廣記、河南志作「腋」，通。晉書武帝紀：「咸寧四年十一月辛巳，太醫司馬程據獻雉頭裘，帝以奇技異服，典禮所禁，焚之於殿前。」胡注通鑑八〇晉紀：「雉頭，毛采炫燿，集以爲裘。」狐腋之皮，其毛細厚，集以爲裘，最是輕煖，所以爲貴。史記商君傳：「千羊之皮，不如一狐之腋。」

〔一〇三〕「卵」字，如本作「卯」，今依照本、集證本。按河南志亦作「卵」。管子侈靡：「雕卵然後瀹之，雕橑然後爨之。」注：「此皆富者所爲。橑，薪也。」畫卵雕薪，甚見豪奢。

〔一〇四〕列錢，即綺錢。列錢青瑣，見卷一永寧寺校箋〔二九〕、〔三九〕。

〔一〇五〕佩，玉也，珠也。廣記、類説、通鑑一四九皆作「旆」。

〔一〇六〕瓮，廣記、河南志作「甕」，同。

〔一〇七〕説文：「甌，小盆也。」集韻：「檠，有足所以几物。」

〔一〇八〕水精鉢，通鑑作「水精鋒」。注云：「一本『鋒』作『鍾』」。胡注通鑑一四九梁紀：「後漢書：大秦國出水精，以爲宫室柱及食器。」「盃」字，如本無，今依緑本補。胡注又云：「本草衍義曰：馬腦非石非玉，自是一類，有紅白黑色三種，亦有紋如纏絲者，生西國玉石間。」赤玉巵，胡注又曰：「王逸論：或問玉符。曰：赤如雞冠，黄如蒸栗，白如脂肪，黑如點漆，玉之符也。」

〔一〇九〕府庫，廣記作「庫藏」。

〔一一〇〕罽，如本作「㓵」，今依他本。爾雅釋言：「氂，罽也。」郭注：「毛氂所以爲罽。」

〔一一一〕冰羅者，言羅之潔白如冰也。霧縠者，言縠之細薄似雲霧也。説文：「縠，細縛也。」段注：「縛之細者也。今之縐紗，古之縠也。」

〔一一二〕綉，集韻候韻云：「音透，吴俗謂繇一片。」纈，玉篇：「綵纈也。」紬，如本作「油」，今依吴、王本。説文：「紬，大絲繒也。」段注：「大絲，較常絲爲大也。」綾，説文：「東齊謂布帛之細者曰綾。」綵，漢書貨殖傳：「帛之有色者曰采。」葛越，如本作「越葛」，今依吴、王、真意本。書禹貢：「島夷卉服。」孔傳：「南海島夷，草服葛越。」孔疏：「葛越，南方布名，用葛爲之。左思吴都賦云：『蕉葛升越，弱於羅紈』是也。」絹，玉篇：「生繒也。」

〔一一三〕魏書一九元融傳：「融字永興，世宗時，爲征虜將軍、并州刺史。肅宗時，除散騎常侍、青州刺史。還爲秘書監，遷中護軍，領河南尹。性尤貪殘，恣情聚斂，爲中尉糾彈，削除官爵。後討鮮于修禮失利，葛榮擊融，融殁於陣。」

〔一一四〕元繼，乂之父。魏書一六元繼傳：「高祖時，曾安輯高車四鎮有功。肅宗時，位至太尉公、侍中、太師、録尚書事。繼貪婪聚斂無已，牧守令長新除赴官，無不受納貨賄。永安二年卒。」

〔一五〕「多」下，吳、王、真意本有「於」字，廣記亦有。

〔一六〕論語子罕：「瞻之在前，忽焉在後。」

〔一七〕言其夜郎自大、孤陋寡聞也。後書一〇五吕布傳：「漢末，袁術據九江稱帝，置百官，郊祀天地。時劉備領徐州，居下邳，與袁術相拒於淮上，術欲引布擊備，乃與布書曰：術生年以來，不聞天下有劉備。後術憤慨結病，嘔血死。」

〔一八〕較，吳、王本作「校」，廣記同，古通用。按較，校也，計算之也。

〔一九〕如本「官」下有「負」字，今依吳、王、真意本。

〔二〇〕魏書食貨志：「神龜、正光之際，府藏盈溢，靈太后曾令公卿已下，任力負物而取之。」

〔二一〕任，如本作「性」，今依廣記。通鑑作「重」。

〔二二〕「太后即不與之」以下十四字，各本無，今據廣記增。按通鑑：「太后奪其絹，使空出，時人笑之。」

〔二三〕「曰」字，各本無，今依廣記增。

〔二四〕河陰之役，見卷一永寧寺。

〔二五〕魏書釋老志：「河陰之酷，朝士死者，其家多捨居宅，以施僧尼。京邑第宅，略爲寺矣。」

〔二六〕河間寺，殆河間王宅也。

〔二七〕司馬相如上林賦：「蹇産溝瀆。」李注：「蹇産，詰曲也。」

〔二八〕嶕，如本作「礁」，今依吳、王本。張衡西京賦：「閶闔之内，別風嶕嶢。」説文：「焦嶢，山高。」

〔二九〕池，如本作「也」。

〔三〇〕「高」字，如本無，今依緑本、真意本增。

〔三一〕唧唧，嗟嘆聲，照本作「嘖嘖」，通。

〔三二〕梁孝王兔園，見前沖覺寺校箋〔一七〕。

追先寺

追先寺〔一〕，侍中尚書令東平王略之宅也〔二〕。略生而岐嶷〔三〕，幼則老成，博洽群書，好道不倦〔四〕。神龜中爲黄門侍郎。元乂專政，虐加宰輔〔五〕，略密與其兄相州刺史中山王熙欲起義兵〔六〕，問罪君側。雄規不就，釁起同謀〔七〕，略兄弟四人，並罹塗炭〔八〕，唯略一身，逃命江左〔九〕。蕭衍素聞略名，見其器度寬雅，文學優贍〔一〇〕，甚敬重之。謂曰：「洛中如王者幾人？」略對曰：「臣在本朝之日，承乏攝官〔一一〕；至於宗廟之美，百官之富，鴛鸞接翼〔一二〕，杞梓成陰〔一三〕；如臣之比，趙咨所云車載斗量，不可數盡〔一四〕。」衍大笑，乃封略爲中山王，食邑千户，儀比王子。又除宣城太守，給鼓吹一部，劍卒千人。略爲政清肅，甚有治聲。江東朝貴，侈於矜尚，見略入朝，莫不憚其進止。尋還信武將軍，衡州刺史〔一五〕。孝昌元年，明帝有吴人江革，請略歸國。江革者〔一六〕，蕭衍之大將也。蕭衍謂曰：「朕寧失江革，不得無王。」略曰：「臣遭家禍難，白骨未收，乞還本朝，叙録存没。」因即悲泣〔一七〕。衍哀而遣之。乃賜錢五百萬，金二百斤，銀五百斤，錦繡寶玩之物不可稱數。親帥百官送於江上，作五言詩贈者百餘人。凡見禮敬如此〔一八〕。略始濟淮，明帝拜略侍中、義陽王，食邑千户〔一九〕。略至闕，詔曰：「昔劉蒼好善，利建東平〔二〇〕，曹植能文，大啓陳國〔二一〕。是用聲彪磐石〔二二〕，義鬱維城〔二三〕。侍中義陽王略體自藩華，門勳夙著，内潤外朗，兄弟偉如。既見義亡家，捐生殉國，永言忠烈，何日忘之！往雖弛擔偶梁〔二四〕，今便言旋闕下，有志有節，能始能終。方傳美丹青〔二五〕，懸諸日月。略前未至之日，即心立稱〔二六〕，故封義陽。然國既邊地〔二七〕，寓食他邑，求之二三，未爲盡善，宜比德均封，追芳曩烈，可改封東平王，户數如前。」尋進尚書令、儀同三司，領國子祭酒、侍中如故〔二八〕。略從容閑雅，本自天資，出南入北，轉復高邁，言論動止，朝野師模。建義元年，薨於河陰，贈太保，謚曰文貞。嗣王景式〔二九〕，捨宅爲此寺。

【校箋】

〔一〕先，各本作「光」，河南志三、説郛四皆作「先」。按下文稱此寺原爲東平王略之宅，略卒，嗣王景式捨宅爲此寺，則作「追先」爲合。追先者，追念其先人也。大典一三八二三有「在壽丘里」四字。

〔二〕東平王略，字儁興，中山王英子，南安王楨孫。爲散騎常侍、冠軍將軍、給事黄門侍郎。及其兄熙起兵，欲誅元乂，事敗，潛梁。孝昌元年返魏，封東平王。爾朱榮者，略之姑丈也。略素輕之。又黨鄭儼、徐紇等人。榮入洛，並見害河陰。詳魏書一九本傳。

〔三〕詩大雅生民：「克岐克嶷。」毛傳：「岐，知意也。嶷，識也。」

〔四〕元略墓誌銘曰：「遊志儒林，宅心仁苑；禮窮訓則，義周物軌。」

〔五〕宰輔，謂清河王懌。

〔六〕欲，吴、王本作「故」。熙字真興。肅宗初，爲將作大匠、給事黄門侍郎，除平西將軍、東秦州刺史。熙平元年，入爲秘書監。神龜初，爲安東將軍、相州刺史。及元乂殺清河王懌，乃起義兵。見魏書一九本傳。

〔七〕魏書熙傳：「熙兵起甫十日，爲其長史柳元章、别駕游荆，魏郡太守李孝怡率諸城人鼓譟而入，殺熙左右四十餘人。執熙，置之高樓，並其子弟。」

〔八〕魏書熙傳：「又遣尚書左丞盧同斬之於鄴街，傳首京師。長子景獻、次仲獻、次叔獻，並與熙同被害。」又熙弟誘傳云：「出爲右將軍、南秦州刺史，又斬之於岐州。」又熙弟纂傳云：「爲司徒祭酒，與熙俱死。」

〔九〕左，如本作「右」，今依吴、王、緑、真意本改。魏禧日録雜説：「江東稱江左，江西稱江右；蓋自江北視之，江東在左，江西在右耳。」但史書皆以江東爲江左也。

〔一〇〕瞻，如本作「瞻」，今依他本。

〔一一〕左傳成公二年：「攝官承乏。」杜注：「攝承空乏。」

〔一二〕鸞，吴、王、真意本作「鶱」。鴛鸞，鳳族，指賢人也。

〔一三〕國語楚語：「其大夫皆卿才也，若杞梓皮革焉。」韋昭注：「杞梓，良材也。」陰、蔭通用。

〔一四〕三國吴志孫權傳注引吴書曰：「趙咨字德度，南陽人，博聞多識，應對辯捷。使魏，魏文帝善之。帝曰：吴可征不？對曰：大國有征伐之兵，小國有備禦之固。又曰：吴難魏不？對曰：帶甲百萬，江漢爲池，何難之有。又曰：吴如大夫者幾人？咨曰：聰明特達者八九十人，如臣之比，車載斗量，不可勝數。」

〔一五〕衡州，今廣東英德縣西七十五里。

〔一六〕梁書三六江革傳：「江革字休映，濟陽考城人。幼孤，耽學不倦，仕齊爲尚書駕部郎。蕭衍時，與徐勉同掌書記。累遷爲豫章王長史，鎮彭城。彭城失守，被執。後還國，仕至光禄大夫，領步兵校尉、南北兗二州大中正。大同元年卒。」

〔一七〕元略墓誌：「僞主蕭氏，雅相器尚，等秩親枝，齊賞密席。而莊舄之念，雖榮願本；渭陽之戀，偏楚心目。」

〔一八〕如此，如本作「如親比」，下又空格。吴、王、緑、真意本作「如此比」。今改。魏書略傳：「略之將還也，衍爲置酒餞别，賜金銀百斤，衍之百官悉送别江上，遣其右衛徐確率百餘人送至京師。」

〔一九〕魏書略傳：「肅宗詔光禄大夫刁雙境首勞問，又勑徐州賜絹布各一千匹，除略侍中、義陽王，食邑一千户。還達石人驛亭，詔宗室、親黨、内外百官先相識者，聽迎之。近郊，賜帛三千匹、宅一區、粟五千石，奴婢三十人。其略所至，一餐一宿之處，無不霑賞。」

〔二〇〕後書四二光武十王列傳：「東平憲王蒼，建武十五年封東平公，十七年進爵爲王。蒼少好經書，雅有智思，爲人美鬚，要帶十圍。明帝時爲驃騎將軍。永平年間，與公卿共定南北郊冠冕車服制度。後上疏歸藩，明帝問：處家何者最樂？王言：爲善最樂。章帝時卒。」

〔二一〕三國魏志陳思王傳：「曹植字子建，年十歲餘，誦讀詩、論及辭賦數十萬言，善屬文。黄初六年正月，以陳四縣封植爲陳王，邑三千五百户。」

〔二二〕磐，如本作「盤」，今依吴、王、真意本。史記孝文本紀：「高帝封王子弟地，犬牙相制，此所謂磐石之宗也。」索隱：「言其固如磐石。」

〔二三〕詩大雅板：「宗子維城。」鄭箋：「宗子，謂王之適子也。」

〔二四〕弛擔，息肩也。左傳莊公二十二年：「弛於負擔。」杜注：「弛，去離也。」僞梁，各本作「爲梁」，今改。

〔二五〕漢書五四蘇武傳：「雖古竹帛所載，丹青所畫，何以過子卿？」

〔二六〕立稱，立名稱許全國也。

〔二七〕略始封義陽，當與梁接，殆南司州、豫州、南朔州、北江州等地。後改封東平，則爲今山東。

〔二八〕元略墓誌：「以孝昌元年，旋軸象魏。孝明皇帝以君往濫家難，歸闕誠深，封東平王，食邑二千。即授侍中、左衛將軍，尋遷驃騎大將軍、儀同三司，領國子祭酒，俄除尚書令，吐納兩聖之言，總裁百揆之職。」

〔二九〕元略墓誌：「世子頲字景式。」

融覺寺

融覺寺，清河文獻王懌所立也。在閶闔門外御道南。有五層浮圖一所，與沖覺寺齊等。佛殿僧房，充溢一里〔一〕。比丘曇謨最善於禪學〔二〕，講涅槃、華嚴，僧徒千人〔三〕。天竺國胡沙門菩提流支見而禮之〔四〕，號爲菩薩。流支解佛義知名，西土諸夷，號爲羅漢〔五〕。曉魏言及隸書，翻十地、楞伽及諸經論二十三部〔六〕。雖石室之寫金言〔七〕，草堂之傳真教〔八〕，不能過也。流支讀曇謨最大乘義章，每彈指讚嘆，唱言微妙，即爲胡書寫之，傳之於西域。西域沙門常東向遥禮之〔九〕，號曇謨最爲「東方聖人」〔一〇〕。

【校箋】

〔一〕「一」字，吴、王本無。續高傳曇無最傳：「廊宇充溢，周於三里。」周、徐本作「三」。又下大覺寺在此寺西一里，永明寺又在大覺寺東，如此云云，則不能有三里之巨也。

〔二〕曇謨最，見卷二崇真寺校箋〔四〕。

〔三〕徒，如本作「徙」，誤。今依他本。

〔四〕續高傳一菩提流支傳：「菩提流支，魏言道希，北天竺人也。遍通三藏，妙入總持，志在宏法，廣流視聽，遂挾道宵征，遠莅葱左。以魏永平之初來遊東夏。宣武皇帝下敕引勞，供擬殷華。處之永寧大寺，四事將給，七百梵僧，敕以流支爲譯經之元匠也。」

〔五〕羅漢，即阿羅漢。翻譯名義集一三乘通號篇：「大論云：阿羅名賊，漢名破；一切煩惱賊破。復次，阿羅漢，一切漏盡，故應得一切世間諸天人供養。又阿名不，羅漢名生，後世中更不生，是名阿羅漢。法華疏云：阿颰經云應真，瑞應云真人。悉是無生，釋羅漢也。或言無翻，名含三義。無明糠脱，後世田中，不受生死果報，故云不生。九十八使煩惱盡，故名殺賊。具智斷功德，堪爲人天福田，故言應供。含此三義，故存梵名。」

〔六〕十地，世親著。乃譯華嚴之十地品。流支首譯此書。楞伽，佛經名，原爲師子國山名，佛於此説大乘，即楞伽經。有四譯本，菩提所譯者名楞伽經，十卷。續高傳流支傳云：「三藏流支自洛及鄴，爰至天平，二十餘年，凡所出經三十九部，一百二十七卷，即佛名、楞伽、法集、深密等經；勝思惟、大寶積、法華、涅槃等論是也。並沙門僧朗、道湛及侍中崔光等筆受，具列唐貞觀内典録。」大唐内典録、古今譯經圖記皆言流支所譯經論凡三十九部，一百二十七卷。與此同。

〔七〕弘明集一牟融理惑論：「明帝遣使於大月支寫佛經四十二章，藏在蘭臺石室第十四間。」

〔八〕魏書釋老志：「鳩摩羅什爲姚興所敬，於長安草堂寺集義學八百人，重譯經本。羅什聰辨有淵思，達東西方言。時沙門道彤、僧略、道恒、道[礻剽]、僧肇、曇影等與羅什共相提挈，發明幽致，諸深大經論十有餘部，更定章句，辭義通名，至今沙門共所祖習。」

〔九〕如本不重「西域」二字，今依吳、王、緑、真意本增。按御覽六五五亦重此二字。

〔一〇〕續高傳二四曇無最傳：「天竺沙門菩提留支見而禮之，號爲『東土菩薩』。嘗讀最之所撰大乘義章，每彈指唱善，飜爲梵字，寄傳大夏。彼方讀者，皆東向禮之爲聖人矣。」魏書釋老志載羅什稱釋道安爲「東方聖人」，已在曇無最之前。

大覺寺

大覺寺，廣平王懷捨宅也〔一〕。在融覺寺西一里許。北瞻芒嶺，南眺洛汭，東望宮闕，西顧旗亭〔二〕；神皋顯敞〔三〕，實爲勝地。是以温子昇碑云〔四〕：「面水背山，左朝右市。」是也。懷所居之堂，上置七佛〔五〕，林池飛閣，比之景明。至於春風動樹，則蘭開紫葉；秋霜降草，則菊吐黄花。名僧大德，寂以遺煩。永熙年中，平陽王即位〔六〕，造磚浮圖一所。是土石之工，窮精極麗。詔中書舍人温子昇以爲文也〔七〕。

【校箋】

〔一〕元懷，已見卷二平等寺校箋〔一〕。

〔二〕旗亭，已見卷二龍華寺校箋〔三〕。

〔三〕神，如本作「禪」，今依吴、王、真意本。張衡西京賦：「實惟地之奥區神皋。」薛綜注：「神皋，接神之皋。廣雅曰：皋，局也。謂神明之界局也。」

〔四〕昇，如本作「升」，今依他本。下同。

〔五〕懷，如本作「環」，非，今依集證本。釋迦之前有六佛，釋迦繼六佛而成道，合稱七佛。珠林七佛部：「如長阿含經云：過去九十一劫有佛出世，名毗婆尸，人壽八萬歲。復過去三十一劫有佛出世，名尸棄，人壽七萬歲。復過去三十一劫有佛出世，名毗舍浮，人壽六萬歲。復過去此賢劫中有佛出世，名拘樓孫，人壽五萬歲。又賢劫中有佛出世，名拘那含，人壽四萬歲。又賢劫中有佛出世，名迦葉，人壽二萬歲。我今出世，人壽百歲，少出多滅。依智度迦延論，據釋迦人壽一萬歲，世時合出，爲觀衆生一萬歲已來，無機可度，乃至百歲。衆生見苦敦逼，劫欲將末，故出乎世。故論云：劫末佛興。」

〔六〕平陽王，即出帝元脩，爲廣平王懷子。即位事，見卷二平等寺校箋〔八六〕。平等寺作永熙元年。

〔七〕類聚七七載温碑文，現已殘缺，且文思卑劣，不類温作。此不録。

永明寺

永明寺，宣武皇帝所立也。在大覺寺東。時佛法經像，盛於洛陽，異國沙門，咸來輻輳，負錫持經，適茲樂土〔一〕。世宗故立此寺以憩之〔二〕。房廡連亘，一千餘間。庭列脩竹，簷拂高松，奇花異草，駢闐堦砌〔三〕。百國沙門，三千餘人。西域遠者，乃至大秦國〔四〕，盡天地之西垂〔五〕，耕耘績紡〔六〕，百姓野居，邑屋相望，衣服車馬，擬儀中國。南中有歌營國〔七〕，去京師甚遠，風土隔絶〔八〕，世不與中國交通，雖二漢及魏，亦未曾至也。今始有沙門菩提拔陀至焉〔九〕。自云：「北行一月日，至勾稚國〔一〇〕。北行十一日，至典孫國〔一一〕。從典孫國北行三十日，至扶南國〔一二〕。方五千里，南夷之國，最爲强大。民户殷多，出明珠金玉及水精珍異，饒梹榔。從扶南國北行一月，至林邑國〔一三〕。出林邑，入蕭衍國〔一四〕。」拔陀至揚州歲餘〔一五〕，隨揚州比丘法融來至京師。京師沙門問其南方風俗〔一六〕，拔陀云：「有古奴調國〔一七〕，乘四輪馬爲車。斯調國出火浣布〔一八〕，以樹皮爲之，其樹入火不燃。凡南方諸國，皆因城郭而居〔一九〕，多饒珍麗。民俗淳善，質直好義，亦與西域大秦、安息、身毒諸國交通往來〔二〇〕。或三方四方，浮浪乘風，百日便至。率奉佛教，好生惡煞。」寺西有宜年里〔二一〕。里内有陳留王景皓、侍中安定公胡元吉等二宅〔二二〕。景皓者〔二三〕，河州刺史陳留莊王祚之子〔二四〕。立性虚豁，少有大度，愛人好士〔二五〕，待物無遺。夙善玄言道家之業〔二六〕，遂捨半宅，安置佛徒。演唱大乘〔二七〕，數部並進，京師大德，超、光、𣋙、榮四法師〔二八〕，三藏胡沙門菩提流支等咸預其席〔二九〕，諸方伎術之士，莫不歸赴。時有奉朝請孟仲暉者〔三〇〕，武威人也〔三一〕。父賓，金城太守。暉志性聰明，學兼釋氏，四諦之義〔三二〕，窮其旨歸。恒來造第，與沙門論議，時號爲玄宗先生。暉遂造人中夾紵像一軀〔三三〕，相好端嚴〔三四〕，希世所有。置皓前廳，須彌寶坐〔三五〕。永安二年中，此像每夜行遶其坐，四面脚跡，隱地成文。於是士庶異之，咸來觀矚。由是發心者，亦復無量。永熙三年秋，忽然自去，莫知所之。其年冬，而京師遷鄴〔三六〕。武定五年，暉爲洛州開府長史，重加採訪，寥無影迹。出閶闔門城外七里長分橋，中朝時以穀水浚急，注於城下，多壞民家〔三七〕，立石橋以限之；長則分流入洛〔三八〕，故名長分橋。或云晉河間王在長安遣張方征長沙王，營軍於此〔三九〕，因爲張方橋也。未知孰是。今民間語訛〔四〇〕，號爲張夫人橋。朝士送迎，多在此處。長分橋西有千金堰〔四一〕。計其水利，日益千金，因以爲名。昔都水使者陳勰所造。今備夫一千，歲恒修之。

本篇叙南中諸國，筆法與卷五西域正同。若此爲注文，則彼亦注文無疑。故書當比觀並讀之，便自明也。

【校箋】

〔一〕樂，如本作「藥」，今依緑、真意本改。詩魏風碩鼠：「適彼樂土。」

〔二〕世宗，吴、王、真意本作「宣武」，同。通鑑一四七：「時佛教盛於洛陽，沙門之外，自西域來者三千餘人。魏主别立永明寺千餘間以處之。」

〔三〕騈闐，即騈田，羅列也。張衡西京賦：「麀鹿麌麌，騈田逼仄。」薛綜曰：「騈田逼仄，聚會之意。」

〔四〕大秦，見卷三宣陽門外四里條校箋〔五七〕。

〔五〕垂，吴、王、真意本作「陲」，古通用。

〔六〕「耕耘」二字，如本空格，今依照本補。

〔七〕歌營，法人伯希和謂，蓋在今之馬來半島南。見馮承鈞西域南海史地譯叢。古書或作「加營」，御覽三五九引康泰吴時外國傳：「加營國王好馬，月支賈人常以舶載馬到加營國，國王悉爲售之。若於路失羈絆，但將頭皮示王，王亦售其半價。」蘇繼廎加營國考：「南印有古國曰恭瞿(Kongn-deca)，奄有今加因八多（Koimbatur 或 Coimbatore）及南部莎楞（Salem）一帶，爲太米耳族（Tamils）所建諸國之一。當其盛時，没來海岸地多隸屬之。竊意吳時外國傳與扶南土俗傳著録之加營國，南州異物志與洛陽伽藍記著録之歌營國，殆即 Koyam(Padi) 或 Koyam(Muturu) 之省譯也。」見南洋學報七卷一輯。

〔八〕風土，吳、王本作「土風」。

〔九〕如本作「今始有沙門焉子善提拔陀」，不可讀。今依緑、真意本無「焉子」二字。善，吳、王、緑、真意本作「菩」，今從改。菩提拔陀，即佛馱跋陀羅（Buddhabhadra），見馮承鈞史地叢考續編伯希和扶南考附録三引沙畹説。

〔一〇〕吳、王、真意本無「日」字，南史豫章王傳有「七月日生兒」一語，此亦時人習語。御覽七九〇引南州異物志：「勾稚國去與遊八百里，有江口西南向，東北行極大崎頭，出漲海中，淺而多磁石。」蘇繼廎加營國考：「南州異物志與洛陽伽藍記均以句稚爲自歌營國來中國之中途要站。按句稚爲馬來半島西岸北緯十度泊沾河（Pakchan）一帶地方。」

〔一一〕典孫，如本作「孫國」，今依通典一八八頓遜國下注、梁書五四扶南國傳改。下同。按典孫即頓遜，亦作典遜。梁書扶南國傳：「其南界三千餘里，有頓遜國，在海崎上，地方千里。頓遜之東界通交州，其西界接天竺、安息徼外諸國，往還交市。」法人伯希和謂今之 Schlegel 即 Tenasserim 是也。詳扶南考，馮譯史地叢考續編。

〔一二〕梁書扶南國傳：「扶南國在日南郡之南海西大灣中。去日南可七千里，在林邑西南三千餘里。城去海五百里，有大江，廣十里，西北流，東入於海。其國輪廣三千餘里。」伯希和扶南考即以爲即今之柬埔寨與下南圻地 Basse-Cochinchine。見馮譯史地叢考續編。

〔一三〕梁書林邑國傳：「林邑國者，本漢日南郡象林縣，古越裳之界也。其地縱廣可六百里。城去海百二十里，去日南界四百餘里，北接九德郡，其南界水，步道二百餘里有西圖夷。」按林邑在今越南北境。

〔一四〕蕭衍國，即南朝梁國也。

〔一五〕揚，如本作「楊」，今依吴、王本。下同。梁之揚州，領丹陽、吴、會稽、吴興、新安、新寧、臨海、建安等八郡。此殆近海地區。

〔一六〕如本不重「京師」二字，今依吴、王、緑、真意本增。

〔一七〕如本作「古有奴調國」，今依范本改。按蘇繼廎枝扈黎大江與迦那調洲考：「菩提拔陀之奴調國一名，今本伽藍記所云殆有倒植，其文似本作『有古奴調國』。」今從之。

〔一八〕御覽七八七引南州異物志：「斯調國，海中洲名也。在歌營東南可三千里。上有王國，城市街巷，土地沃美。」日人藤田豐八以爲即今之錫蘭。見葉調斯調及私訶條考，（何健民譯中國古代南海交通叢考。）火浣布，三國魏志四注引異物志：「斯調國有火洲，在南海中。其上有野火，春夏自生，秋冬自死。有木生于其中而不消也，枝皮更活，秋冬火死則皆枯瘁。其俗常冬采其皮以爲布，色小青黑。若塵垢污之，便投火中，則更鮮明也。」

〔一九〕郭，如本作「廓」，同。今依吴、王本。

〔二〇〕域，如本作「國」，今依吴、王、緑、真意本改。魏書西域傳：「安息國在葱嶺西，都蔚搜城。北與康居、西與波斯相接。在大月氏西北，去代二萬一千五百里。」身毒即今之印度。

〔二一〕年，各本作「牛」，今依河南志三、漢晉洛陽宮城圖改。

〔二二〕胡元吉名祥，國珍子，胡太后異母弟，襲封安定郡公。歷位殿中尚書、中書監、侍中。見魏書八三胡國珍傳。

〔二三〕元景皓，祚子。祚字龍壽，陳留王元虔之後。景皓襲陳留王爵，北齊天保時爲高洋所誅。見北齊書四一元景安傳。

〔二四〕河州，如本作「河内」。今依北史一五宗室傳改。按河内是郡，置太守不置刺史。卷一永寧寺元桃湯爲河内太守是也。此當作「河州」是。河州在今甘肅導河縣。

〔二五〕士，如本作「事」，今依吴、王、真意本。

〔二六〕道家，即佛家，時人亦稱和尚爲道人者，世説新語中多見之。愍度道人、一傖道人及林道人、高坐道人等是。

〔二七〕華嚴、涅槃、法華等爲大乘經。

〔二八〕超、光、𣈶、榮，事蹟無考。范本云：「超疑是僧超，𣈶疑是智誕，𣈶、誕字形相近而譌，二人亦見於釋老志，在孝文、宣武時並著名聲。慧光爲少林寺佛陀禪師之弟子，續高僧傳二十七有傳。榮疑是道榮，曾到僧伽施國，即本書卷五宋雲求經所引道榮傳者。或作道藥，與吴琯等『藥』字亦合。」

〔二九〕菩提流支，見前融覺寺校箋〔四〕。

〔三〇〕孟仲暉無考。

〔三一〕威，各本作「城」，今依御覽六五四改。按武威今甘肅縣，與金城今名蘭州，皆屬甘肅。

〔三三〕四諦，即四聖諦、四真諦。大般涅槃經：「所謂四聖諦，苦、集、滅、道，是名四聖諦。」又云：「苦能見四諦，則得斷生死。」按三界六趣之苦報曰苦，一切善惡之業曰集，以其能集起三界六趣之苦報也；滅生死苦果而得涅槃曰滅；正見思惟等八正道曰道，以其能通於涅槃也。此四者爲聖者所見之真理，故名四諦。

〔三三〕紵，如本作「貯」，今依吴、王本及集證改。按珠林一三敬佛篇有隋凝觀寺僧法度造夾紵釋迦像一軀。夾紵，外來語，意爲灰泥也。並見卷二崇真寺校箋〔一二〕。

〔三四〕相好，佛家語。相謂佛身之相狀，好謂佛身相狀精美可愛也。佛之報身，相有八萬四千，好則無量。佛之化身，相有三十二，好有八十。並見卷二宗聖寺校箋〔二〕。

〔三五〕各本作「須臾彌寶坐」，今依唐本。須彌寶坐，佛家語，謂佛坐也。亦稱須彌壇，形象須彌山，中細之臺坐，其上安置本尊。

〔三六〕京師遷鄴，見卷首序校箋〔一七〕。

〔三七〕家，河南志作「舍」。

〔三八〕長，上聲，讀如漲。石橋下有閘以爲控制，使水漲時得分流入洛河。

〔三九〕河間王，司馬顒也。顒，安平王孚孫。晉惠帝時八王爭亂，顒及成都王穎討長沙王乂，顒遣張方率衆自函谷關入屯河南，惠帝遣皇甫商距之，商距戰，潰敗。方遂攻洛陽西明門。方，河間人，後爲郅輔所殺。見晉書六〇本傳及五九河間王顒傳。

〔四〇〕語訛，如本作「訛語」，今依吴、王本改。按河南志亦作「語訛」。

〔四一〕沈約三月三日率爾成篇李善注引楊佺期洛陽記曰：「千金堰在洛陽城西，去城三十五里。堰上有穀水塢。」水經穀水注：「河南十二縣境簿曰：河南縣城東十五里有千金堨。洛陽記曰：千金堨舊堰穀水，魏時更修此堰，謂之千金堨。堨是都水使者陳協所造。語林曰：陳協數進阮步兵酒。後晉文王欲修九龍堰，阮舉協，文王用之。水歷堨東注，謂之千金渠。後張方入洛，破千金堨。永嘉初，汝陰太守李矩、汝南太守袁孚修之，以利漕運，公私賴之。」

洛陽伽藍記校箋卷五　城北

禪虛寺

禪虛寺，在大夏門外御道西〔一〕。寺前有閲武場，歲終農隙〔二〕，甲士習戰，千乘萬騎，常在於此。有羽林馬僧相善觝角戲〔三〕，擲戟與百尺樹齊等，虎賁張車渠擲刀出樓一丈〔四〕。帝亦觀戲在樓，恒令二人對爲角戲。中朝時〔五〕，宣武場在大夏門東北〔六〕，今爲光風園，苜蓿生焉〔七〕。

【校箋】

〔一〕「門」下「外」字，如本無，今依文例增。周、徐本亦有。

〔二〕左傳隱公五年：「故春蒐、夏苗、秋獮、冬狩，皆於農隙以講事也。」杜注：「各隨時事之閒。」周禮夏官大司馬：「中冬教大閲。」蓋以冬時農隙，民有餘暇，故簡閲軍實，崇修武事，而總教之也。自漢以降，則多以秋末歲終之際大閲兵馬。張衡東京賦「歲惟仲冬，大閲西園」是也。

〔三〕馬僧相，大典一三八二四作馮僧相。觝角，即角抵；角力，捽跤也。漢書武帝紀：「元封三年春，作角抵戲。」文穎注：「名此樂爲角抵者，兩兩相當角力，角技藝射御，故名角抵。蓋雜技樂也。巴俞戲、魚龍曼衍之屬也。」又刑法志：「春秋之後，滅弱吞小，並爲戰國。稍增講武之禮，以爲戲樂，用相夸視，而秦更名角抵。」廣韻覺韻引漢武故事：「角抵者，六國時所造也。」

〔四〕如本無「渠」字，今依他本增。張車渠事蹟，見魏書胡后傳、北史后妃胡皇后傳。元乂、劉騰幽胡太后於北宫，太后從子都統僧敬與備身左右張車渠等數十人謀殺乂，復奉太后臨朝，事不克，僧敬坐徙邊，車渠等死，胡氏多免黜。

〔五〕中朝，晉中朝也。已見卷一永寧寺校箋〔三〕、長秋寺校箋〔二〕。

〔六〕如本無「在」字，今依吴、王、真意本增。按御覽九九六引亦有「在」字。宣武場，在宣武觀之北，河南志二引晉宫閣簿云：「宣武觀在大夏門内東北。」水經穀水注：「狄泉在洛陽北，後遂爲東宫池。其一水自大夏門東逕宣武觀，憑城結構，不更層墉，南望天淵池，北矚宣武場。」曹魏以來，其地即爲講武之所。明帝嘗於場上爲欄，縱虎與搏。王戎七歲憑欄而觀，虎吼神色不異。皆見世説。

〔七〕漢書西域傳：「大宛國有苜蓿、大宛馬。武帝時，得其馬。漢使採蒲陶、苜蓿種歸，天子益種離宫别館旁。」西京雜記云：「樂遊苑自生玫瑰樹，下多苜蓿。苜蓿一名懷風，時人或謂之光風。風在其間，常肅肅然，日照其花有光彩，故名苜蓿曰懷風。茂陵人謂之連枝草。」齊民要術三：「苜蓿生噉爲羹甚香，長宜飼馬，馬尤嗜此物。」按苜蓿，豆科，多年生草本，平卧地上，葉爲羽狀複出，自三小葉而成，花軸自葉腋出，生三花至五花，花小色黄，蝶形花冠，莢果，呈螺旋狀，有刺，俗稱金花菜。

凝玄寺 崇立寺

凝玄寺〔一〕，閹官濟州刺史賈璨所立也〔二〕。在廣莫門外一里御道東，所謂永平里也。注：即漢太上王廟處〔三〕。遷京之初，創居此里，值母亡，捨以爲寺。地形高顯，下臨城闕，房廡精麗，竹柏成林，實是淨行息心之所也。王公卿士，來遊觀，爲五言者，不可勝數。洛陽城東北有上商里〔四〕，殷之頑民所居處也〔五〕。高祖名聞義里。遷京之始，朝士住其中，迭相譏刺〔六〕，竟皆去之。唯有造瓦者止其內，京師瓦器出焉。世人歌曰：「洛城東北上商里〔七〕，殷之頑民昔所止；今日百姓造瓮子〔八〕，人皆棄去住者恥。」唯冠軍將軍郭文遠遊憩其中。堂宇園林，匹於邦君。時隴西李元謙樂雙聲語〔九〕，常經文遠宅前過，見其門閥華美，乃曰：「是誰第宅？過佳！」婢春風出曰：「郭冠軍家。」元謙曰：「凡婢雙聲。」春風曰：「儜奴慢罵〔一〇〕。」元謙服婢之能。於是京邑翕然傳之。聞義里有燉煌人宋雲宅〔一一〕，雲與惠生俱使西域也〔一二〕。神龜元年十一月冬，太后遣崇立寺比丘惠生向西域取經，凡得一百七十部，皆是大乘妙典〔一三〕。初發京師，西行四十日至赤嶺〔一四〕，即國之西疆也。皇魏關防正在於此。赤嶺者，不生草木，因以爲名。其山有鳥鼠同穴〔一五〕。異種共類，鳥雄鼠雌，共爲陰陽〔一六〕，即所謂鳥鼠同穴。發赤嶺西行二十三日，渡流沙至吐谷渾國〔一七〕。路中甚寒，多饒風雪，飛沙走礫，舉目皆滿。唯吐谷渾城左右煖於餘處〔一八〕。其國有文字，況同魏。風俗政治，多爲夷法〔一九〕。從吐谷渾西行三千五百里至鄯善城〔二〇〕。其城自立王，爲吐谷渾所吞〔二一〕。今城內主是吐谷渾第二息寧西將軍〔二二〕，總部落三千，以禦西胡。從鄯善西行一千六百四十里至左末城〔二三〕。城中居民，可有百家，土地無雨，決水種麥，不知用牛，耒耜而田。城中圖佛與菩薩〔二四〕，乃無胡貌。訪古老，云是吕光伐胡所作〔二五〕。從左末城西行一千二百七十五里至末城〔二六〕。城傍花果似洛陽，唯土屋平頭爲異也。從末城西行二十二里至捍麽城〔二七〕。南十五里有一大寺，三百餘衆僧。有金像一軀，舉高丈六，儀容超絶，相好炳然，面恒東立，不肯西顧。父老傳云〔二八〕：「此像本從南方騰空而來，于闐國王親見禮拜，載像歸，中路夜宿，忽然不見，遣人尋之，還來本處。」即起塔，封四百户供灑掃。户人有患，以金箔貼像，所患處即得陰愈〔二九〕。後人於像邊造丈六像及諸像塔〔三〇〕，乃至數千，懸綵幡蓋，亦有萬計，魏國之幡過半矣。幡上隸書〔三一〕，多云太和十九年〔三二〕、景明二年、延昌二年。唯有一幅，觀其年號，是姚興時幡〔三三〕。從捍麽城西行八百七十八里至于闐國〔三四〕。王頭著金冠，似雞幘，頭後垂二尺生絹，廣五寸，以爲飾。威儀有鼓角金鉦，弓箭一具，戟二枝，槊五張，左右帶刀不過百人。其俗婦人袴衫束帶，乘馬馳走，與丈夫無異。死者以火焚燒，收骨葬之，上起浮圖。居喪者翦髮剺面爲哀戚〔三五〕。髮長四寸〔三六〕，即就平常。唯王死不燒，置之棺中，遠葬於野，立廟祭祀，以時思之〔三七〕。于闐王不信佛法。有商胡將一比丘名毗盧旃在城南杏樹下〔三八〕，向王伏罪云：「今輒將異國沙門來〔三九〕，在城南杏樹下。」王聞忿怒〔四〇〕，即往看毗盧旃。旃語王曰：「如來遣我來〔四一〕，令王造覆盆浮圖一軀，使王祚永隆。」王言：「令我見佛〔四二〕，當即從命。」毗盧旃鳴鍾告佛〔四三〕，即遣羅睺羅變形爲佛〔四四〕，從空而現真容。王五體投地〔四五〕。即於杏樹下置立寺舍，畫作羅睺羅像；忽然自滅。于闐王更作精舍籠之〔四六〕。今覆瓫之影恒出屋外〔四七〕，見之者無不回向。其中有辟支佛靴〔四八〕，於今不爛，非皮非繒〔四九〕，莫能審之。案于闐國境東西不過三千餘里〔五〇〕。神龜二年七月二十九日入朱駒波國〔五一〕。人民山居，五穀甚豐，食則麵麥〔五二〕，不立屠煞。食肉者以自死肉。風俗言音，與于闐相似，文字與波羅門同〔五三〕。其國疆界，可五日行遍。八月初入漢盤陀國界〔五四〕。西行六日登葱嶺山〔五五〕，復西行三日至鉢盂城〔五六〕，三日至不可依山〔五七〕。其處甚寒，冬夏積雪，山中有池，毒龍居之〔五八〕。昔有商人止宿池側〔五九〕，值龍忿怒，汎煞商人〔六〇〕。盤陀王聞之，捨位與子；向烏場國學婆羅門咒〔六一〕，四年之中，盡得其術。還復王位，復咒池龍〔六二〕。龍變爲人，悔過向王。即徙之葱嶺山，去此池二千餘里。今日國王十三世祖。自此以西，山路欹側，長坂千里〔六三〕，懸崖萬仞，極天之阻，實在於斯。太行孟門〔六四〕，匹兹非險；崤關隴坂〔六五〕，方此則夷。自發葱嶺，步步漸高，如此四日，乃得至嶺。依約中下〔六六〕，實半天矣。漢盤陀國正在山頂〔六七〕。自葱嶺已西，水皆西流〔六八〕。世人云是天地之中。人民決水以種〔六九〕，聞中國田待雨而種，笑曰：「天何由可共期也？」城東有孟津河〔七〇〕，東北流向沙勒〔七一〕。葱嶺高峻，不生草木。是時八月，天氣已冷，北風驅雁，飛雪千里。九月中旬入鉢和國〔七二〕。高山深谷，嶮道如常。國王所住，因山爲城。人民服飾，惟有氈衣。地土甚寒，窟穴而居。風雪勁切，人畜相依。國之南界，有大雪山〔七三〕，朝融夕結，望若玉峰。十月之初至嚈噠國〔七四〕。土田庶衍，山澤彌望，居無城郭，游軍而治。以氈爲屋，隨逐水草。夏則隨涼，冬則就温。鄉土不識文字，禮教俱闕。陰陽轉運，莫知其度。年無盈閏，月無大小，用十二月爲一歲。受諸國貢獻，南至牒羅〔七五〕，北盡勑懃〔七六〕，東被于闐，西及波斯〔七七〕，四十餘國，皆來朝賀。王居大氈帳〔七八〕，方四十步，周迴以氍毹爲壁〔七九〕。王著錦衣，坐金牀，以四金鳳凰爲牀脚。見大魏使人，再拜跪受詔書。至於設會，一人唱，則客前；後唱，則罷會。唯有此法，不見音樂。嚈噠國王妃，亦著錦衣，垂地三尺，使人擎之。頭帶一角〔八〇〕，長八尺，奇長三尺〔八一〕，以玫瑰五色珠裝飾其上〔八二〕。王妃出則輿之〔八三〕，入坐金牀。以六牙白象四獅子爲牀〔八四〕。自餘大臣，妻皆隨傘，頭亦似有角，團圓垂下〔八五〕，狀似寶蓋。觀其貴賤，亦有服章。四夷之中，最爲强大。不信佛法，多事外神。煞生血食，器用七寶〔八六〕。諸國奉獻，甚饒珍異。按嚈噠國去京師二萬餘里。十一月初入波斯國〔八七〕。境土甚狹，七日行過。人民山居，資業窮煎。風俗凶慢，見王無禮。國王出入，從者數人。其國有水，昔日甚淺，後山崩截流〔八八〕，變爲二池。毒龍居之，多有災異。夏喜暴雨，冬則積雪；行人由之，多致難艱〔八九〕。雪有白光，照耀人眼；令人閉目，茫然無見。祭祀龍王，然後平復。十一月中旬入賒彌國〔九〇〕。此國漸出葱嶺，土田嶢峭，民多貧困。峻路危道，人馬僅通，一直一道。從鉢盧勒國向烏場國〔九一〕，鐵鎖爲橋，縣虚爲渡，下不見底，旁無挽捉；倏忽之間，投軀萬仞；是以行者望風謝路耳〔九二〕。十二月初入烏場國〔九三〕。北接葱嶺，南連天竺〔九四〕，土氣和暖，地方數千〔九五〕。民物殷阜，匹臨淄之神州〔九六〕；原田膴膴〔九七〕，等咸陽之上土〔九八〕。鞞羅施兒之所〔九九〕，薩埵投身之地〔一〇〇〕；舊俗雖遠，土風猶存。國王精進〔一〇一〕，菜食長齋，晨夜禮佛，擊鼓吹貝，琵琶箜篌，笙簫備有。日中已後，始治國事。假有死罪，不立煞刑，唯徙空山〔一〇二〕，任其飲啄。事涉疑似，以藥服之，清濁則驗；隨事輕重，當時即決。土地肥美，人物豐饒，百穀盡登，五果繁熟〔一〇三〕。夜聞鍾聲〔一〇四〕，遍滿世界。土饒異花，冬夏相接，道俗採之，上佛供養。國王見宋雲云：「大魏使來〔一〇五〕，膜拜受詔書〔一〇六〕。」聞太后崇奉佛法，即面東合掌，遥心頂禮。遣解魏語人問宋雲曰：「卿是日出人也〔一〇七〕？」宋雲答曰：「我國東界有大海水，日出其中，實如來旨。」王又問曰：「彼國出聖人否？」宋雲具説周孔莊老之德，次序蓬萊山上銀闕金堂，神僊聖人，並在其上〔一〇八〕。説管輅善卜，華陀治病，左慈方術〔一〇九〕。如此之事，分别説之。王曰：「若如卿言，即是佛國；我當命終，願生彼國。」宋雲於是與惠生出城外〔一一〇〕，尋如來教跡。水東有佛曬衣處〔一一一〕。初，如來在烏場國行化，龍王瞋怒，興大風雨，佛僧迦梨〔一一二〕，表裏通濕。雨止，佛在石下，東面而坐，曬袈裟〔一一三〕。年歲雖久，彪炳若新；非直條縫明見，至於細縷亦彰〔一一四〕。乍往觀之，如似未徹；假令刮削，其文轉明。佛坐處及曬衣所，並有塔記。水西有池，龍王居之。池邊有一寺，五十餘僧。龍王每作神變，國王祈請，以金玉珍寶投之池中。在後涌出，令僧取之。此寺衣食，待龍而濟，世人名曰龍王寺。王城北八十里〔一一五〕，有如來履石之跡，起塔籠之。履石之處，若踐水泥〔一一六〕，量之不定，或長或短。今立寺，可七十餘僧。塔南二十步有泉石。佛本清淨，嚼楊枝植地即生〔一一七〕；今成大樹，胡名曰婆樓。城北有陁羅寺，佛事最多。浮圖高大，僧房逼側。周匝金像六千軀〔一一八〕。王年常大會，皆在此寺；國内沙門，咸來雲集。宋雲、惠生見彼比丘戒行精苦，觀其風範，特加恭敬；遂捨奴婢二人，以供灑掃。去王城東南山行八日，如來苦行投身餓虎之處〔一一九〕。高山巃嵸〔一二〇〕，危岫入雲，嘉木靈芝，叢生其上。林泉婉麗，花綵曜目。宋雲與惠生割捨行資，於山頂造浮圖一所，刻石隸書，銘魏功德。山有收骨寺，三百餘僧。王城南一百餘里〔一二一〕，有如來昔在摩休國剥皮爲紙〔一二二〕，折骨爲筆處〔一二三〕。阿育王起塔籠之〔一二四〕，舉高十丈。折骨之處，髓流著石，觀其脂色，肥膩若新。王城西南五百里有善特山〔一二五〕。甘泉美果，見於經記。山谷和暖，草木冬青。當時太簇御辰，温風已扇〔二六〕，鳥鳴春樹，蝶舞花叢。宋雲遠在絶域，因矚此芳景，歸懷之思，獨軫中腸；遂動舊疹，纏綿經月。得婆羅門咒，然後平善。山頂東南有太子石室，一口兩房〔二七〕。太子室前十步，有大方石，云太子常坐其上，阿育王起塔記之。塔南一里，太子草菴處。去塔一里，東北下山五十步，有太子男女遶樹不去，婆羅門以杖鞭之，流血灑地處，其樹猶存。灑血之地，今爲泉水。室西三里，天帝釋化爲師子，當路蹲坐，遮嫚娫之處〔二八〕。石上毛尾爪跡，今悉炳然。阿周陀窟及閃子供養盲父母處〔二九〕，皆有塔記。山中有昔五百羅漢牀，南北兩行，相向坐處，其次第相對。有大寺，僧徒二百人。太子所食泉水北有寺，恒以驢數頭運糧上山，無人驅逐，自然往還。寅發午至，每及中飡〔三〇〕。此是護塔神濕婆僊使之然〔三一〕。此寺昔日有沙彌，常除灰〔三二〕，因入神定〔三三〕。維那輓之〔三四〕，不覺皮連骨離。濕婆僊代沙彌除灰處，國王與濕婆僊立廟，圖其形像，以金傅之〔三五〕。隔山嶺有婆奸寺，夜叉所造〔三六〕，僧徒八十人。云羅漢夜叉常來供養，灑掃取薪，凡俗比丘，不得在寺。大魏沙門道榮至此禮拜而去〔三七〕，不敢留停。至正光元年四月中旬入乾陀羅國〔三八〕。土地亦與烏場國相似，本名業波羅國〔三九〕，爲嚈噠所滅，遂立勑懃爲王〔四〇〕。治國以來，已經二世〔四一〕。立性凶暴，多行煞戮，不信佛法，好祀鬼神〔四二〕。國中人民，悉是婆羅門種，崇奉佛教，好讀經典，忽得此王，深非情願。自恃勇力，與罽賓爭境〔四三〕，連兵戰鬬，已歷三年。王有鬬象七百頭，一負十人，手持刀楂〔四四〕，象鼻縛刀，與敵相擊。王常停境上，終日不歸〔四五〕。師老民勞，百姓嗟怨。宋雲詣軍通詔書。王凶慢無禮，坐受詔書。宋雲見其遠夷不可制，任其倨傲，莫能責之。王遣傳事謂宋雲曰：「卿涉諸國，經過險路〔四六〕，得無勞苦也？」宋雲答曰：「我皇帝深味大乘，遠求經典〔四七〕，道路雖險，未敢言疲。大王親總三軍，遠臨邊境，寒暑驟移，不無頓弊〔四八〕？」王答曰：「不能降服小國，愧卿此問。」宋雲初謂王是夷人，不可以禮責，任其坐受詔書；及親往復，乃有人情，遂責之曰：「山有高下，水有大小〔四九〕，人處世間，亦有尊卑。嚈噠、烏場王並拜受詔書，大王何獨不拜？」王答曰：「我見魏主則拜〔五〇〕；得書坐讀，有何可怪？世人得父母書，猶自坐讀；大魏如我父母，我亦坐讀書〔五一〕，於理無失。」雲無以屈之。遂將雲至一寺，供給甚薄。時跋提國送獅子兒兩頭與乾陀羅王〔一五二〕，雲等見之，觀其意氣雄猛，中國所畫〔一五三〕，莫參其儀。於是西行五日，至如來捨頭施人處〔一五四〕。亦有塔寺，二十餘僧。復西行三日〔一五五〕，至辛頭大河〔一五六〕。河西岸上有如來作摩竭大魚，從河而出〔一五七〕。十二年中〔一五八〕，以肉濟人處，起塔爲記。石上猶有魚鱗紋。復西行三日，至佛沙伏城〔一五九〕。川原沃壤，城郭端直，民户殷多，林泉茂盛，土饒珍寶，風俗淳善。其城内外，凡有古寺，名僧德衆，道行高奇。城北一里有白象宮〔一六〇〕。寺内佛事，皆是石像，莊嚴極麗〔一六一〕，頭數甚多，通身金箔，眩耀人目。寺前繫白象樹，此寺之興，實由茲焉。花葉似棗，季冬始熟。父老傳云：「此樹滅，佛法亦滅。」寺内圖太子夫妻以男女乞婆羅門像〔一六二〕，胡人見之，莫不悲泣。復西行一日至如來挑眼施人處〔一六三〕，亦有塔寺。寺石上有迦葉佛跡〔一六四〕。復西行一日，乘船渡一深水，三百餘步〔一六五〕。復西南行六十里，至乾陀羅城〔一六六〕，東南七里有雀離浮圖〔一六七〕。道榮傳云：「城東四里〔一六八〕。」推其本源，乃是如來在世之時，與弟子遊化此土，指城東曰：「我入涅槃後二百年〔一六九〕，有國王名迦尼色迦，此處起浮圖〔一七〇〕。」佛入涅槃後二百年來〔一七一〕，果有國王字迦尼色迦〔一七二〕，出游城東，見四童子累牛糞爲塔〔一七三〕。可高三尺，俄然即失。道榮傳云：「童子在虚空中，向王説偈〔一七四〕。」王怪此童子，即作塔籠之。糞塔漸高，挺出於外，去地四百尺然後止〔一七五〕。王始更廣塔基三百餘步。道榮傳云：「三百九十步。」從此構木〔一七六〕，始得齊等。道榮傳云：「其高三丈，悉用文木爲陛〔一七七〕，階砌櫨栱〔一七八〕，上構衆木，凡十三級。」上有鐵柱高三百尺〔一七九〕，金盤十三重〔一八〇〕，合去地七百尺。道榮傳云：「鐵柱八十八尺，八十圍〔一八一〕，金盤十五重，去地六十三丈二尺。」施功既訖，糞塔如初〔一八二〕，在大塔南三步〔一八三〕。婆羅門不信是糞，以手探看〔一八四〕，遂作一孔。年歲雖久，糞猶不爛，以香泥填孔，不可充滿，今有天宮籠蓋之〔一八五〕。雀離浮圖自作以來，三經天火所燒，國王脩之，還復如故。父老云：「此浮圖天火七燒〔一八六〕，佛法當滅。」道榮傳云：「王修浮圖，木工既訖，猶有鐵柱，無有能上者〔一八七〕。王於四角起大高樓，多置金銀及諸寶物。王與夫人及諸王子，悉在上燒香散花〔一八八〕，至心精神〔一八九〕，然後轆轤絞索，一舉便到。故胡人皆云四天王助之〔一九〇〕。若其不爾，實非人力所能舉。」塔内佛事〔一九一〕，悉是金玉，千變萬化，難得而稱。旭日始開〔一九二〕，則金盤晃朗；微風漸發〔一九三〕，則寶鐸和鳴。西域浮圖，最爲第一。此塔初成，用珍珠爲羅網〔一九四〕，覆於其上〔一九五〕。後數年〔一九六〕，王乃思量，此珠網價直萬金，我崩之後，恐人侵奪；復慮大塔破壞，無人修補。即解珠網〔一九七〕，以銅鑊盛之，在塔西北一百步，掘地埋之。上種樹，樹名菩提〔一九八〕，枝條四布，密葉蔽天。樹下四面坐像，各高丈五，恒有四龍典掌此珠。若興心欲取，則有禍變〔一九九〕。刻石爲銘，囑語將來：「若此塔壞，勞煩後賢，出珠修治。」雀離浮圖南五十步，有一石塔，其形正圓〔二〇〇〕，高二丈，甚有神變，能與世人表吉凶。以指觸之〔二〇一〕，若吉者，金鈴鳴應；若凶者，假令人摇撼，亦不肯鳴。惠生既在遠國，恐不吉反，遂禮神塔，乞求一驗。於是以指觸之，鈴即鳴應。得此驗，用慰私心。後果得吉反。惠生初發京師之日，皇太后勑付五色百尺幡千口，錦香袋五百枚，王公卿士幡二千口。惠生從于闐至乾陀羅，所有佛事處〔二〇二〕，悉皆流布，至此頓盡，惟留太后百尺幡一口，擬奉尸毗王塔〔二〇三〕。宋雲以奴婢二人奉雀離浮圖，永充灑掃。惠生遂減割行資，妙簡良匠，以鍮摹寫雀離浮屠儀一軀〔二〇四〕，及釋迦四塔變〔二〇五〕。於是西北行七日〔二〇六〕，渡一大水，至如來爲尸毗王救鴿之處〔二〇七〕，亦起塔寺。昔尸毗王倉庫爲火所燒，其中粳米燋然，至今猶在。若服一粒，永無瘧患。彼國人民，須禁日取之〔二〇八〕。道榮傳云〔二〇九〕：「至那迦羅阿國〔二一〇〕，有佛頂骨〔二一一〕，方圓四寸，黄白色，下有孔，受人手指，闃然似仰蜂窠〔二一二〕。至耆賀濫寺〔二一三〕，有佛袈裟十三條〔二一四〕，以尺量之，或短或長〔二一五〕。復有佛錫杖，長丈七，以水筩盛之，金箔貼其上〔二一六〕。此杖輕重不定，值有重時〔二一七〕，百人不舉；值有輕時，一人勝之〔二一八〕。那竭城中有佛牙佛髮〔二一九〕，並作寶函盛之，朝夕供養。至瞿波羅窟見佛影〔二二〇〕。入山窟十五步，西面向户遥望〔二二一〕，則衆相炳然；近看瞑然不見。以手摩之，唯有石壁；漸漸却行，始見其相。容顔挺特，世所希有。窟前有方石，石上有佛跡〔二二二〕。窟西南百步，有佛浣衣處〔二二三〕。窟北一里有目連窟〔二二四〕。窟北有山，山下有六佛手〔二二五〕，作浮圖，高十丈。云此浮圖陷入地〔二二六〕，佛法當滅。并爲七塔。七塔南石銘，云如來手書。胡字分明，於今可識焉。」惠生在烏場國二年，西胡風俗，大同小異，不能具録。至正光三年二月〔二二七〕，始還天闕。衒之按：惠生行記，事多不盡録，今依道榮傳、宋雲家記，故並載之，以備缺文〔三八〕。

【校箋】

此篇文體與卷四永明寺「南中有歌營國」以下相類，尤多歧出贅文，殆是據數書凝成，宜細心讀之，章節自顯。雀離浮圖以下諸文，節目益煩。見「衒之按：惠生行記，事多不盡録，今依道榮傳、宋雲家記，故並載之，以備缺文」，可知本篇乃集上列諸文並載之者，是以多歧出也。

〔一〕玄，如本作「圓」，今依吴、王、真意本改。按大典一三八二四及説郛四亦作「玄」。

〔二〕璨，吴、王本作「燦」，魏書九四閹官傳作「粲」。云：「粲字季宣，酒泉人也。太和中，坐事腐刑。頗涉書記，世宗末，漸被知識，得充内侍，遷光禄大夫。靈太后之廢，粲與元乂、劉騰等伺帝動靜，閉太后於宣光殿。太后反政，乃出粲爲濟州刺史。未幾，遣刁宣殺之。」

〔三〕此一「注」字，疑是後人校訂時所加入，而又爲後刻混入正文者，其例與卷二秦太上君寺校箋〔一四〕意同。廟，如本作「廣」，他本同。唐本云：「漢太上王廣，疑當作漢太上王廟。」范本云：「漢太上王，疑與秦太公相似，唯其人不可考知。」周本云：「王，大典作皇，案『廣』或『廟』字之誤。『廟』俗作『庿』，是以傳寫譌作『廣』。唯漢太上皇廟，不見史乘方志也。」按漢太上王，劉邦父也，漢書高紀不載其名，後書章帝紀：「祀太上皇于萬年。」注云：「名煓（他官反），一名執嘉，見宋孔平仲雜説。」但其廟非在洛陽，後漢各書亦無有言祠太上皇廟者。唐本又云：「水經注云：陽渠水又東徑漢廣野君酈食其廟南。廟在北山上，此記所言，或指此廟，未可知也。」亦是不根之言。然則，此處作「廧」字較安。仍當再考。

〔四〕上商里，如本作「上高景」，今依范、周、徐本改。後書五九鮑永傳：「光武賜永洛陽商里宅。」注云：「東觀記曰：賜洛陽上商里宅。陸機洛陽記曰：上商里在洛陽東北，本殷頑人所居，故曰上商里宅也。」漢魏四朝洛陽宮城圖：後魏京城東北廣莫門外作「上商里」。河南志二同。下文世人歌「止」、「子」、「恥」字，與上「里」字正協音。

〔五〕尚書多士序：「成周既成，遷殷頑民。」孔傳：「殷大夫士心不則德義之經，故徙近王都教誨之。」水經穀水注：「昔周遷殷民于洛邑，城隍偪狹，卑陋之所耳。晉故城成周以居敬王，秦又廣之，以封不韋。」

〔六〕譏，如本作「幾」，今依緑、王、真意本改。

〔七〕如本「洛」下有「陽」字，今依吴、王、真意本删。又「商」字，如本作「高」，今改，説見校箋〔四〕。

〔八〕瓮，吴、王、真意本作「甕」，同。

〔九〕凡字之發聲同類者爲雙聲。雙聲語，亦名體語。見北齊書徐之才傳。南史三六羊戎傳：「戎少有才氣，語好爲雙聲。」南史二〇謝莊傳：「王玄謨問莊：何者爲雙聲？何者爲疊韻？答曰：玄護爲雙聲，碻磝爲疊韻。」南北朝人聲韻學發達，故云。

〔一〇〕周本云：「案『是誰』爲『禪』母，『過佳』及『郭冠軍家』，並爲『見』母，『凡婢』爲『奉』母，『雙聲』爲『審』母，『儜奴』爲『泥』母，『慢罵』爲『明』母，皆雙聲字也。『第』爲『定』母，『宅』爲『澄』母，古音屬同聲。

此以雙聲語互相嘲戲，乃一時文士之習尚，南北皆然，故當時之奴婢亦優能爲之。『儜』猶今言『那樣』。文廷式純常子枝語卷十四謂『儜』爲『寧馨』之合音。」

〔一一〕燉煌自漢武帝元鼎六年置郡，後屢經廢置，至北魏，其地當在西北柔然、吐谷渾之間。孝昌二年，復置郡，屬瓜州。閻文儒敦煌史地雜考：「敦煌縣城在黨河東，故城在黨河西，相隔約半里。城垣已圮，遺址尚存，東西長近二里，南北僅見殘垣數段。」

〔一二〕宋雲、惠生西行求法，其年月各書所記不同。魏書西域嚈噠傳：「熙平中（五一六），肅宗遣王伏子統宋雲、沙門法力等使西域，訪求佛經。時有沙門慧生者，亦與俱行，正光中（五二〇）還。慧生所經諸國，不能知其本末及山川里數，蓋舉其略云。」北史所記與此同。魏書釋老志云：「熙平元年（五一六），詔遣沙門惠生使西域採諸經律，正光三年（五二二）冬還京師。」唐道宣釋迦方志遊履篇及通鑑所載，與魏書同。據行記所叙，惠生等俱使西域，初發於神龜元年（五一八）十一月，二年七月二十九入朱駒波國（‘Cokbaha 今葉城縣治），九月中旬入鉢和國（Wakhan），十月初旬入嚈噠國（Hephthalites），十一月初入波斯國（Zebak），十一月中入賒彌國（Tchilnal），十二月初入烏萇國（Uddiyana），至正光元年（五二〇）四月中旬入乾陀羅國（Gandhara）。又留烏萇國二年，至正光三年（五二二）二月始還，則爲時三年三個月也。日著宗教一斑云：「考本記之首，未書年月，但其下明載神龜二年七月，從于闐入朱駒波。上溯行程，約二百日，加以休息停止，其初發京師，當在神龜元年冬，即梁天監十七年，知一言熙平中，一言大通元年，殆俱誤。」

〔一三〕沙箋（沙畹宋雲行記箋注）：「當時之烏萇、乾陀羅爲大乘教之中心。」

〔一四〕丁考（丁謙宋雲西域求經記地理考證）：「赤嶺，見唐地志注，在西寧丹噶爾西南百三十里，今曰日雅拉山，又稱日月山。」

〔一五〕丁考：「鳥鼠同穴，漢地志、水經注皆云在隴西首陽縣。然鳥鼠同穴，西域甚多，本記即云赤嶺有此。而宋書吐谷渾傳云：甘谷嶺北亦有此。」

〔一六〕爾雅釋鳥：「鳥鼠同穴，其鳥爲鵌，其鼠爲鼵。」郭璞注：「孔氏尚書傳云：共爲雄雌。張（晏）氏地理記云：不爲牝牡。」鼠在内，鳥在外，猶之鵲巢鳩居而已。蓋西北風土高寒，其穴加深，皆無足怪也。

〔一七〕流沙在燉煌之西，古曰沙洲，亦稱沙河。以其風沙流漫故名。夏則炎熱，冬則寒苦，故高傳三法顯傳云：「燉煌太守李浩供給渡沙河，沙河中多有惡鬼熱風，遇則皆死，無一全者。上無飛鳥，下無走獸，遍望極目，莫知所擬，惟以死人枯骨爲標識耳。」沙箋：「吐谷渾，遼東鮮卑種，立國於今之青海，至六六三年爲吐番所滅。」

〔一八〕城，王城，國都也。下同。沙箋：「當時之吐谷渾可汗爲伏連籌，其子夸呂立，居伏俟城，在青海西十五里。」

〔一九〕魏書一〇一吐谷渾傳：「雖有城郭而不居，恒處穹廬，隨水草畜牧。其地東西三千里，南北千餘里。官有王公、僕射、尚書及郎將、將軍之號。其俗：丈夫衣服略同於華夏，多以羅冪爲冠，亦以繒爲帽。婦人皆貫珠貝，束髪，以多爲貴。兵器有弓、刀、甲、矟。好射獵，以肉酪爲糧。亦知種田，有大麥、粟、豆，貧多富少。」

〔二〇〕魏書一〇二西域傳：「鄯善國都扜泥城，古樓蘭國也。去代七千六百里，所都城方一里，地多沙鹵，少水草，北即白龍堆路。」張注（張星烺中西交通史料匯編第六册第九十八節附注三種）：「鄯善在羅布泊南岸。」

〔二一〕范本云：「吐谷渾之兼併鄯善、且末，據黄文弼考證，疑在魏文成帝興安元年（四五二）以後，其時魏太武帝被弑，國内亂，無暇顧及西陲，故吐谷渾得乘機擴充其勢力。說詳見羅布淖爾考古記緒論第二章。」

〔二二〕如本無「内主」二字，今依他本。息，猶子也。寧西將軍，魏封之官號，北魏吐谷渾璣墓誌：「父豐承襲，顯著魏邦，除寧西將軍，長安鎮將。」時吐谷渾王伏連籌服事魏朝，故其子亦受魏封。

〔二三〕左末，魏書西域傳作「且末」，或作「沮沫」，或作「沮末」，皆譯音之異。魏書西域傳云：「且末國，都且末城，在鄯善西，去代八千三百二十里。」鄯善扞泥城去代七千六百里，則鄯善至且末當爲七百二十里。水經河水注：「且末國，治且末城，東去鄯善七百二十里。種五穀，其俗略與漢同。」

〔二四〕「城」字如本空格，今依他本補。圖，如本作「國」，今依他本改。

〔二五〕魏書九五吕光傳：「光字世明，氐人，父婆樓，爲前秦苻堅太尉。堅以光爲驍騎將軍。」建元十八年（三八二），堅遣光伐龜兹（Koutcha）、焉耆（Karachar），破之，獲鳩摩羅什，還聞前秦亡，乃於涼州建後涼國，十餘年卒。並見慧皎高僧傳卷二。

〔二六〕周本云：「此所稱之末城，他書不見，以其地望考之，殆在今尼雅之于闐附近。」

〔二七〕張注：「捍麼城即漢時之扜彌國，西通于闐三百九十里。」水經河水注：「南河又東北逕扜彌國北，治扜彌城，西去于闐三百九十里。」王先謙合校引董祐誠云：「地當今和闐所屬克里雅城以東。」

〔二八〕「老」下，御覽六五七有「相」字。

〔二九〕西域記一二：「媲摩城有彫檀立佛，像高二丈餘，甚多靈應，時燭光明，凡有疾病，隨其痛處，金簿帖像，即時痊復。虚心請願，多亦遂求。」

〔三〇〕「及」上，如本有「者」字，今依御覽刪。下「像」字，如本作「宫」，今依吴、王、真意本改。按御覽亦作「像」。

〔三一〕幡，如本作「幅」，非，今依他本改。按御覽亦作「幡」。

〔三二〕「云」上「多」字，如本無，今依他本增。按御覽亦有「多」字。

〔三三〕興，如本作「秦」，今依吴、王、真意本改。按御覽亦作「興」。沙箋：「後秦三主，公元三八四至三九三年爲姚萇，三九四至四一五年爲姚興，四一六至四一七年爲姚泓。法顯西邁，即在姚興之時，宋雲所見姚興時幡，得爲法顯所建也。」

〔三四〕于闐，漢西域古國，位葱嶺之北，即今新疆和闐城。沙箋：「按于闐古都在今和闐縣治額里齊(Ilchi)西七英里 Borazan 區中之 Yotken 村，則處今玉瓏哈什(Youroung Kach)(白玉河)、哈喇哈什(Kara Kach)(黑玉河)二河之間矣。按北史云：于闐國在且末西北，葱嶺之北二百餘里，東去鄯善千五百里，南去女國三千里，去朱具波(今葉城縣治 Karghalik)千里，北去龜兹(今庫車 Koutcha)千四百里，去代(今大同)九千八百里。其地方亘千里，連山相次。」

〔三五〕剺，如本作「劈」，今依照本改。説文：「剺，剥也，劃也。」徐鍇説文解字繫傳：「史匈奴剺面不哀。」新唐書郭元振傳：「召爲太僕卿，將行，安西酋長有剺面哭送者。」此殆于闐風俗之一斑。

（三六）四，吳、王、真意本作「五」。廣記四八二亦作「四」。

（三七）梁書五四諸夷傳：「于闐國，西域之屬也。其地多水潦沙石。氣温，宜稻、麥、蒲桃，有水出玉，名曰玉河。國人善鑄銅器，其治曰西山城，有屋室市井，菓蓏菜蔬，與中國等。尤敬佛法。王所居室，加以朱畫，王冠金幘，如今胡公帽，與妻並坐接客。國中婦人皆辮髮，衣裘袴。其人恭，相見則跪。其跪則一膝至地。書則以木爲筆札，以玉爲印。國人得書，戴於首而後開札。」珠林九七：「西域葬法有四：一水漂，二火焚，三土埋，四施林。」淨飯王泥洹經：「白淨王在舍夷國病終，燒身收骨，藏置金剛函，即於其上起塔，懸繒幡蓋，供養塔廟。」

（三八）如本無「胡」字。今依吳、王、真意本增。御覽九八六亦有「胡」字。名，如本作「石」，今依真意本改。

（三九）異，如本作「吴」，今依他本改。

（四〇）忿，如本作「忽」，今依御覽改。

（四一）如來，佛之通號也。翻譯名義集一十種通號篇：「多陀阿伽陀，亦云怛闥阿竭，後秦翻爲如來。金剛經云：無所從來，亦無所去，故名如來。此以法身釋。轉法輪論云：第一義諦名如，正覺名來。此以報身釋。成實論云：乘如實道，來成正覺，故名如來。此以應身釋。」

（四二）令，吳、王、真意本作「使」，御覽同。

（四三）鍾，御覽同。他本作「鐘」，古通用。

（四四）御覽「即」上重「佛」字。羅睺羅，太子之子也。翻釋名義集一十大弟子篇：「羅睺羅，什曰：阿脩羅食月時名羅睺羅，秦言覆障，謂障月明也。羅睺羅六年處母胎，所覆障故，因以爲名。西域記云：羅怙羅，舊曰羅睺羅，又曰羅云，皆訛略也。此云執日。淨名疏曰：有翻宮生。太子出家，太妃在宮，何得有娠？佛共淨飯王於後證是太子之子，親是宮之所生，因名宮生。」

〔四五〕五體投地，佛教之頂禮儀式也。翻譯名義集四衆善行法篇：「大論云：禮有三種，一者口禮，二者屈膝，頭不至地；三者頭至地，是爲上禮。頭至地者，即五體投地。故大論云：人之一身，頭爲最上，足爲最下，以頭禮足，恭敬之至。西域記云：致敬之式，其儀九等：一發言慰問，二俯首示敬，三舉手高揖，四合掌平拱，五屈膝，六長跪，七手膝踞地，八五輪俱屈，九五體投地。」

〔四六〕沙箋：「按北史卷九十七與周書卷五十皆名贊摩寺，在王城南五十里。大慈恩寺三藏法師傳卷五謂在王城南十餘里。後云：故此伽藍即最初之立也。」

〔四七〕今，如本作「令」，今依吴、王本改。瓫，如本作「瓮」，吴、王本作「瓦」。按如本「瓮」字是「瓫」字之誤，古「瓫」、「盆」通用。

〔四八〕辟支佛(Pratyeka Buddha)，梵名辟支迦羅。翻譯名義集一三乘通號篇：「孤山云：此翻緣覺，觀十二緣而悟道故。亦翻獨覺，出無佛世，無師自悟故。」法門名義集：「此云緣覺。辟支者，此言緣；佛者，此言覺。一者，出無佛世，猶悟非常思惟，得道，名爲緣覺辟支。二者，值佛爲説十二因緣之法，觀因緣之理，而得悟道，名爲聲聞辟支。於三乘中，此爲中乘。」

〔四九〕「縉」字，如本奪，吴、王本作「非皮綵」，今依緑、真意本增。

〔五〇〕如本無「國」字，今依吴、王、緑、真意本增。

〔五一〕丁考：「朱駒波(Cokkuha)魏書作朱居波，又作悉居半。西域記作斫句迦。漢西夜國地，在今葉爾羌西南綽洛克朗吉爾台迤西山麓間。自此溯澤普勒善河西上葱嶺，皆當時漢盤陀國境。」

〔五二〕麴麥，吴、王、真意本作「麥麴」，緑本作「麴」。

〔五三〕波羅門即婆羅門，意譯爲淨行，本爲印度四姓之一，此則通指印度。大唐西域記：「印度種姓，族類群分，而婆羅門特爲清貴；從其雅稱，傳以成俗，無云經界之別，總謂婆羅門國焉。」

〔五四〕漢盤陀，或作渴羅陀，或作渴羅陀，或作喝盤陀，或作揭槃陀，皆譯之異。沙畹謂其原名當爲 Karband 或 Garband。其地在今葉爾羌河上流之塔什霍爾罕 Tachkourgane，今蒲犂縣治。

〔五五〕日，如本作「月」，今依緑、真意本改。按下文亦有「復西行三日」語。葱嶺，即今新疆西南帕米爾高原。

〔五六〕盂，吴、王本作「猛」。丁考：「鉢猛城，當在今博勒根回莊處。」

〔五七〕丁考：「不可依山，今爲克里克山口。」即小帕米爾地帶。

〔五八〕丁考：「毒龍池，即薩雷庫里泊，今此泊在葱嶺絶頂大帕米爾南，故又名大帕米爾湖，詳見戈登遊記。」

〔五九〕御覽九三〇「昔有」下有「五百」二字。

〔六〇〕汎，如本作「咒」，今依御覽改。

〔六一〕場，吴、王、真意本作「萇」，音同。沙箋：「按烏場，西域記卷三作烏仗那(Uddiyana)，謂其國人禁咒爲藝業。」范本云：「此婆羅門，謂婆羅門教。」梵咒，即陀羅尼(dharani)。婆羅門教獨精其術，故王往學，卷四法雲寺所稱烏場國沙門曇摩羅精於咒術者，即此道也。而北天竺沙門菩提流支，據高傳稱，其亦兼工咒術。又西域記亦記載其地民尚梵咒，皆見其風尚一斑。

〔六二〕吴、王、真意本作「就地咒龍」，御覽同。

〔六三〕長，吴、王、真意本作「危」。

〔六四〕太行、孟門，皆大山。太行跨河南、河北、山西三省，孟門在河南省輝縣西，位於太行山東。吕覽上德篇：「通乎德之情，則孟門太行不爲險矣。」

〔六五〕崤關，崤山也，在函谷關東，故稱崤關。元和郡縣志五：「河南府永寧縣：二崤山又名嶔崟山，在縣北二十八里。自東崤至西崤三十五里，東崤長坂數里，峻阜絶澗，車不得方軌。西崤全是石坂十二里，險絶不異東崤。」隴，如本作「壠」，今依吴、王本改。隴坂在陝西隴縣西北，爲關中西面之要塞。

〔六六〕依約，依稀大約也。

〔六七〕新唐書云：「喝盤陀距瓜州四千五百里，直朱俱波西，南距懸度山，北抵疏勒，西獲密，西北判汗國。治葱嶺中，都城負徙多河。」

〔六八〕「西流」下，吴、王、真意本有「入西海」三字。

〔六九〕以，吴、王、真意本作「而」。

〔七〇〕孟津河，沙箋云：「應爲葉爾羌河上流之名。」范本云：「新唐書所云徙多河是也。」

〔七一〕丁考：「沙勒，漢時爲莎車、疏勒二國。因疏勒王兼併莎車，移都其地，遂合二國爲名。今之葉爾羌城，近改設莎車府。」沙箋：「今之喀什噶爾 Kachgar 是也。」

〔七二〕北史九七：「鉢和國，在渴槃陀西，其土尤寒，人畜同居，穴地而處。又有大雪山，望若銀峰。其人唯食餅麨，飲麥酒，服氈裘。有二道：一道西行向嚈噠，一道西南趣烏萇。亦爲嚈噠所統。」周本云：「據近人所考，其地當在今之和罕（Wakhan）南山間一帶。其王城新唐書謂爲賽迦審城（Skashim），北臨烏滸河（Oxus）。烏滸河，即玄奘記之縛芻也。其地即今之伊塞迦審（Iskashem）。」

〔七三〕范本云：「續僧傳二闍那崛多傳：便踰大雪山西足，固是天險之峻極也。至厭怛國。」厭怛國，即宋雲記之嚈噠，依此方向，則大雪山當在嚈噠國東南，即喜馬拉雅山最北處。

〔七四〕嚈，吴、王、照本作「嚈」，音同。魏書云：「嚈噠國，大月氏之種類也，亦曰高車之别種，其原出塞北。自金山而南，在于闐之西，都烏滸河南二百餘里，去長安一萬一百里，其王都拔底延城。風俗與突厥略同，其語與蠕蠕、高車及諸胡不同。」

〔七五〕張注：「牒羅，比爾謂即鐵拉布克梯（Tirabhukti），今謂之鐵爾胡忒（Tirhut），福力基族（Vrijjis）之舊壤也。福力基族似爲北方月氏人（Skythians）。嘗南侵印度至恒河下流之巴德拿城。嚈噠人後亦步塵而南下至巴德拿，西至馬拉瓦（Malava）。」

〔七六〕勅懃，吴、王本作「勅勤」。並見下〔一四〇〕校箋。沙箋：「其地東起嗢昆河（Orkhan），西抵東羅馬帝國。」

〔七七〕魏書西域傳：「古條支國也，去代二萬四千二百二十八里。」今西亞伊朗之波斯是也。其時嚈噠强盛，故拓境至波斯。卷三宣陽門條有波斯國獻獅子事，亦見其屬於嚈噠矣。

〔七八〕賀，吴、王、真意本作「貢」。居，如本作「張」，今依吴、王、真意本。

〔七九〕氍毹，吴、王、真意本作「氍數」。風俗通：「織毛褥謂之氍毹。」

〔八〇〕上「後唱」，諸本同，徐本改作「復唱」。帶，各本作「戴」。嚈噠婦人頭帶角帽。魏書云：「其俗兄弟共一妻，夫無兄弟者，其妻戴一角帽，若有兄弟者，依其多少之數，更加角焉。衣服類加以纓絡，頭皆剪髮。」玄奘西域記：「呬摩呾羅國，婦人首冠木角，高三尺餘，前有兩岐，表夫父母。上岐表父，下岐表母，隨先喪亡，除去一岐。舅姑俱歿，角冠全棄。其先强國，王，釋種也。葱嶺之西，多見臣伏。境隣突厥，遂染其俗。」

〔八一〕「奇」與「衺」義同。廣雅釋詁疏：「南北曰衺，東西曰廣。對文則横長謂之廣，從長謂之衺。散文則横長謂之衺，周長亦謂之衺。」

〔八二〕各本皆無「珠」字，今依周、徐本補。魏書波斯傳：「婦女服大衫，披大帔，其髮前爲髻，後披之，飾以金銀花，仍貫五色珠，落之於膊。」

〔八三〕興，如本作「與」，今依他本改。

〔八四〕酉陽雜俎一六毛篇：「釋氏書言象七牙拄地六牙，牙生理必因雷聲。」西域記云：「印度黎庶坐止咸用繩牀，王族、大人、士庶、豪右，莊飾有殊，規矩無異。君王朝坐，彌復高廣，珠璣間錯，謂獅子牀。」

〔八五〕「垂下」，他本作「下垂」。

〔八六〕翻譯名義集三七寶篇：「凡有二種：一者七種珍寶，二者七種王寶。七種珍寶，佛地論云：一金；二銀；三吠琉璃；四頗胝迦；五牟呼婆羯洛婆，當硨磲也；六遏濕摩婆，當瑪瑙；七赤真珠。七種王寶者，晉譯華嚴經云：王得道時，於其正殿，婇女圍繞，七寶自至。一金輪寶，名勝自在；二象寶，名曰青山；三紺馬寶，名曰勇疾風；四神珠寶，名光藏雲；五主藏臣寶，名曰大財；六玉女寶，名淨妙德；七主兵臣寶，名離垢眼。得是七寶於閻浮提作轉輪王。」

〔八七〕沙箋：「按此國非西亞之波斯(Le Perse)而爲Zebak與Tchitral間之一小國。此在北史中名波知。其卷九十七云：波知國在鉢和西南，土狹人貧，依託山谷，其王不能總攝。有三池，傳云大池有龍王，次者有龍婦，小者有龍子。行人經之，設祭乃得過；不祭，多遇風雪之困。」

〔八八〕截，吴、王、真意本作「絶」。

〔八九〕難艱，他本作「艱難」。

〔九〇〕沙箋：「按賒彌國既在葱嶺之南（大雪山東部），祇能爲Tchitral矣。北史卷九十七云：賒彌國在波知之南，山居，不信佛法，專事諸神，亦附嚈噠。東有鉢盧勒國。路險，懸鐵鎖而度，下不見底。熙平中（五一六至五一七）宋雲等竟不能達。」

〔九一〕范本云：「鉢盧勒，即玄奘記中之鉢露羅國（Bolora），魏書稱爲波路，唐書稱小勃律。其國在大雪山間，東西長，南北狹。在今Yassin河與Gilgir流域。依玄奘記，自此至烏場國境約五百餘里。」

〔九二〕吴、王、真意本無「耳」字。

〔九三〕烏場，魏書西域傳作「烏萇」，或作「烏長」，或作「鄔荼」，或作「烏仗那」。玄奘記：「烏仗那國，周五千餘里。」范本云：「『烏仗那，梵語Uddiyana（或作Udyāna）之音譯。義爲遊園。慈恩法師傳注云：唐言苑，昔阿輪迦王之苑也。其領域當今Swat河沿岸。」

〔九四〕天竺，即印度。大唐西域記：「天竺之稱，異議糾紛，舊云身毒，或曰賢豆，今從正音，宜云印度。」

〔九五〕集證下有「里」字。

〔九六〕臨淄，周之齊都也，即今山東臨淄縣。史記蘇秦傳：「臨淄甚富而實，其民無不吹竽鼓瑟，彈琴擊筑，鬭雞走狗，六博蹋鞠者。臨淄之塗，車轂擊，人肩摩，連衽成帷，舉袂成幕，揮汗成雨。家殷人足，志高氣揚。」又孟荀列傳：「中國名曰赤縣神州。」

〔九七〕詩大雅緜：「周原膴膴。」鄭箋：「膴膴然肥美。」

〔九八〕咸陽，古雍州地，秦之國都也。書禹貢：「厥土惟黄壤，厥田惟上上。」班固西都賦：「華實之毛，則九州之上腴焉。」

〔九九〕鞞羅施兒，見太子須大拏經，並詳下。沙箋：「按鞞羅爲 Viçvantara 之省譯。其地經考訂在今之 Shahbaz Gashi 附近。」

〔一〇〇〕薩埵投身飼虎，事見金光明經。沙箋：「按薩埵爲菩提薩埵（Bodhisattva）之省譯。亦稱菩薩，觀宋雲所記佛捨身飼餓虎故事，應位於烏場。」

〔一〇一〕進，如本作「食」，今依他本改。湯用彤佛教史云：「伽藍記謂惠生等住烏場二年，並載其國王奉佛甚詳。此王當即續僧傳那連提黎耶舍傳中之烏場國主。」考續僧傳二言：「耶舍北背雪山，南窮師子，歷覽聖迹，仍旋舊壤，乃覩烏場國主，真大士焉。」

〔一〇二〕徙，如本作「從」，今依他本改。廣記四八二引亦作「徙」。

〔一〇三〕周本作「五穀盡登，百果繁熟」。翻譯名義集三五果篇：「律明五果：一核果，如棗杏等；二膚果，如梨、柰是皮膚之果；三殼果，如椰子、胡桃、石榴等；四檜果，（字書：空外反，麄糠皮謂之檜。）如松柏子；五角果，如大小豆。」玄奘記：「烏仗那國，山谷相屬，川澤連原，穀稼雖播，地利不滋。土産金錢，宜鬱金香，林樹蓊鬱，花果茂盛。」

〔一〇四〕鍾，各本作「鐘」，古通用。

〔一〇五〕二句吳、王、真意本作「國王見大魏使宋雲來」。

〔一〇六〕穆天子傳：「吾乃膜拜而受。」郭璞曰：「今之胡人禮佛，舉手加頭，稱南膜拜者，即此類也。膜音模。」

〔一〇七〕樓炭經云：「葱河以東，名爲震旦；以日初出，耀於東隅，故得名也。」

〔一〇八〕漢書郊祀志：「自威、宣、燕昭使人入海求蓬萊、方丈、瀛洲。此三神山者，其傳在勃海中，去人不遠，蓋嘗有至者，諸僊人及不死之藥皆在焉。其物禽獸盡白，而黄金銀爲宫闕。」

〔一〇九〕管輅善卜，見三國魏志本傳。華陀治病，見魏志及後書本傳。左慈方術，見後書本傳。

〔一一〇〕沙箋：「按此城即西域記之瞢揭釐城（Mangalapura），今之 Manglaor。據玄奘所記即烏仗那國之舊都，在今 Svat 左岸。」

〔一一一〕「水東有佛曬衣處」句，遥領上文「自葱嶺已西，水皆西流」意。法顯傳：「及曬衣石、度惡龍處，亦悉現在，石高丈四，闊二丈許。」水經河水注：「犍陀羅國北，重復尋川，水西北十里有阿步羅龍淵，佛到淵上浣衣處，浣石尚存。」

〔一一二〕迦，吳、王本作「伽」，同。僧迦梨者，沙門之法服也，即複衣也。由肩至膝，束於腰間。西域記、南海寄歸内法傳作「僧伽胝」，同。

〔一一三〕袈裟，僧人法服之總名。翻譯名義集七沙門服相篇：「具云迦羅沙曳，此云不正色，從色得名。章服儀云：袈裟之目，因於衣色，如經中壞色衣也。會正云：準此本是草名，可染衣，故將彼草目此衣號。真諦雜記云：袈裟是外國三衣之名，名含多義。或名離塵服，由斷六塵故；或名消瘦服，由割煩惱故；或名蓮華服，服者離著故；或名間色服，以三如法色所成故。」

〔一四〕直，特也。彰，如本作「新」，今依他本改。沙箋：「按西域記卷三亦云：如來濯衣石，袈裟之文宛焉如縷。」

〔一五〕八十，吴、王、真意本作「十八」。王城，烏場國都城也。下同。

〔一六〕若踐水泥，如本作「若水踐泥」，吴、王、真意本作「若以踐泥」，今依周、徐本改。沙箋：「按西域記卷三云：阿波邏羅（Apalāla）龍泉西南三十餘里，水北岸大盤石上，有如來足所履跡，隨人福力，量有短長，是如來伏此龍已，留迹而去。此泉即 Svat 河源。記又云：順流而下三十餘里，至如來濯衣石。」法顯傳：「烏萇國，傳言佛至北天竺，即此國也。佛遺足跡於此，跡或長或短，在人心念，至今猶爾。」

〔一七〕楊枝，天竺人用以淨齒者。義淨南海寄歸内法傳一稱之曰齒木。彼土人士，無分老幼，朝起飯後，皆熟嚼之，以水漱淨，可以堅齒。西域記一：「象堅窣堵波北，山巖下有一龍泉，是如來受神飯已，及阿羅漢於中漱口嚼楊枝，因即植根，今爲茂林。後人於此建立伽藍，名鞞鐸佉。」按鞞鐸佉，唐言嚼楊枝，胡名婆樓，非楊柳枝也。

〔一八〕千，吴、王、真意本作「十」。

〔一九〕法顯傳：「自健陀衛國東行七日，有國名竺刹尸羅。復東行二日，至投身餵虎處。」捨身飼餓虎事，亦見金光明經及西域記。

〔二〇〕巃，如本作「籠」，今依他本改。按巃嵸，高峻貌。

〔二一〕沙箋：「即曹揭釐城。」

〔一二二〕在，如本作「作」，今據馮承鈞説改。西域記三：「摩訶伐那伽藍（在瞢揭釐城南二百餘里）西北下山三四十里至摩愉伽藍，是如來在昔修菩薩行，爲聞正法於此，折骨書寫經典。」

〔一二三〕折，如本作「拆」，今依吴、王、真意本改。

〔一二四〕沙箋：「此 Açoka 王習用之譯名，似出于阿愉迦。而此阿愉迦，又爲阿輸迦正譯之筆誤。」翻譯名義集三帝王篇：「阿育，或阿輸迦，或阿輸柯，此云無憂王。」西晉沙門安法欽譯有阿育王傳。

〔一二五〕周本云：「善特山，即魏書之檀特山。西域記二作彈多落迦山，梵名 Dantaloka，善施善與之義也。此山即須大拏太子棲隱之所。太子須大拏經云：檀特山嶔崟嵯峨，樹木繁茂，百鳥悲鳴，流泉清池，美水甘果，太子入山，山中禽獸皆大歡喜。」

〔一二六〕太簇，是十二律名之一，位在寅，辰在娵訾，當孟春正月。禮記月令：「孟春之月，其音角，律中大簇。」鄭注：「孟春氣至，則大簇之律應。應，謂吹灰也。大簇者，林鍾之所生，三分益一，律長八寸。」風，如本作「熾」，今依吴、王、緑、真意本。

〔一二七〕頂，如本作「項」，今依吴、王本改。西域記曰：「巖間石室（即彈多落迦山），太子及妃習定之處。」

〔一二八〕㛤，如本作「姑」，吴、王、真意本作「妘」，須大拏經作「㛤」。沙箋：「乃太子妃 Madri 之譯名。」張注：「嫚妘，梵語 Madri 之譯音。蘇達拏太子之妃，與其子女及夫，同時被擯，天帝釋（Sakre）使野獸當途，以阻妃之歸。」太子須大拏經云：「生有二子，一男一女。太子既好施與，常以王之珍寶，置四城門外，恣人取之，以是四遠聞名。王有白象，名須檀延，多力健鬬，每與諸國攻伐，此象常勝。時有敵國往乞此象，太子乃牽象授之。王聞之大恚，乃逐太子出國，著檀特山中十二年。太子與妃及其二子共載而别。及至檀特山，山中有道人名阿周陀，久處山間，有玄妙之德，太子從其教，止于山中，結頭編髮，以泉水果蓏爲飲食。並伐薪木，築爲草屋，居止其内。時鳩留國一婆羅門來乞太子男女，以爲奴婢。時曼坻入山來歸，太子與之，兩兒不肯去。婆羅門以繩縛之而行，兒於道中乃以繩繞樹，不肯隨去，冀其母來。婆羅門乃以棰鞭之，血出流地，而後遂行。是時其母於山中左足下痒，右目復瞤，兩乳汁出，因自思念，宜歸視我子，得無有他。時天帝釋知太子以兒與人，恐妃敗其善心，便化作師子，當道而蹲。及婆羅門去遠，始起避道，令妃得過。妃還，不見兩兒，宛轉悲泣，啼不可止。太子言過去爲婆羅門子，字鞞多衛，汝作婆羅門女，字須陀羅。汝爲願言，後生當爲卿妻，好醜不離我，爾時與汝要言，欲爲我妻者，當隨我意，汝爾時答言可。今以兒布施，而反亂我善心耶？妃聞太子言，心意開解。後此婆羅門復携太子男女至葉波國衒賣，爲人所識，以白國王。王迎兒入宫，涕泣交并，乃遣使者迎太子與妃，敵國亦以象還於國王。太子既歸，國人莫不歡喜。王更以寶藏付諸太子，恣意布施，轉勝於前。布施不休，自致得佛。佛告阿難：我宿命所行布施如是。太子須大拏者，即我身也。」亦見六度集經卷二。

〔二九〕閃，如本作「門」。周本云：「閃子，經記作睒子。睒，廣韻式冉切；閃、睒同音。舊作『門子』，乃傳寫之誤。玄奘記作商莫迦(Samaka)，皆一語之異譯。睒子供養盲父母，佛説睒子經專記其事。曰：昔佛在毘羅勒國告諸比丘，過去無數世時，迦夷國一長者，夫妻兩目皆盲。子年十歲，號曰睒子。至孝仁慈，奉行十善，願求無上法，遂與父母入山，結草爲廬，侍養之宜，不失時節。山有流泉，衆果甘美，睒取百果以奉父母。其仁遠照，禽獸皆來附近，與睒同作伎樂之音，以娛樂其親。時二親口渴，睒乃提瓶汲水。適迦夷王入山田獵，彎弓發矢，誤中睒胸。睒被毒箭，毒楚難言，涕泣大呼：誰持一箭，射殺三人！吾親年老，一朝無我，豈不殞命！吾何罪乎？竟如是也。王聞哀聲，下馬尋問。睒子對答，音聲悽楚。王聞其言，悲不能已。乃尋盲父母處，願事供養。王從衆多，草木肅肅有聲，二親啓問，王以實告。親驚怛哀號，同至尸所，手捫其子，嗚口吮足，仰面呼天。時天帝釋感茲慈孝，立現神通，降身謂其親曰：斯至孝之子，吾能活之。乃以藥注睒子口中，忽然得穌。斯時衆人悲喜交集，皆立意修睒子至孝之行。佛告諸比丘：時睒子即吾身也。」亦見六度集經卷五、菩薩本緣經卷中。

〔三〇〕西域志曰：「烏萇國西南有檀特山，山中有寺，大有衆僧，日日有驢運食，無控御者，自來留食，還去，莫知所在。」

〔三一〕濕，如本作「渥」，今依周本改。下同。按濕婆僊爲印度三大神之一，爲外道所祀。

〔三二〕魏書釋老志：「其爲沙門者，初修十誡，曰沙彌。」

〔三三〕因，如本作「目」，今依他本改。

〔三四〕管事僧曰維那。寄歸傳四灌沐尊儀篇：「授事者，梵云『羯磨陀那』，『陀那』是授，『羯磨』是事。意道以衆雜事指授於人。舊云『維那』者，非也。『維』是唐語，意道綱維；『那』是梵音，略去『羯磨陀』字。」

〔三五〕吴、王、真意本作「以金箔帖之」。

〔三六〕翻譯名義集二八部篇：「夜叉，此云勇健，亦云暴惡，舊云閱叉。西域記云：藥叉，舊訛曰夜叉，能飛騰空中。什曰：秦言貴人，亦言輕健。有三種：一在地，二在虚空，三天夜叉。地夜叉但以財施故，不能飛空。天夜叉以車馬施故，能飛行。」

〔一三七〕道榮，或作「道藥」。道宣釋迦方志遊履篇：「後魏太武末年，沙門道藥從疏勒道入，經懸度到僧伽施國，及返，還尋故道，著傳一卷。」

〔一三八〕乾陀羅國（Gandhara），魏書西域傳作乾馱國，西域記作揵馱羅。周本云：「其國在烏場之西，包有今巴基斯坦白沙瓦（Peshawar）附近之地。慧苑華嚴經音義卷三云：乾陀羅國，此云特地國，謂昔此國多有道果聖賢，住持其境，不爲他國侵害也。」玄奘西域記云：「健馱羅國，東西千餘里，南北八百餘里，東臨信度河。國大，都城號布路沙布邏。周四十餘里，王族絶嗣，役屬迦畢試國。邑里空荒，居人稀少。宫城一隅，有千餘户，穀稼殷盛，花果繁茂，多甘蔗，出石蜜。氣序温暑，略無霜雪。」

〔一三九〕沙箋：「按業波羅，北史作業波，太子須大拏經謂太子爲葉波國濕波王之子。此經之事既在乾陀羅國，『業波』、『葉波』似爲同國之名。」

〔一四〇〕勑懃，吴、王本作「勑勤」，今依錢大昕十駕齋養新録六改。云：「可汗者，猶古之單于，其子弟謂之特勤。」

〔一四一〕羽溪了諦西域之佛教云：「據正光元年（西元五二〇年）行經乾陀羅國之宋雲所言，嚈噠滅乾陀羅，立勑懃爲王以來，已經二世，此嚈噠所滅之乾陀羅，即小月氏國也。嚈噠之亡月氏，當距西元五二〇年二世之前，即大約在西元四七〇年至四八〇年左右也。」

〔一四二〕祀，吴、王、真意本作「事」。

〔一四三〕罽，如本作「厠」，非，今依吴、王本。魏書西域傳：「罽賓國都善見城，在波路西南，去代一萬四千二百里，居在四山中，其地東西八百里，南北三百里，地平温和，有苜蓿、雜草、奇木、檀、槐、梓、竹，種五穀。」

〔一四四〕持，吳、王、真意本作「論」。

〔一四五〕沙箋云：「乾陀羅王在罽賓（Kaçmir）山中爭戰之事，與吾人在他處所得此王之史料完全相符。蓋宋雲所見之凶暴國王，應即玄奘與 Kalhana（Rājataranginil. P. 289 以後）所誌之著名暴王 Mihira Kula。以銘文與貨幣證之，其在位年代當在五一五與五五〇之間。」

〔一四六〕險，吳、王、真意本作「嶮」，同。

〔一四七〕典，吳、王本作「論」。

〔一四八〕頓弊，吳、王、真意本作「損敝」。

〔一四九〕水，如本作「冰」，今依他本。

〔一五〇〕「我」下，吳、王、真意本有「親」字。

〔一五一〕亦，如本作「一」，今依吳、王、真意本。

〔一五二〕跋提，如本重「跋」字，今依吳、王、真意本刪。丁考：「跋提即梁書白題，瀛環志作巴勒提，地圖作巴勒特斯坦，乃葱嶺西山間小國，以畏乾陀王兵盛，故送獅子兒以通好。」沙箋：「按跋提國，得爲嚈噠都城拔底延之省譯。」

〔一五三〕所，吳、王、真意本作「素」。

〔一五四〕法顯行傳：「自犍陀衛國東行七日，有國名竺刹尸羅。竺刹尸羅，漢言截頭也。佛爲菩薩時，於此處以頭施人，故因以爲名。東行二日，則爲投身餧餓虎處。並起大塔，皆衆寶校飾，諸國王臣民競興供養，散華然燈，相繼不絶。」

〔一五五〕日，如本作「月」，今依吴、王、緑、真意本改。

〔一五六〕張注：「辛頭大河，即印度斯河。」水經河水注：「崑崙山出六大水，山西有大水名新頭河。郭義恭廣志曰：甘水也。在西域之東，名曰新陶水。山在天竺國西，水甘，故曰甘水。有石鹽，白如水精，大段則破而用之。康泰曰：安息、月氏、天竺至伽那調御，皆仰此鹽。」又曰：「自新頭河至南天竺國，迄于南海，四萬里也。釋氏西域記曰：新頭河經罽賓、犍越、摩訶剌諸國而入南海是也。」

〔一五七〕佛説菩薩本行經卷下：「佛在摩竭國言，我爲舍尸王時，自以身肉供養病人，經十二年。爲跋彌王時，國中人民盡有瘡病，醫言當得魚肉，食之乃瘥。王即到水邊，上樹求願作魚，即從樹上投身水中，便化成魚，而有聲，言其有病者來取我肉噉，病當除瘥。人民聞聲，皆來取魚肉，食之，病盡除愈。」亦見賢愚經卷七、六度集經卷一。

〔一五八〕「中」字如本空格，今依吴、王、緑、真意本補。

〔一五九〕三日，如本作「十三日」，今依吴、王本删去「十」字。丁考：「從此西行至乾陀羅國都約三百餘里，佛國記言行四日正合。此西行一日，當是三日之誤。」沙箋：「佛沙，即西域記卷二之跋虜沙。」

〔一六〇〕大唐西域記二：「城北有窣堵波，是蘇達拏太子以父王大象施婆羅門，蒙譴被擯，顧謝國人，既出郭門，於此告別。」

〔一六一〕莊，各本作「裝」，今改。見卷一永寧寺校箋〔四三〕。

〔一六二〕男女，吴、王、真意本作「兒女」。

〔一六三〕法顯傳：「佛爲菩薩時，亦於此國（犍陀衛國）以眼施人。其處亦起大塔，金銀校飾。」彌勒菩薩所問本願經云：「佛語賢者阿難：乃往去世有王，號曰月明，端正姝好，威神巍巍，從宫而出，道見盲者，貧窮饑餓，隨道乞匃，往趣王所，而白王言：『王獨尊貴，安隱快樂；我獨貧窮，加復眼盲。』爾時月明王見此盲人，哀之淚出，謂於盲者：『有何等藥，得療卿病？』盲者答曰：『唯得王眼，能愈我病，眼乃得視。』爾時月明王自取兩眼，施與盲者，其心靜然，無一悔意。月明王者，即我身是。佛言：『須彌山尚可稱知斤兩，我眼布施，不可稱計。』」

〔一六四〕范本云：「迦葉，梵文還原爲 Kāçyapa，佛弟子名，譯言飲光。道宣釋迦譜下：有偷羅國，婆羅門名曰迦葉，三十二相，通諸書論，巨富能施。捨家入山，空天告言，今有佛出。便趣竹園，佛往逆之，與共承受説法，悟阿羅漢，有大威德，天人所重，故名大也。乃至佛滅，住持法化，被於來世六萬歲者，此人之力。」

〔一六五〕沙箋：「按宋雲所渡之水，應在 Kabul-rud 與 Svat 兩水滙流處之下。行記之文，雖迷離不明，其由捨眼處 Charsadda 至乾陀羅城 Peshavar，確祗一日，則非自捨眼處西行一日至船渡，復西南行六十里至乾陀羅城矣。符舍對於此點，考訂極明。（河内校刊第一卷）」

〔一六六〕沙箋：「按即乾陀羅（Gandhara）都城，今 Peshavar 是已。」

〔一六七〕北史九七：「乾陀羅所都城東南七里有佛塔，高七十丈，周三百步，即所謂雀離浮圖也。」玄奘記：「在城東南八九里。」名曰雀離者，或云具有異采之義也。即道榮傳云以「文石爲階砌櫨栱」。張注：「雀離乃梵語 Sula 之譯音，頂上三叉戟也。」此是佛教中最偉大之塔，故特加書記。

〔一六八〕此篇大抵依惠生行記、道榮傳及宋雲家記以成文，章節蔓衍，句法不謹，其爲注文無疑。唯間中施以按語，易起誤解。其實此正衒之行文之慣例，亦是注疏文體所必爾。卷一永寧寺永安三年下之「衒之曰」，卷二明懸尼寺之「衒之按」，卷四宣忠寺條「楊衒之云」，此皆注中施以旁語者。此外，卷一末幅建春門内條「衒之時爲奉朝請，因即釋曰」云云，則是文中施以旁語子注，此皆所謂「並載」之筆，詳末幅衒之按語。大體此篇以惠生行記爲主，其不足處，則以道榮傳、宋雲家記以補之。故其行文如爾，讀者勿以爲疑也。

〔一六九〕二百，如本作「三百」，今依珠林二及下文改。

〔一七〇〕「此」上，珠林有「在」字。

〔一七一〕來，助詞，孟子離婁「盍歸乎來」，陶淵明歸去來兮辭之「來」字亦此意。

〔一七二〕張注：「迦尼色迦(Kanishka)王，又名迦膩色迦(Kaniska)王，有功佛教。」范本云：「按足立喜六法顯傳考證云：膩迦王爲罽膩迦王，又名迦膩色迦(Kaniska)爲月氏國王，西曆元年左右統一國内，創造犍陀羅國。其領地西至大夏，東連恒河，北連葱嶺，南界印度河口，聲勢赫奕，與阿育王並稱，印度名王也。」

〔一七三〕累，珠林作「壘」。

〔一七四〕偈，或譯爲伽陀，類似吾國之詩或頌語也。翻譯名義集四十二分教篇：「伽陀，此云孤起，妙玄云：不重頌者名孤起，亦曰諷頌。西域記云：舊曰偈，梵本略也；或曰偈他，梵音訛也。今從正音，宜云伽陀，唐言頌。」

〔一七五〕吴、王、真意本無「止」字。珠林作「然後始定」。沙箋本引法顯行傳云：「佛昔將諸弟子遊行此國，語阿難（Ananda）云：吾般泥洹（Parinivāna）後，當有國王名罽膩伽（Kaniska）於此處起塔；後罽膩伽王出世，出行遊觀，時天帝釋（Sakra）欲開發其意，化作牧牛小兒，當道起塔。王問言：汝作何等？答曰：作佛塔。王言：大善。於是王即於小兒塔上起塔，高四十餘丈，衆寶校飾，凡所經見塔廟，壯麗威嚴，都無此比。閻圖提（Jambudvipa）塔，唯此爲上。王作塔成已，小塔即自傍出大塔南，高三尺許。」

〔一七六〕此，珠林作「地」。

〔一七七〕木，吳、王、真意本作「石」。

〔一七八〕櫨，柱上木也，即今之所謂托斗栱木也。

〔一七九〕柱，吳、王、真意本作「根」，珠林同。三百尺，如本作「三尺」，今依珠林改。沙箋：「按核以上引西域志文，應作高三百尺，如此始與下文去地合七百尺之文相符。」

〔一八〇〕盤，如本作「槃」，今依吳、王、真意本。

〔一八一〕韻會云：「一圍五寸。又云一圍三寸。又一抱謂之圍。」

〔一八二〕塔，吳、王本作「垢」。

〔一八三〕三步，珠林、周本作「三百步」，非。按下文又云「雀離浮圖南五十步，有一石塔」云云，則此不能云「三百步」也。

〔一八四〕看，珠林作「之」。

〔一八五〕如本無「有」字，今依珠林增。

〔一八六〕七，如本作「所」，今依珠林改。按西域記二云：「此窣堵波者，如來懸記，七燒七立，佛法方盡。先賢記曰：成壞已三。初至此國，適遭火災，當見營搆，尚未成功。」

〔一八七〕有，吳、王、真意本作「由」。

〔一八八〕「在」下，吳、王、真意本有「樓」字。

〔一八九〕精神，沙畹云：「按精神似爲『請神』之訛。」

〔一九〇〕四天王爲帝釋之外將，長阿含經云：「東方天王名提多羅吒，領乾闥婆及毗舍闍神將，護弗婆提人。南方天王名毗琉璃，領鳩槃茶及薜荔神將，護閻浮提人。西方天王名毗留博叉，領一切諸龍及富單那將，護瞿耶尼人。北方天王名毗沙門，領夜叉羅刹將，護鬱單越人。」

〔一九一〕佛，如本作「物」，今依吳、王、真意本改。按珠林亦作「佛」。

〔一九二〕開，吳、王、真意本作「升」。

〔一九三〕漸，珠林作「暫」。

〔一九四〕珍，如本作「真」，今依吳、王、真意本改。

〔一九五〕吳、王本無「於」字，御覽六五八引同。

〔一九六〕「後」上，吳、王、真意本有「於」字。

〔一九七〕即，吳、王、真意本作「一」，御覽作「因」。

〔一九八〕范本云：「菩提(bodhidruma)樹，即卑鉢羅樹。大唐西域記：健馱邏國城外東南八九里，有卑鉢羅樹，高百餘尺，枝葉扶疏，蔭影蒙密，過去四佛已坐其下，今猶現有四佛坐像，賢劫之中，九百九十六佛皆當坐焉。冥祇警衛，靈鑒潛被。釋迦如來於此樹下，南面而坐，告阿難曰：我去世後，當四百年，有王命世，號迦膩色迦。此南不遠，起窣堵波，吾身所有骨肉舍利多集其中。」玄奘記則謂樹遠種在起塔前。

〔一九九〕則，吴、王、真意本作「即」，御覽同。按則、即二字，可互用。見王叔岷史記斠證。

〔二〇〇〕圓，珠林作「直」。范本引法顯行傳即小塔，非也。

〔二〇一〕「以指」二字，依珠林增。按下文亦有此二字。

〔二〇二〕「處」字，如本無，今依吴、王、緑、真意本補。「羅」字，各本無，今依周本增。

〔二〇三〕周本云：「尸毗王（Çibi）西域記卷三烏仗那國作尸毗迦王。如來昔修菩薩行，號尸毗迦王，爲求佛果，曾割身救鴿。」並詳下校箋〔二〇七〕。

〔二〇四〕鍮，如本作「銅」，今依吴、王、真意本改。按沙畹云：「鍮者，銅一斤連同亞鉛三分之一，鉛六分之一混合而成。」蓋印度常以鍮製佛像，故云。「鍮」字是。

〔二〇五〕釋迦，即釋迦牟尼（Çākyamuni）之省稱。沙箋：「按法顯傳，北印度四大塔，一爲割肉貿鴿處，在今 Girarai；一爲以眼施人處，在犍陀衛國 Puskarāvati；一爲以頭施人處，在竺刹尸羅國 Jaksacila；一爲投身飼餓虎處，疑在今 Mahaban 地域之中。」

〔二〇六〕西北行，沙畹云：「按當作東北行。」

〔二〇七〕毗，如本作「昆」，今依緑本、真意本改。按上文亦作「尸毗」。下同。周本云：「尸毗王救鴿處，法顯行傳謂在宿呵多國（Svāta），云自烏長國南下，到宿呵多國，昔天帝釋試菩薩，化作鷹鴿，割肉貿鴿處。佛既成道，與諸子遊行，語云此本是吾割肉貿鴿處，國人由是得知，於此處起塔。」

〔二〇八〕禁，吳、王、真意本作「藥」，御覽作「須以爲藥」。

〔二〇九〕以上凝合宋雲（唐書經籍志及新唐書藝文志並有宋雲魏國以西十一國事一卷，今佚）、惠生（隋志有惠生行傳一卷）、道榮三書而成，自此以下至「於今可識焉」，獨據道榮傳轉録耳。

〔二一〇〕那伽羅阿，吳、王、真意本作「那伽羅訶」。法顯傳：「慧景、道整、慧達三人先發，向佛影那竭國。」范本云：「足立喜六考證：其都城在今 Jalalabad 附近，山嶺環拱之 kabul 一帶地方也。」

〔二一一〕沙箋：「佛頂骨在昔之醯羅城，今 Jalalabad 南五英里之 Hidda 地方。西域記二云：『骨周一尺二寸，髮孔分明，其色黄白，盛以寶函，置窣堵波中。欲知善惡相者，香末和泥，以印頂骨，隨其福感，其文焕然。』」法顯行傳：「自弗樓沙國西行十六由延（yojana 約七英里）便至那竭國界醯羅城，中有佛頂骨精舍，盡以金簿、七寶校飾。骨黄白色，方圓四寸，其上隆起。」

〔二一二〕閦，如本作「閃」。周本云：「『閃』蓋『閦』字之誤。廣韻屋韻：閦，初六切；衆也。出字統。字統者，後魏陽承慶所撰。云閦然者，指孔穴之多，故云似仰蜂窠也。」

〔二一三〕沙箋：「按耆賀濫，梵文作 Khakkhara，乃比丘行乞所持之杖。」

〔二一四〕裟，如本作「裝」，今依吳、王、緑、真意本改。

〔二一五〕法顯傳：「那竭國城東北一由延，到一谷口，有佛錫杖，亦起精舍供養。牛頭栴檀作，長丈六七許，以木筒盛之，正復百千人，舉不能移。入谷口西行，有佛僧伽梨，精舍供養。彼國土亢旱時，國人相率出衣，禮拜供養，天即大雨。」大唐西域記二：「如來僧伽胝袈裟，細氎所作，其色黄赤，置寶函中，歲月既遠，微有損壞。如來錫杖，白鐵作鐶，栴檀爲笴，寶筒盛之。」

〔二六〕「貼」字，如本無，今依照本增。水箭，法顯行傳作「木筒」。見上條。

〔二七〕時，如本無，今依吴、王、緑、真意本增。

〔二八〕一人，如本作「二人」，今依吴、王、緑、真意本改。

〔二九〕法顯傳：「那竭國城中亦有佛齒塔，供養如頂骨法。」又云：「佛影西百步許，佛在時剃髮剪爪。佛自與諸弟子共造塔，高七八丈，以爲將來塔法，今猶在。」

〔三〇〕瞿波羅窟，如本作「瞿羅羅鹿」，今依西域記改。

〔三一〕面，如本作「四」，今依法顯行傳改。法顯行傳：「那竭城南半由延（yojana）有石室，博山西南向（博山，背山也），佛留影此中。去十餘步觀之，如佛真形，金色相好，光明炳著。轉近轉微，髣髴如有。」慈恩法師傳云：「窟在石澗東壁，門向西開，窺之窈冥，一無所覩。」可知佛影在窟之東壁，户向西開也。

〔三二〕沙箋：「按西域記卷二亦謂『窟門外有方石，其一石上有如來足蹈之迹』。」

〔三三〕大唐西域記二：「影窟西有大盤石，如來嘗於其上濯浣袈裟，文影微現。」

〔三四〕目連，佛之弟子也。又作大目犍連。翻譯名義集一十大弟子篇：「大目犍連，什曰：目連，婆羅門姓也，名拘律陀。拘律陀，樹名，禱樹神得子，因以爲名。」

〔三五〕六，各本作「大」，海國圖志二九作「七」。六佛，見卷四大覺寺校箋〔五〕。

〔三六〕陷，如本作「陷」，今依王、真意、照本改。

〔三七〕光，如本作「元」，今依吴、王、真意本改。又「三年」，如本作「二年」，今依魏書釋老志及通鑑改。通鑑梁武帝普通三年：「（魏明帝正光三年）魏宋雲與惠生至乾羅國而還，二月，到洛陽。」按宋雲等到烏場國，時爲神龜二年（五一九）十二月初，在烏場國二年，則其回洛之時，是在正光三年也。

〔三八〕此篇實以惠生行記爲主要材料，然其書事多不盡録，乃依道榮傳、宋雲家記並載之，以備缺文。故篇中有關道榮傳云云，實是並載之筆，非注中之注。

京師郭外諸寺

京師東西二十里，南北十五里〔一〕。户十萬九千餘〔二〕。廟社宫室府曹以外，方三百步爲一里〔三〕。里開四門，門置里正二人，吏四人，門士八人。合有三百二十里〔四〕。寺有一千三百六十七所〔五〕。天平元年〔六〕，遷都鄴城，洛陽餘寺四百二十一所。北邙山上有馮王寺、齊獻武王寺〔七〕。京東石關有元領軍寺〔八〕、劉長秋寺〔九〕。嵩高中有閒居寺〔一〇〕、栖禪寺〔一一〕、嵩陽寺〔一二〕、道場寺〔一三〕。上有中頂寺，東有昇道寺〔一四〕。京南關口有石窟寺〔一五〕、靈巖寺〔一六〕。京西瀍澗有白馬寺〔一七〕、照樂寺。如此之寺，既郭外，不在數限，亦詳載之。

【校箋】

此總結上文五卷之詞也。

〔一〕二十里、十五里者，勞榦北魏洛陽城圖的復原謂爲「閭里」之「里」，是也。此書實以寺、里爲經，事物爲緯，交互成書，其與水經注之例近，此地理爲書之良法也。以下文「方三百步爲一里，里開四門」云云徵之，其意尤顯。又以二十里合十五里乘之，其數亦與三百二十里近。或以道里拘此者，則失之遠矣。並見校箋〔四〕。又據實地鑽探，知東城垣殘長三八九五米，殘寬十四米；西城垣殘長四二九〇米，寬二十米；北城垣長三七〇〇米，寬二十五至三十米；南城垣已被洛河毁没。整座城址呈不規則長方形，周長約合十四公里。見文物一九八一年第九期，漢魏洛陽故城附圖。

〔二〕九千，吴、王、真意本作「六千」。

〔三〕此「里」字，及下「合有三百二十里」之「里」字，皆屬「坊里」之「里」。

〔四〕三百，如本作「二百」，今依范本。范云：「按魏書八世宗紀：『景明二年（五〇一）九月丁酉，發畿内夫五萬人，築京師三百二十三坊，四旬而罷。』又十八廣陽王附子嘉傳：『嘉表請於京四面築坊三百二十，各周一千二百步。乞發三正復丁，以充兹役。雖有暫勞，姦盜永止。詔從之。』坊與里相同。説文新附字云：『坊，邑里之名。』此文二百二十，疑是『三百二十』之誤。」

〔五〕一千三百六十七，與序云數目大同。按自高祖太和十七年初都洛邑，城郭寺舍，數約五百，見任城王澄傳。至天平元年遷鄴，洛陽餘寺唯四百二十一所。其間相隔不過十六年，寺舍減損如此，兵燹之害，亦可見矣。並見序校箋〔二四〕。

〔六〕天平，東魏孝静帝元善見年號。

〔七〕馮王寺爲馮熙所建，見卷一永寧寺校箋〔一七〇〕。齊獻武王寺，高歡所建也。

〔八〕元領軍，是元乂。乂曾任領軍將軍，故名。見卷一建中寺及魏書本傳。

〔九〕「寺」字，如本無，今依緑本補。劉長秋寺，即劉騰寺。劉騰曾任長秋卿，見卷一長秋寺及魏書本傳。

魏書閹官騰傳云：「洛北永橋，太上公、太上君及城東三寺，皆主修營。」

〔一〇〕閒，如本作「闕」，今依吴、王、緑、真意本改。按魏書七八逸士馮亮傳亦作「閑」。云：「亮既雅愛山水，又兼巧思，結架巖林，甚得棲游之適，頗以此聞。世宗給其工力，令與沙門統僧暹、河南尹甄琛等，周視嵩高形勝之處，遂造閑居佛寺。林泉既奇，營制又美，曲盡山居之妙。」唐李邕嵩嶽寺碑：「嵩嶽寺者，後魏孝明帝離宮，正光元年，牓閒居寺，隋仁壽一載改嵩嶽寺。」

〔一一〕栖，如本作「洒」，今依吴、王、真意、照本改。湯用彤佛教史：「就閒居、棲禪二寺之名言之，恐與嵩陽同爲禪僧所住也。」

〔一二〕中嶽嵩陽寺碑：「有大德沙門生禪師，隱顯無方，沈浮崧嶺，於太和八年（四八四）歲次甲子，建造伽藍，築立塔殿。」畢沅中州金石記云：「洛陽伽藍記，嵩高有嵩陽寺，即此是也。」

〔一三〕魏書馮亮傳：「延昌二年（五一三）冬，因遇篤疾，世宗敕以馬輿送令還山，居崧高道場寺。」

〔一四〕昇，如本作「升」，今依吴、王、真意本改。上、東，指嵩高山之上、東。中，嵩高中腰部也。

〔一五〕魏書釋老志：「景明（五〇〇至五〇四）初，世宗詔大長秋卿白整準代京靈巖寺石窟，於洛南伊闕山爲高祖、文昭皇太后營石窟二所。初建之始，窟頂去地三百一十尺，至正始二年（五〇五）中，始出斬山二十三丈。至大長秋卿王質，謂斬山太高，費功難就，奏求下移就平，去地一百尺，南北一百四十尺。永平（五〇八至五一二）中，中尹劉騰奏爲世宗復造石窟一，凡爲三所。從景明元年（五〇〇）至正光四年（五二三）六月已前，用功八十萬二千三百六十六。」此即舉世所知之龍門石窟營建之大略也。石窟寺，即其中之一也。

〔一六〕靈巖寺原在代京，已見上條引釋老志。此者蓋據代京仿造者也。按魏書出帝紀：「永熙二年正月己亥，車駕幸崧高石窟靈巖寺。」清嘉慶洛陽縣志：「所建龍門八寺，見於伽藍記者惟有石窟、靈巖二寺，餘六寺見於洛志者曰乾元、曰廣化、曰崇訓、曰寶應、曰嘉善、曰天竺，而奉先、香山不與焉。然奉先、香山據舊洛志亦建於後魏，則爲十寺。」

〔一七〕白馬寺，見卷四。

附録

附録説明

一、本書所附之北魏洛陽伽藍圖，乃據考古一九七三年四期發表之漢魏洛陽平面實測圖、及文物一九七八年七期之北魏洛陽郭城設計復原圖，比較楊衒之洛陽伽藍記所示有關地名寺宇，並參考他書擬繪而成，視此前諸圖爲翔實。

二、據考古鑽探所得，北魏洛陽乃一曲折不整齊之長方形古城。西垣殘長約四二九〇米，東垣殘長約三八九五米，北垣殘長約三七〇〇米，南垣被洛水沖瀉，敗壞無見，比諸内垣街長，得知長約二四六〇米。金墉城東西垣長約一〇四八米，南北垣寬約二五五米，爲一目字形。宮城則東西垣長約一三九八米，南北垣寬約六六〇米，佔全城面積約十分之一左右。永寧寺南北長約二九八米，東西寬約二一〇米。城内又有横道四，縱道四。既城門、靈臺、白馬寺等位置，猶歷歷如在目前，今對照洛陽伽藍記中諸寺觀方位，完全相符。足見楊衒之當時所記，爲一實地踏勘所得之資料。今書圖互證，相得益彰，彌見真實。

三、華林園及宫城千秋門以北部分之西遊園中，名勝殿宇太多，今圖紙太小，實不能一一列出，只標其要者，餘則讀者比勘之。

四、西域地址，今尚未有結論，無可靠輿圖使用；今取周祖謨書中宋雲使西域行程圖附載之，以爲讀書參照之便。

五、年表記事，乃綜合洛陽伽藍記、魏書、通鑑及時人之墓誌等資料，依年代前後次序編成。起自魏高祖太和十七年（四九三），止於東魏孝静帝武定八年（五五〇），凡五十八年。爲一有系統之記叙。知人論世，甚便省覽。

六、本書爲一地理書，又爲歷史之書，能使二者綰合而風神有自者，必其旨趣體例之特異也。竊嘗撰洛陽伽藍記之旨趣與體例一文，登新亞月刊一九八〇年十二月，一九八一年一月、二月諸期。兹重加訂正，附載於此，俾瞭解衒之書法體例之實。

洛陽伽藍記之旨趣與體例

一、引言

洛陽伽藍記既爲地理之書，亦一歷史之書，其於文學，更有深遠之影響力。故言此書旨例，須兼顧此三者爲書之方法及文體文理而定也。按此書乃楊衒之晚年捃摭舊聞，搜集故蹟，纂叙成書。綱目分張，文注並列，最有體段。自趙宋以來，以鈔刻失慎，文注混爲一色，於是文章枝蔓繁衍，殊失風神；旨趣書法，因亦隱晦。今探勘舊書，比較同異，審其本旨，以定此篇；雖不能盡發衒之作書之實，而愚者一得，亦博大雅君子之一笑云爾。

二、洛陽伽藍記之版本

洛陽伽藍記今傳版本，以明如隱堂本爲最古。趙萬里云：「此書蓋爲長洲人陸采所刻，范氏天一閣藏書中，有采所著天池山人小藁，内有如隱草堂之名，此伽藍記之板刻字樣，正類蘇州刻本。」（注一）其言是矣。周祖謨云：「按如隱草堂名，見小藁壬辰藁卷末，馮桂芬蘇州府志卷八十六云：『采爲嘉靖進士陸粲之弟，從都穆學古文詞，於文尤喜六代，爲諸生，累試不第。』」則此書出於明嘉靖間無疑也。原刻已不易見，唯北京大學圖書館中有之，在李木齋書中，無清人書鈐；今所易見者，有董康刻本及四部叢刊三編影印本，殆皆據原書翻雕，爲今傳洛陽伽藍記中最古最善之本也。其另一較古者，爲明萬曆間吴琯所刻之古今逸史本，欵式與如隱本相同，文字之間，稍有異别，而失古意，較之精善，則不若陸采之本。或其原書來歷不同，或經吴琯校改，不得而知也。此下所見之毛氏汲古閣所刻之津逮秘書本，清乾隆間王謨輯校之漢魏叢書本，嘉慶間張海鵬所刊之學津討源本，及吴自忠所刊之真意堂叢書活字本，即無一不爲陸采、吴琯之後裔矣。蓋王謨出自逸史，學津據津逮翻雕，真意則取津逮、王謨之長以成書。大抵皆不失原書面貌，甚可窺測楊衒之爲書之旨例。自道光間吴若準集證本分列文注之後，此下唐晏之鈎沈本，近人范祥雍之校注本，周祖謨之校釋本，徐高阮之重刊本，相率仿效，無不割裂原書，支離破碎，面目全非。時人文章之體製既失，名家之筆意不傳矣。

如隱堂本，葉十八行，行十八字，字體勁秀，實是明人氣格。趙萬里所謂正類蘇州刻本，其言不虚。全書五卷，卷二闕四、九、十八三葉，毛斧季云：「如隱堂本内多缺字，第二卷中脱三紙，好事者傳寫補入，人各不同。」（注二）今李氏舊藏之原刻本、四部叢刊影印本及董康刻本皆然。董云：「從吴氏真意堂補此三葉。」（注三）按真意本第七葉「受業沙門亦有千數」下，有「趙逸云暉文里是晉馬道里」十一字。今此三本皆在「高門洞開」下，則董康云云，未必真實。且真意本趙逸云云之下，又重出「李韶宅是晉司空張華宅」十字，則真意本又不如所補本之雅善也。或原刻早有脱落，所據者别有佳本耶？然則，如隱、吴琯二本小失雖多，大體與古製最近，欲得衒之爲書旨例，其捨此二書莫求焉。

三、洛陽伽藍記之旨趣

按此書隋書經籍志歸史部地理類，唐書經籍志同；新唐書藝文志則入子部道家類，蓋時人目釋氏爲道家也。此下鄭樵通志、尤袤遂初堂書目、晁公武讀書志、陳振孫書録解題，或入釋家，或入地理不一；至清四庫總目又列入史部地理類，先賢固以爲地理之書也。余以此書雖以記伽藍爲名，實則叙録當代史蹟，上自太和，下至永熙，四十年間，北魏風物，家國大事，無不備書。唯筆意婉微，言簡而賅，顔曰「伽藍記」者，亦心存遮蔽，用護其書，左氏之筆法也。

衒之序曰：「至武定五年，歲在丁卯，余因行役，重覽洛陽。城廓崩毁，宫室傾覆，寺觀灰燼，廟塔丘墟，牆被蒿艾，巷羅荆棘。野獸穴於荒階，山鳥巢於庭樹。遊兒牧豎，躑躅於九逵，農夫耕老，藝黍於雙闕。麥秀之感，非獨殷墟，黍離之悲，信哉周室。」所謂「麥秀之感」、「黍離之悲」者，其有祖國沉淪之痛也。衒之序又曰：「逮皇魏受圖，光宅嵩洛，篤信彌繁，法教愈盛。王侯貴臣，棄象馬如脱屣，庶士豪家，捨資財若遺跡。於是招提櫛比，寶塔駢羅；爭寫天上之姿，競摹山中之影。金刹與靈臺比高，廣殿共阿房等壯。豈直木衣綈繡，土被朱紫而已哉！」當時王公貴臣之佞佛，士庶豪家之奉教，比比可見。北魏所以亡，其亡於奉佛太過也耶？唐釋道宣廣弘明集六滯惑解篇曰：「楊衒之見寺宇壯麗，損費金碧，王公相競，侵漁百姓，乃撰洛陽伽藍記，言不恤衆庶也。」可謂深得衒之作書之旨。衒之序又曰：「然寺數最多，不可遍寫，今之所録，止大伽藍；其中小者，取其詳世諦事，因而出之。」則何以兼載中小伽藍之意亦著明矣。大伽藍者，固爲本書所欲叙録之中心，若明世事真相，非加録中小伽藍不可；蓋大伽藍所涉人物有限，不能盡發爲書之本旨也。兹歸其要者，約有十餘端。

一、書中言諸王及太后内爭之事特詳。卷一建中寺曰：「熙平初，明帝幼沖，諸王權上，太后貪秉朝政，拜元乂爲侍中，總禁兵。正光中，元乂專權，幽隔太后永巷。孝昌二年，太后反政，遂誅乂等。」又永寧寺云：「建義元年，明帝幼崩無子，太后乃立未言之兒以臨天下。太原王爾朱榮與并州刺史元天穆共行廢立之事，以長樂王子攸爲莊帝。榮入洛，盡誅百官王侯公卿二千餘人。永安二年五月，莊帝北巡，北海王元顥入洛稱帝。七月太原王命爾朱兆擊顥。顥敗，與數千騎奔蕭衍，途中被弑。永安三年九月，帝詐言産太子，召榮、穆，因併誅之。榮部將爾朱世隆北上立長廣王曄，擒莊帝。卷三平等寺云：爾朱世隆以長廣王本枝疏遠，政行無聞，逼禪與廣陵王恭，恭與世隆不協。世隆既專擅國權，天子拱己南面而已。以上所列，實當時内爭之主要人物，亦北魏亡滅之主要因素也。

二、書中對閹寺之婬穢，頗加譏刺。卷一昭儀尼寺云：「太后臨朝，閽寺專寵，宦者之家，積金滿室。是以蕭忻云：『高軒斗升者，盡是閹官之嫠婦；胡馬鳴珂者，莫不黄門之養息也。』」卷二魏昌尼寺，云爲閹官瀛洲刺史李次壽所立。景興尼寺，云爲閹寺等所共立。卷五凝玄寺，云爲閹官濟州刺史賈璨所立。故卷四宣忠寺云：「時閹官伽藍，皆爲尼寺，唯桃湯所建僧寺，世人稱之英雄。」言外之意，閹寺之與尼人有不尋常之關係焉。其時閹寺既爲社會所不恥，而尼人不修道行，人大輕薄之，是故卷一瑶光寺云：永安三年，其寺爲爾朱兆所掠，胡騎數十人入寺婬穢，京師語曰：「洛陽女兒急作髻，瑶光寺尼奪作壻。」詞情微妙，趣味不已。沙門之濫如此，國政朝綱可知，國家焉有不亡者！

三、衒之亦頗譏王侯之侈豪。卷一建中寺云：「本是閹官劉騰宅，屋宇奢侈，梁棟踰制，一里之間，廊廡充溢。堂比宣光殿，門匹乾明門。博敞弘麗……所謂仙居也。」卷二正始寺云：「司農張倫，齋宇光麗，服玩珍奇，車馬出入，逾于邦君。園林山池之美，諸王莫及。倫造景陽山，有若自然。」卷三高陽王寺云：「雍貴極人臣，富兼山海，居止第宅，匹于帝宫……僮僕六千，妓女五百，隋珠照日，羅衣從風，自漢晉以來，諸王豪侈，未之有也。」又云：「尚書令李崇亦富傾天下，僮僕千人。」卷四沖覺寺云：「清河王懌，第宅豐大，踰於高陽，西北有樓，出凌雲臺，俯臨朝市，目極京師，古詩所謂『西北有高樓，上與浮雲齊』者也。」至其交游，則「芳醴盈罍，佳賓滿席。可使梁王愧兔園之遊，陳思慙雀臺之燕。」又法雲寺云：「壽丘里皆皇宗所居，帝族王侯，外戚公主，擅山海之富，居川林之饒，爭修園宅，互相誇競。崇門豐室，洞户連房，高臺芳榭，家家而築，花林曲池，園園而有；而以河間王琛最爲豪首，常與高陽爭衡。造文栢堂，形如徽音殿。置玉井金罐，以五色繢爲繩，妓女三百人，盡皆國色。駒馬以銀爲槽，金爲鎖環。諸王服其豪富。琛常會宗室，陳諸寶器，府庫充積，多錦罽珠璣，不可計數。謂章武王融曰：「不恨我不見石崇，恨石崇不見我！」融不覺生疾。還家卧三日不起。江陽王繼來省疾，謂曰：「卿之財産，應得抗衡，何爲嘆羨以至於此！」融曰：「常謂高陽一人寶貨多融，誰知河間，瞻之在前！」詞情奮動，極言諸王豪侈貪婪之能事矣。故於壽丘里末幅又曰：「經河陰之役，諸元殲盡，王侯第宅，多題爲寺。」其爲志欲無限者明戒也。

四、以上所書，皆是實録；雖詞多誇競，而意態顯實，所謂直筆也邪。至於藉題發揮，讖語隱喻，亦多見於書。其言史官之失者，則託趙逸以明之。卷二建陽里下曰：「時有隱士趙逸，云是晉武時人，晉朝舊事，多所記録。正光初，來至京師」，「云『自永嘉已來，二百餘年，建國稱王者十有六君，皆遊其都邑，目見其事。國滅之後，觀其史書，皆非實録。莫不推過於人，引善自向。苻生雖好勇嗜酒，亦仁而不煞；觀其治典，未爲凶暴；及詳其史，天下之惡皆歸焉。苻堅自是賢主，賊君取位，妄書生惡。凡諸史官，皆是類也。』」

五、又譏當時構文之士，妄言傷正，華辭損實者。同前又云：「人皆貴遠賤近，以爲信然。當今之人，亦生愚死智，惑已甚矣。人問其故，逸曰：『生時中庸之人耳，及其死也，碑文墓志，莫不窮天地之大德，盡生民之能事。爲君共堯舜連衡，爲臣與伊皋等跡，牧民之官，浮虎慕其清塵，執法之吏，埋輪謝其梗直。所謂生爲盜跖，死爲夷齊！』」衒之針砭，非屬無故。觀爾朱文略遺魏收金，請爲其父作佳傳，故收論爾朱榮比美伊霍，見北齊書四十八爾朱文暢傳。今楊衒之之於爾朱榮也，則貶其不忠不孝，於國又無功者。卷二平等寺曰：「贈太原王相國、晉王，加九錫，立廟於芒嶺首陽。上舊有周公廟，世隆欲以太原王功比周公，故立此廟。廟成，爲火所災，有一柱焚之不盡，後三日雷雨，震雷霹靂，擊爲數段，柱下石及廟瓦皆碎於山下。復命百官議太原王配饗，司直劉季明議云不合。世隆問其故，季明曰：『若配世宗，於宣武無功；若配孝明，親害其母；若配莊帝，爲臣不終，爲莊帝所戮。

以此論之，無所配也。』世隆怒曰：『卿亦合死！』季明曰：『下官既爲議臣，依禮而言，不合聖心，俘翦惟命。』議者咸嘆季明不避强禦，莫不嘆服焉。」謂「廟爲火所災，有一柱焚之不盡，後三日爲雷霹爲數段，柱石皆碎於山下」云云，其天欲誅此雄奸大逆，而至於此極之意明矣。又季明議配，時人嘆服數語，最見公意之實。衒之狀物之妙，雖史遷復生，亦不多也。

六、衒之於胡太后之愚昧貪殘，則以寶公之言遥寄其意。卷四白馬寺云：「有沙門寶公者，不知何處人也。形貌醜陋，心識通達，過去未來，預覩三世，發言似讖，不可得解，事過之後，始驗其實。胡太后聞之，問以世事。寶公曰：『把粟與雞呼朱朱。』時人莫之能解。建義元年，后爲爾朱榮所害，始驗其言。」胡后好弄權柄，喜以利啖人，此無異把粟呼雞，引爾朱以自噬也。讖辭隱喻，諧語譏戒，亦屬左氏。

七、當時佛教雖盛行，而僧徒殊非静行苦修之輩，或行存浮險，或心懷貪淩。衒之雖嘗啓奏朝廷，加以整飭，見廣弘明集卷六滯惑解篇。於此，又藉閻羅王之言以諷之。卷二崇真寺云：「崇真寺比丘慧凝，死一七日還活，經閻羅王檢閱，以錯名放免。慧凝具説過去之時，有五比丘同閱。一比丘是寶明寺智聖，坐禪苦行，得升天堂。有一比丘是般若寺道品，以誦四十卷涅槃，亦升天堂。有一比丘云是融覺寺曇謨最，講涅槃、華嚴，領衆千人。閻羅王云：『講經者心懷彼我，以驕凌物，比丘中第一麤行。今唯試坐禪、誦經，不問講經。』其曇謨最曰：『貧道立身以來，唯好講經，實不諳誦。』閻羅王勅付司。即有青衣十人送曇謨最向西北門。屋舍皆黑，似非好處。有一比丘是禪林寺道弘，自云教化四輩檀越，造一切經，人中金像十軀。閻羅王曰：『沙門之體……不干世事，不作有爲。雖造作經像，正欲得它人財物；既得它物，貪心即起；既懷貪心，便是三毒不除。具足煩惱。』亦付司。仍與曇謨最同入黑門。有一比丘云是靈覺寺寶明，自云出家之前，嘗作隴西太守，造靈覺寺成，即棄官入道；雖不禪誦，禮拜不缺。閻羅王曰：『卿作太守之日，曲理枉法，劫奪民財，假作此寺，非卿之力，何勞説此。』亦付司。青衣送入黑門。」此痛斥當時比丘中之虚妄，不尚禪誦，好經論之意也。亦見北朝佛教重苦修、誦經，其與南朝沙門以名理見勝者有别也。故篇末議云：「人死有罪福，即請坐禪僧一百人，常在殿内供養之。詔『不聽持經像沿路乞索；若私有財物造經像者，任意。』」

八、其於社會風化，多存懲戒之意。卷四法雲寺曰：「京兆人韋英早卒，其妻梁氏不治喪而嫁，更納河内人向子集爲夫。雖云改嫁，仍居英宅。英聞梁氏嫁，白日來歸，乘馬將數人至於庭前，呼曰：『阿梁，卿忘我也！』子集驚怖，張弓射之，應絃而倒，即變爲桃人。所騎之馬，亦變爲茅馬。從者數人，盡化爲蒲人。梁氏惶懼，捨宅爲寺。」

九、又假野狐逞兇，以戒好色淫蕩者。法雲寺又曰：「有輓歌孫巖，娶妻三年，不脱衣而卧。巖因怪之，伺其睡，陰解其衣。有毛長三尺，似野狐尾。巖懼而出之。妻臨去，將刀截巖髮而走；鄰人逐之，變成一狐，追之不得。其後京邑被截髮者一百三十餘人。初變婦人，衣服靚妝，行於道路，人見而悦近之，皆被截髮。當時有婦人着綵衣者，人皆指爲狐魅。熙平二年四月有此，至秋乃止。」

十、書中對夷夏之辨甚嚴。卷五凝玄寺云「嚈噠國爲四夷之中，最爲强大」者。宋雲自稱則曰「大魏使人」。至烏場國，國王見宋雲云：「大魏使來，膜拜受詔書，聞太后崇奉佛法，即面東合掌，遥心頂禮。」王又問彼國出聖人否？宋雲具説周孔莊老之德，管輅、華陀、左慈之事。其國王曰：「若如卿言，即是佛國，我當命終，願生彼國。」又宋雲至乾陀羅國，其國王兇慢無禮，坐受詔書，則謂其「王是夷人，不可以禮責」。此外書中書「夷狄」、「中夏」、「諸夏」者多見，凡諸言「夷」字「禮」字者，此春秋以夷禮則夷之，進於中國則中國之，所謂内諸夏，外夷狄之義也。其於西域道俗，一律稱胡人或胡者，亦此之意也。

十一、又於重北輕南，成見最深。卷二景寧寺稱張景仁、陳慶之、蕭彪爲「南人」、爲「吴兒」者數見，又云慶之還奔蕭衍，仍欽重北人，且曰：「自晉宋以來，號洛陽爲荒土，此中謂長江以北，盡是夷狄；昨至洛陽，始知衣冠士族，並在中原。禮儀富盛，人物殷阜，目所不識，口不能傳。所謂帝京翼翼，四方之則。如登泰山者卑培塿，涉江海者小湘沅。北人安可不重。」慶之因此羽儀服式，悉如魏法。卷二報德寺云，王肅好茗，人則譏爲漏巵。又以羊比齊魯大邦，魚比邾莒小國。時人號茗飲爲酪奴。朝貴讌會，雖設茗飲，皆耻不食。皆極卑視輕薄南人之至。又卷三高陽王寺云：「荀子文住中甘里，李才謂其住城南，以城南有四夷館也。」於此竟於「南」字亦不欲言。又卷四追先寺載東平王略，稱洛中之盛曰：「臣在本朝之日，承乏攝官，至於宗廟之美，百官之富，鴛鸞接翼，杞梓成陰，如臣之比，趙咨所云車載斗量，不可數盡。」言北方人材之盛，意氣有如此者。又卷二明懸尼寺，斥劉澄之山川古今記、戴延之西征記之虛妄云：「彼等並生在江表，未游中土，假因征役，暫來經過，至於舊事，多非親覽，聞諸道路，便爲穿鑿，誤我後學，日月已甚。」視南士之士，讀書著敘之輕忽，有若「顯處之觀月」焉。

十二、書中稱齊、梁爲「僞」（卷三景寧寺），或「僞齊」（卷三報德寺及出宣陽門下），或「僞梁」者（卷四追先寺），亦數見，此衒之魏臣，以魏爲正統也。

十三、又於叙事之外，屢有議論，其「衒之曰」云云，猶左氏之「君子曰」也。卷一永寧寺，云爾朱兆自雷陂涉渡而擒莊帝，則有衒之曰：「昔光武受命，冰橋凝於滹水，昭烈中起，的盧踊於泥溝。皆理合於天，神祇所福；故能功濟宇宙，大庇生民。若兆者，蜂目豺聲，行窮梟獍，阻兵安忍，賊害君親，皇靈有知，鑒其凶德！反使孟津由膝，贊其逆心。易稱『天道禍淫，鬼神福謙』。以此驗之，信爲虛説。」此史遷之嘆伯夷，雖天道亦有所不公者，蓋釋歷史演進中之變態也。卷四宣忠寺言：「永安末，莊帝謀殺爾朱榮，請計於城陽王徽。及爾朱兆擒莊帝，徽投寇祖仁家，賫金一百斤，馬五十匹。祖仁利其財貨，遂斬送之。」衒之則以爲「匹夫無罪，懷璧其罪」也。及徽增金馬夢兆，兆乃發怒捉祖仁，懸首高樹，鞭捶之及於死，時人以爲交報。於是又有楊衒之云：「崇善之家，必有餘慶，積禍之門，殃所畢集。祖仁負恩反噬，貪貨殺徽，徽即託夢增金馬，假手於兆，還以斃之。使祖仁備經楚撻，窮其塗炭，雖魏侯之笞田蚡，秦主之刺姚萇，以此論之，不能加也。」此釋歷史演變中之常態也。皆寓意懲戒，用心良苦，本諸儒家，左氏之遺法也。至於時人之嘉言懿行，尤存褒獎之意。如卷一永寧寺之常景、景林寺之盧白頭，卷二崇真寺之劉宣明，卷三景明寺之邢子才，卷四法雲寺之王彧，無不奮筆壯書，闡揚明德。書中所列甚多，讀者取觀焉。

四、洛陽伽藍記之體例

上述伽藍記之版本、書法既竟，此則試言其體例焉。如隱堂本，序在前，次之者，城門表也。又次爲城内、城東、城南、城西、城北各一卷，合爲五卷。衒之序曰：「先以城内爲始，次及城外；表列門名，以遠近爲五篇。」其言與此吻合，蓋初出之本即是如此。大體以一寺爲一首，每首先叙寺名，次言何年何人所立，及在何坊里，里内之重要人物。次言寺之構置，浮圖之建立，並珍禽奇卉，靈異怪誕之事。至於歷史事蹟，而與該寺攸關者，則依年代先後，順序録之。以地輿爲經，史事爲緯，互相交織，穿插成文。他若時人傳狀，名勝古跡，亦相次入書。第一行高一格書，餘則一律平行。四庫提要言其「綱領體例，絶爲明晰」者，是也。原書有文有注，「注列行中，如子從母。」（注四）則文注本是合體而行。自趙宋以來，或傳鈔失慎，或轉刻未審，以至子母相混，今則不可辨矣。唐劉知幾史通卷五補注篇云：「亦有躬爲史臣，手自刊補，雖志存賅博，而才闕倫叙。除煩則意有所悋，畢載則言有所妨。遂乃定彼榛楛，列爲子注。若蕭大圜淮海亂離志、楊衒之洛陽伽藍記、宋孝王關東風俗傳、王邵齊志之類是也。」衒之之書，劉知幾作史通之時，尚是文注分列，故言之如是鑿鑿。今楊書文注既混爲一色，而蕭大圜等書又不在人間，不知楊書文注果何如也。有能分辨此書之實者，文章脈絡神情必遠勝於前矣。故清人顧廣圻乃欲如全謝山之治水經，分辨此書。思適齋文集一洛陽伽藍記跋略云：「予嘗讀史通補注，知此書原用大小字分别書之，今一概連寫，是混注入正文也。意欲如全謝山治水經注之例，改定一本；惜牽率乏暇，汗青無日，爰標識於最後。世之通才，倘依此例求之，於讀是書，思過半也矣。」顧氏用意至佳，貿然依附全謝山之治水經，則不知楊書體例與水經注頗有不同也。此後遂有三江吴若準洛陽伽藍記集證出，即照顧氏之説成書，一時推爲佳製。實則正文子注標準不一。或云正文太簡，子注過繁，亦是皮相之言。於是又有唐晏鈎沈之作，正文則比吴書爲多，其條例不經，甚者第五卷子注亦誤入正文，殊不合楊書之實。然則此書子注之難分，非水經注之可比也。故范祥雍洛陽伽藍記校注，即不復分别文注，止有分段，然其所分段落，又與唐本子注相近，意所分列者，即正文子注之别也。一九五九年周祖謨洛陽伽藍記校釋出，亦爲重别文注。校釋之勞，不亞范本，文注之分，猶是集證、鈎沈之儔亞，而與鈎沈尤近（注五）。然其根據開元釋教録分析條例，最爲明智，可謂一大發明；但以法苑珠林爲據，則有欠週思也。蓋珠林爲經删改之書，竄訂增削，自有準的，門類既多，來源不一。就伽藍記卷五所引雀離浮圖「此塔初成，用珍珠爲羅綱，覆於其上」，至「勞煩後賢，出珠修治」一節，筆法實與上下文一色，而珠林未引，周本遂以爲注文，此大誤也。則止顧條例，不顧實情也。殊不知衒之初成此篇，所用資料，正如伽藍記末幅所叙「惠生行記，事多不盡録，今依道榮傳、宋雲家記，故並載之，以備缺文」也。足見當時所取資料，不止道榮傳耳。故珠林所未引者，未必即原書所無。反言之，珠林所引者，亦未必即據伽藍記一書也。故不能據以爲例。是則珠林不能等同釋教録並視也。一九五九年中研院徐高阮重刊本出，觀其條例詳明，然施之書中，前後頗有牴牾，但爲諸本之冠耳。固知前賢之作，理論頗爲動聽，而文章辨别，識力殊難顯現體裁也。

今按四庫提要曰：「武定五年，衒之行役洛陽，感念廢興，因捃拾舊聞，追叙故蹟，以成其書。」衒之成書始末大體如此。故余以爲審訂此書體例，如隱堂本、吴琯本固爲可依之根據，而前賢之書如開元釋教録、法苑珠林等，其間亦有消息可尋，而不可視爲絶對正確資料。今楊書細節雖難以辨，而綱領整齊，體制分明，文理亦瞭然，此爲分别文注之最可靠最實在依據。疑其作注之前，必成簡明之草本；或依時人類是之書，加以整飾而入注文也。隋志有劉璆京師寺塔記十卷，録一卷，又有釋曇宗京師寺塔記二卷。雖此二書成於楊書之後，又焉知楊書之前無有此等類似之古籍？釋教録爲唐人所修，而所取資料，殆亦楊書所據之舊典。今以釋教録卷六沙門菩提留支條與伽藍記對勘，固知伽藍記、釋教録之間自有淵源，絶非釋教録根據伽藍記而造也。

開元釋教録卷六沙門菩提留支條曰：

其寺（即永寧寺，上略）本孝明皇帝熙平元年靈太后胡氏所立，在宫前閶闔門南御道之東。

伽藍記卷一永寧寺云：

永寧寺，熙平元年靈太后胡氏所立也。在宫前閶闔門南一里御道西。其寺東有太尉府，西對永康里……即四朝時藏冰處也。

按「其寺東」至「即四朝時藏冰處也」云云，此爲釋教録所無。周祖謨云：「此書凡記伽藍者爲正文，涉及官署者爲注文。」（注六）其言是矣。蓋釋教録所本，永寧寺在御道之東，既經衒之查勘，於知爲在御道之西，是以詳加注釋，辨明方位，列諸官署所在，此原書所無，衒之加入新訂者，其爲注文之明證，是一例也。

又釋教録云：

東西兩門例皆如此，所可異者，唯樓兩重，北門通道，但路而置，其四門外，樹以青槐，亘以渌水，京師行旅，多庇其下。路斷飛塵，不由渰雲之潤；清風送涼，豈藉合歡之發。乃詔中書舍人常景製寺碑文，故云須彌寶殿，兜率淨宫，莫尚於斯是也。

伽藍記云：

東西兩門，亦皆如之，所可異者，唯樓二重。北門一道不施屋，似烏頭門。四門外，樹以青槐，亘以緑水，京邑行人，多庇其下。路斷飛塵，不由渰雲之潤；清風送涼，豈藉合歡之發。詔中書舍人常景爲寺碑文。景字永昌，河内人也。敏學博通……給事封暐伯作序行於世。

按伽藍記於「常景爲寺碑文」處，繫有常景傳文，此釋教録所無，爲衒之所加者也。周祖謨又云：「其所載時人之事蹟與民間故事者爲注文。」蓋正文簡要，但及某人爲止，而子注詳實，自必細細具之，此例之三也。又伽藍記將「須彌寶殿，兜率淨宮，莫尚於斯也」等句，上移「布護階墀」下，衡諸文理，實不自然。須彌、兜率，乃狀四門外之建構，言其若須彌山之盛，若兜率宮之勝也。釋教録繫此是矣。若置於「布護堦墀」下，則狀僧房之麗矣，與原意不切。此衒之之失，亦欲於常景處繫以傳文，而不得不割此三語置於前也。於知衒之之前，釋教録所據者，本有舊書，而非據楊書而成之明證也。

又釋教録云：

寺既初成，明帝及太后共登浮圖，視宫中如掌内。下臨雲雨，上天清朗，以見宫中事，故禁人不聽登之。

伽藍記云：

裝飾畢功，明帝與太后共登浮圖；視宫内如掌中，臨京師若家庭，以其目見宫中，禁人不聽升。衒之嘗與河南尹胡孝世共登之，下臨雲雨，信哉不虚。

按伽藍記「衒之」云云數語，又爲釋教録所無，周祖謨云：「有衒之案語者，亦爲注文。」今伽藍記有「下臨雲雨，信哉不虚」句，想必衒之先讀如釋教録所載之「下臨雲雨，上天清朗」之本，及與河南尹共登此塔，但覺飄然空際，因有「信哉」之嘆；不然，何來「不虛」之感。因知今本釋教録所據者，亦伽藍記所據之舊典。伽藍記既經衒之潤飾，筆趣雖佳，而斧跡未去，其爲後出之書無疑。此例之三也。

書中有一「注」字，頗啓後人之疑。卷五凝玄寺云：「凝玄寺，閹官濟州刺史賈璨所立也。在廣莫門外一里御道東，所謂永平里也。注：即漢太上王廣處。」按「注」下八字，各本皆然。「漢太上王廣」，究是何人？今不可考，殆爲「漢太上王庿」之訛。「庿」，古文「廟」字，沿寫既久，訛爲「廣」字耶？唯此「注」字，實全書之僅存者。張宗祥合校本云：「衒之此記，本身有注，不知何時併入正文，遂至不能分別，此注字之幸存者。」又於附録唐晏鈎沈本云：「此處注字幸存，即『漢太上王廣』六字，明係注文，不得誤入正文。」於是陳寅恪讀洛陽伽藍記書後又云：「張君合校本最晚出，其於楊書第五卷舉出幸存之注字，尤見讀書之精審，不僅可以糾正唐氏之違失也已。然竊有所不解者，吳唐二氏所分析之正文與子注，雖不與楊書原本符合，而楊書原本子注亦必甚多，自無疑義。若凡屬子注悉冠以注字，則正文之與注文分別瞭然，後人傳寫，轉應因此不易淆誤；今之注文混入正文者，正坐楊書原本其子注大抵不冠以注字，故後人傳寫牽連，不可分別，遂成今日之本。張君所舉之例，疑是楊書原本偶用注字，後人不復删去，實非全書子注悉以注字冠首也。」今按此一「注」

字，殆後人校讀此書之時，隨意加入者，決非作者偶然用一「注」字，或後人删之未盡，爲其幸存之字。大抵明人校刻此書，見此歧出之文，與上下文義不協，加一「注」字耶？蓋唐前文注既分列，自不必加此「注」字以别之，宋以後文注既混合，校讀此書者，求一「注」字已不可得，何又删去别處之「注」字耶？又卷二秦太上君寺條曰：「秦太上君寺，胡太后所立也。……太傅李延實者，莊帝舅也，永安年中，除青州刺史，臨去奉辭，帝謂實曰：『懷甎音專下同之俗，世號難治。……』」按此「音專下同」四字，亦屬全書獨一無二之怪例。如隱堂本作小字靠右書寫，古今逸史本作小字雙行並刻，意此小字爲「甎」字之音注也。此殆與卷五凝玄寺「注」字爲同時之人所作。然察此等句法，實是孤懸天外，獨立無依者，其爲子注實矣。書中如此者尚多，如卷一長秋寺「即是晉中朝時金市處」，至「冬則竭矣」二十三字，及卷二瓔珞寺「即中朝時白社地，董威輦所居處」十三字，皆與卷五例同，爲子注無疑。凡此句法，與上下文意重複，氣脈又不連貫者，此注例之四也。

又卷五凝玄寺，自「神龜元年十一月冬」以下，至「胡字分明，於今可識焉」，皆是子注。徐、周本未識此一長篇文章，與卷四永明寺下「西域遠者」云云以下一段，筆法正同。既定卷四者爲注文，而定此爲正文，其真不知文章體裁爲何物矣。故卷五中諸道榮傳云云，及諸按語，實是注文並載之筆，注疏之體正是如此，不當視爲注中之注，此例之五也。

六朝學術發達，注疏之業大盛，影響所及，文章體裁爲之枝蔓，牽連襯托附益之筆多見。雖然，而文理氣勢，仍渾然一體也。故審定衒之之書，當先察其綱緯所在，然後舉其細節子目，方合實情。其書大抵以地理爲綱，以歷史爲緯；正文簡要，順序而書，子目繁複，時間有與綱領例逆者。如卷一建中寺，先叙寺之建置變故，節節明實，自「劉騰宅東」至「東至閶闔宫門是也」乃是子注，此即周祖謨所謂「涉及官署者」之例也。再及永康里，帶出領軍將軍元乂之史事，於是由正光而孝昌，文簡而年代順行，條貫整齊。然其「乂是江陽王繼之子，太后妹婿，熙平初」云云，則與正光、孝昌倒逆矣。衒之大才，叙事豈有如是紊亂者。又其下建明題寺，與起首普泰年代爲逆。意重而時序顛倒，其爲子注後來加入者明矣。此一具體證據，前人尚未發現，今特詳之，可謂正文子注之分水嶺，亦辨别文注之不二法門。又卷二平等寺前段，文章本極倫序，無有紊亂，然自「世隆逼禪與廣陵王恭」以下，事既繁複，其正光爲黄門，永安遁上洛，則與上文孝昌、正光、建明時間倒置矣。又卷三大統寺，自「虎賁駱子淵」以上，言正光造靈臺，孝昌有妖賊，皆有倫序者，然自「虎賁」以下，又有「昔孝昌年」一語，則與上文「孝昌初」重複矣。珠林引云「出自洛陽寺記録」，豈是衒之見洛陽事記録之後，再書加入正文邪？書中類此注文多是，其爲子注之例不可破矣。此其六也。

綜上所述，大抵衒之之書，以地理爲經，以史事爲緯。先成正文，後入子注。正文簡要，子注繁複。綱領整飾，層次分明。讀者若以自心合書心，文理體裁自可得之矣。若強書心合我心，則我心既先有所主，而書心未必處處合於我矣。兹歸其條例，凡有六端：

一、此書凡記伽藍者爲正文，涉及官署者爲子注。

二、正文簡要，但及某人某事而止，後不重舉；注則多旁涉，又必重舉。

三、有衒之案語者爲注文。

四、歧出贅句，與上下文意重複，文氣又不貫通者爲子注。

五、卷五道榮傳云云及諸按語，此是注文並載之筆，不當視爲注中之注。

六、正文順序而書，條貫有序，遇有時代與上下文倒逆者，必爲子注。

然則文章天成，高下由心，又不能硬性機械一概而言，要視文體文理神氣而定。順理成章，脈絡自然而已矣。

丙辰冬初稿沙田會友樓，庚申秋訂正九龍寓打老道山居，發表於新亞生活月刊一九八〇年十二月十五日期，一九八一年一月十五日期及二月十五日期，辛酉冬重訂於日本京都之了蓮寺。壬戌八月廿五日楊勇記。

附注：

一、周祖謨洛陽伽藍記校釋敍例一。

二、李葆恂重刊吴若準集證本後清毛扆跋。

三、乙卯董康刻本跋。

四、史通補注篇劉自注子注之意。

五、徐高阮洛陽伽藍記重刊本跋。

六、周祖謨洛陽伽藍記校釋敍例五。

年表

魏自道武登國至高祖延興，爲八十六年。伽藍記所述者皆高祖太和以後事，故以前不録。此表下至北齊稱帝止，凡五十八年。

公元	北魏紀年	南朝紀年	重要記事
493	高祖孝文帝（拓跋宏）　太和 17	齊武帝（蕭賾）　永明 11	十月，詔穆亮、李沖、董爵等營洛都。
494	18	齊明帝（蕭鸞）　建武 1	齊秘書丞王肅歸魏，於魏大有裨益。
495	19	2	自平城遷都洛陽。帝次金墉城。
496	20	3	詔改姓元氏。
497	21	4	
498	22	5	
499	23	齊東昏侯（蕭寶卷）　永元 1	四月帝崩，年三十三。
500	世宗宣武帝（元恪）　景明 1	2	武帝，孝文帝第二子。彭城王元勰爲司徒録尚書事。

續表

公元	北魏紀年	南朝紀年	重要記事
501	2	3　齊和帝（蕭寶融）中興 1	王肅卒。十一月，改築圜丘於伊水之陽。齊建安王蕭寶夤降魏，爲築宅歸正里。
502	3	2　梁武帝（蕭衍）天監 1	
503	4	2	
504	5　正始 1	3	十一月，營繕國學。十二月，高陽王元雍爲司空尚書令。詔勑常景等刊定律令。
505	2	4	
506	3	5	
507	4	6	
508	5　永平 1	7	九月，元勰爲高肇所害。
509	2	8	一月，嚈噠、薄知朝魏，貢白象一。十一月，帝於式乾殿爲諸僧朝臣講《維摩詰經》。
510	3	9	
511	4	10	

公元	北魏紀年	南朝紀年	重要記事
512	5 延昌 1	11	高肇爲司徒。清河王元懌爲司空。
513	2	12	
514	3	13	
515	4	14	一月，帝崩，年三十三，子詡，六歲即位。九月，胡太后臨朝稱制，親覽萬機。
516	肅宗孝明帝（元詡） 熙平 1	15	明帝，宣武帝第二子。胡太后立永寧寺，並拜元乂爲侍中，領軍左右。
517	2	16	二月，帝與太后共登永寧寺浮圖。四月，皇太后至伊闕石窟寺。八月，高陽王雍入居門下，參決政事。
518	3 神龜 1	17	十一月冬，太后遣宋雲、惠生使西域求佛經。
519	2	18	七月，惠生等入朱駒波國。八月，入漢盤陀國。九月，入鉢和國。十月，至嚈噠國。十一月，入波斯國。十二月，入烏場國。

續表

公元	北魏紀年	南朝紀年	重要記事
520	3 正光1	普通1	四月，惠生等入乾陀羅國。七月，侍中元乂、劉騰幽胡太后於北宮，殺太傅清河王元懌。八月，中山王元熙舉兵欲誅元乂，事敗見殺。九月，蠕蠕主阿那肱朝魏。趙逸來至京師。
521	2	2	廣陵王恭爲黄門侍郎，見元乂秉政，佯啞。
522	3	3	宋雲、惠生自西域還。造明堂。
523	4	4	梁西豐侯蕭正德來降，爲築宅歸正里。劉騰卒。太尉汝南王元悦與丞相高陽王雍參決政事。崔光卒。
524	5	5	蕭寶夤、崔延伯率將西討万俟醜奴。
525	6 孝昌1	6	四月，胡太后復監朝攝政。崔延伯戰歿。梁豫章王蕭綜降魏。設募征格。
526	2	7	太后反政，元乂被誅。元略自梁返魏，封義陽王，尋改封東平王。章武王元融爲葛榮所敗，歿於陣。
527	3	8 大通1	十二月，平等寺金像兩目垂淚。彭城王劭爲青州刺史，向賓客言懷甎之俗。

公元	北魏紀年		南朝紀年	重要記事
528	敬宗孝莊帝(元子攸)	武泰 1 建義 1 永安 1	2	莊帝，彭城王元勰第三子。二月，帝崩，年十九。胡太后立臨洮王世子釗爲主，年三歲。四月，爾朱榮奉長樂王元子攸爲主，改元建義，榮於河陰害公卿以下二千餘人，沉胡太后及幼主於河，東平王略並預難。爾朱榮爲太原王，元天穆爲上黨王。北海王元顥及臨淮王元彧奔梁。七月，臨淮王元彧自梁返魏。爾朱榮平葛榮，改元爲永安元年。十月，梁以北海王元顥爲魏王。
529		2	3 中大通 1	三月，平等寺金像復汗。五月，帝北巡河内。梁武帝遣主書陳慶之送北海王元顥入洛，改元建武。七月，元顥敗。廣陵王恭遁上洛山中。
530	長廣王(元曄)	3 建明 1	2	爾朱天光擒醜奴，關中平定。嚈噠國獻獅子。九月，莊帝詐言産子，殺爾朱榮、元天穆於明光殿。十月，爾朱世隆、爾朱兆奉長廣王元曄爲主，改元建明。十二月，爾朱兆入洛，遷莊帝晉陽，縊帝於城内三級佛寺，年二十四。臨淮王彧爲亂兵所害。
531	節閔帝(前廢帝)廣陵王(元恭)	2 普泰 1	3	節閔帝，廣陵惠王元羽之子。三月，爾朱世隆復廢長廣王而奉廣陵王元恭爲主，改元普泰。七月，爾朱世隆等害楊椿、楊津。歸覺寺金像生毛。

續表

公元	北魏紀年	南朝紀年	重要記事
532	孝武帝（出帝）平陽王（元修） 2 太昌 1 永興 1 永熙 1	4	孝武帝，廣平武穆王元懷第三子。四月，高歡廢帝，立平陽王元修，改元太昌。七月，高歡討爾朱兆，斬爾朱天光。十二月，改元永興，尋改永熙。冬，迎孝莊帝梓宮赴京師，葬於靖陵。
533	· 2	5	高歡破爾朱兆，兆遁走，自殺。
534	3 （東）孝靜帝（元善見） 天平 1	6	二月，永寧寺浮圖爲火所燒。七月，帝爲斛斯椿所迫出走長安。十月，高歡推清河文宣王亶世子元善見爲帝，時年十一，改永熙三年爲天平元年，遷都于鄴，史稱東魏。十二月，孝武帝爲宇文黑獺所害，年二十五。
535	（東）孝靜帝（元善見） 天平 2 （西）文　帝（元寶炬） 大統 1	大同 1	宇文黑獺立南陽王寶炬爲帝，史稱西魏。
536	（東）天平 3 （西）大統 2	2	
537	（東）天平 4 （西）大統 3	3	

續表

公元	北魏紀年	南朝紀年	重要記事
538	(東)元象 1 (西)大統 4	4	
539	(東)興和 1 (西)大統 5	5	
540	(東)興和 2 (西)大統 6	6	
541	(東)興和 3 (西)大統 7	7	勑邢子才等撰《麟趾新制》十五篇。
542	(東)興和 4 (西)大統 8	8	
543	(東)武定 1 (西)大統 9	9	高歡與宇文黑獺戰于邙山，大破之。
544	(東)武定 2 (西)大統 10	10	
545	(東)武定 3 (西)大統 11	11	

續表

公元	北魏紀年	南朝紀年	重要記事
546	(東)武定 4 (西)大統 12	12 中大同 1	
547	(東)武定 5 (西)大統 13	2 太清 1	高歡卒。楊衒之重覽洛陽。
548	(東)武定 6 (西)大統 14	2	
549	(東)武定 7 (西)大統 15	3	
550	(東)武定 8 (西)大統 16	梁簡文帝 (蕭綱)　大寶 1	五月，北齊高洋稱帝，東魏亡。公元五五六年西魏恭帝三年十二月，禪位北周，西魏亡。

引用書目

十三經注疏。　廿四史。　老子（王弼注）。　莊子（王先謙集解）。　荀子（王先謙集解）。　管子（中國科學院校釋本）。　楚辭。　國語。　戰國策，簡稱國策。　呂氏春秋，簡稱呂覽。　新書。　法言。　風俗通義，簡稱風俗通。　漢官儀。　白虎通。　抱朴子。　西京雜記，簡稱雜記。　世説新語校箋，簡稱世説。　文選。　古文苑。　續古文苑。　全北魏文。　全北齊文。　齊民要術，簡稱要術。　顔氏家訓，簡稱家訓（王利器集解最精善）。　述異記。　列仙傳。　酉陽雜俎，簡稱雜俎。　荊楚歲時記。　弘明集。　廣弘明集。　高僧傳，簡稱高傳。　修行本起經，後漢竺大力、康孟詳合譯（大正藏卷三）。　六度集經，吴康僧會譯（大正藏卷三）。　菩薩本緣經，吴支謙譯（大正藏卷三）。　佛説菩薩本行經，失譯名（大正藏卷三）。　太子瑞應本起經，吴支謙譯（大正藏卷三）。　優陂夷墮舍迦經，失譯名（大正藏卷一）。　翻梵語，失譯名（大正藏卷五十四）。　大般涅槃經，晉法顯譯（大正藏卷一）。　慧上菩薩問大善權經，晉竺法護譯（大正藏卷一二）。　佛説普曜經，晉竺法護譯（大正藏卷三）。　太子須大拏經，西秦聖堅譯（大正藏卷三）。　佛説睒子經，西秦聖堅譯（大正藏卷三）。　一切經音義，唐玄應（日本影印古鈔本)。　一切經音義，唐慧琳，簡稱慧琳音義(獅谷白蓮社本)。　華嚴經音義，唐慧苑。賢愚經，後魏慧覺等譯(大正藏卷四)。　妙法蓮華經，後秦鳩摩羅什譯(大正藏卷九)。大智度論，後秦鳩摩羅什譯(大正藏卷二十五)。　方廣大莊嚴經，唐地婆訶羅譯(大正藏卷三)。　釋迦譜，梁僧祐(大正藏卷五十)。　釋迦氏譜，唐道宣(大正藏卷五十)。　湯用彤漢魏兩晉南北朝佛教史，簡稱佛教史。　漢魏佛教思想論集。　釋氏疑年録。　諸經要集，唐道世(大正藏卷五十四)。　破邪論，唐釋法琳(大正藏卷五十二)。　辯正論，唐釋法琳(大正藏卷五十二)。　釋門自鏡録，唐懷信(大正藏卷五十一)。　北山録，唐神清(大正藏卷五十二)。　法門名義集，唐李師政(大正藏卷五十四)。　南海寄歸内法傳，唐義淨(大正藏卷五十四)。　大宋僧史略，宋贊寧(大正藏卷五十四)。　釋氏要覽，宋道誠(大正藏卷五十四)。　玉燭寶典。　藝文類聚，簡稱類聚。　北堂書鈔，簡稱書鈔。初學記。　文獻通考，簡稱通考。　職源撮要，宋王益之。　演繁露。　事類賦。　紺珠集。　類説。　營造法式。　説郛。　金石萃編，清王昶。　中州金石記，清畢沅。　八瓊室金石文字補正，陸宗祥。　歷代石經考，張國淦。　河南金石志圖正編第一集，關百益。　漢魏南北朝墓誌集釋，趙萬里。　爾雅。　方言。　釋名。　説文解字，簡稱説文。　玉篇。　廣韻。　山海經注。　穆天子傳。　水經注。　法顯行傳。　大唐西域記，簡稱西域記。 往五天竺傳，新羅慧超（大正藏卷五十五）。 悟空入竺記，唐圓照（大正藏卷五十一）。 釋迦方志，唐道宣（大正藏卷五十一）。 元和郡縣志，簡稱郡縣志。 諸道山河地名要略，唐韋澳。 通鑑地理通釋。 清嘉慶洛陽縣志。 讀史方輿紀要，簡稱方輿紀要。 解説西域記，日堀謙德。 丁謙宋雲求經記地理考證，簡稱丁考（在浙江圖書館叢書第二集中）。 法人沙畹（E. Chavannes）宋雲行記箋注，簡稱沙箋（Voyage de Song Yun dans I'udyana et le Gandhara, 518—522）。 馮承鈞譯注，簡稱馮譯（載禹貢半月刊第四卷第一期，第六期及西域南海史地考證譯叢六編）。 張星烺中西交通史料滙編第六册第九十八節附注三種，簡稱張注。 西域考古記，英人斯坦因著，向達譯，簡稱斯記。 西域地名，馮承鈞。 周延年洛陽伽藍記注本。 田素蘭洛陽伽藍記校注（在師大集刊中，亦有單行）。 王伊同洛陽伽藍記札記兼評周祖謨校釋（史語所集刊第五十一本）。 徐金星、杜玉生漢魏洛陽故城（文物，一九八二年九月期）。

中國史學基本典籍叢刊　書目

穆天子傳匯校集釋
國語集解
吴越春秋輯校彙考
越絶書校釋
西漢年紀
兩漢紀
漢官六種
東觀漢記校注
校補襄陽耆舊記（附南雍州記）
十六國春秋輯補
洛陽伽藍記校箋
建康實録
荆楚歲時記
大唐創業起居注箋證（附壺關録）
貞觀政要集校（修訂本）
唐六典
鑾書校注
十國春秋
皇朝編年綱目備要
皇宋十朝綱要校正
隆平集校證
宋史全文
宋太宗皇帝實録校注
金石録校證
丁未録輯考
靖康稗史箋證
中興遺史輯校
鄂國金佗稡編續編校注
皇宋中興兩朝聖政輯校
中興兩朝編年綱目
續宋中興編年資治通鑑
續編兩朝綱目備要

宋季三朝政要箋證
宋代官箴書五種
契丹國志
西夏書校補
大金弔伐録校補
大金國志校證
聖武親征録（新校本）
元朝名臣事略
明本紀校注
皇明通紀
明季北略
明季南略
國初群雄事略
小腆紀年附考
小腆紀傳
廿二史劄記校證